학교 도덕교육의 탄생

1894~1910년 근대계몽기의
수신교과서를 중심으로

지은이

김민재(金珉在, Kim, Min-Jae) _한국교원대학교 윤리교육과를 졸업하고, 동대학원에서 석사(「혜강 최한기의 '심기(心氣)' 개념의 도덕교육적 의의」)와 박사(「하곡 정제두의 양지 개념에 대한 도덕교육론적 해석」) 과정을 마쳤다. 한림대학교 부설 태동고전연구소(지곡서당)에서 3년간의 한문연수과정을 수료하였고, 현재 성신여자대학교 교육문제연구소에서 박사 후 연구원으로 재직하면서, 한국교원대학교, 국립 안동대학교, 전주교육대학교 등에서 강의하고 있다. 주요 논문으로는 「도덕과 교육 내 '한국 양명학'의 실제와 강화 방안 연구」, 「전통 서당수업의 교수・학습방법을 활용한 중학교 '도덕과(道德科)' 수업」, 「남명 사상의 '道德科 내용 요소' 탐색을 통한 수용 방안 연구」, 「다산 정약용의 '청렴관'에 대한 일고찰」 등이 있고, 주요 역・저서로는 『근대수신교과서』 3(소명출판, 2011), 『근대 학부 편찬 수신서』(공역, 소명출판, 2012), 『중등학교 인성교육을 이끌어가는 도덕수업, 어떻게 해야 할까?』(공저, 교육과학사, 2013) 등이 있다.

학교 도덕교육의 탄생
1894~1910년 근대계몽기의 수신교과서를 중심으로

초판 인쇄 2014년 6월 20일 **초판 발행** 2014년 6월 30일
지은이 김민재 **펴낸이** 공홍 **펴낸곳** 케포이북스
출판등록 제22-3210호 **주소** 서울시 서초구 반포대로 14길 71, 302호
전화 02-521-7840 **팩스** 02-6442-7840 **전자우편** kephoibooks@korea.com

값 18,000원
ISBN 978-89-94519-45-6 93370

ⓒ 김민재, 2014

이 도서의 국립중앙도서관 출판시도서목록(CIP)은 서지정보유통지원시스템 홈페이지(http://seoji.nl.go.kr)와 국가자료공동목록시스템(http://www.nl.go.kr/kolisnet)에서 이용하실 수 있습니다.(CIP제어번호: CIP2014017815)

학교 도덕교육의 탄생

1894~1910년 근대계몽기의 수신교과서를 중심으로

The birth of moral education in school

김민재

케포이북스
KEPHOI BOOKS

|일러두기|
1. 이 책에 수록된 '수신교과서'들의 사진 출처를 밝히자면, 『숙혜기략』은 서강대 로욜라도서관에서, 『소학독본』과 『보통학교 학도용 수신서』는 국립중앙도서관에서 DB화한 이미지들을 사용하였다. 위 세 권을 제외한 다른 수신교과서들의 사진은 이화여대 한국문화연구원에서 해제하고 번역한 『근대수신교과서』 1~3에 수록된 이미지들을 사용하였다. 이미지 사용을 위하여 세 기관의 양해를 얻었다.
2. 기타 사진들의 출처를 밝히자면, 다음과 같다
　· 한국학중앙연구원 : 대성학교 졸업식 사진, 『소학』, 『녀ᄌ독본』
　· 남강문화재단 : 오산학교 졸업식 사진
　· 서문당 : 보성전문학교 전경
3. 부호는 다음과 같이 구별하였다.
　　( ) : 음이 같은 한자, 연도　　　　　　[ ] : 음이 다른 한자
　　" " : 직접 인용, 대화　　　　　　　　' ' : 간접 인용, 강조, 조약
　　「 」 : 편명, 장명, 논문명　　　　　　　『 』 : 서명

이 책의 제목은 『학교 도덕교육의 탄생』이다. '1894~1910년 근대계
몽기의 수신교과서를 중심으로'라는 부제를 달고 있지만, 독자에 따라
제목 자체가 도발적이라고 생각하시는 분들도 있을 것 같다. 그럼에도
불구하고 저자가 이 제목을 선택한 이유는, 『학교 도덕교육의 탄생』이
라는 말이 근대계몽기의 수신교과가 지니는 교육사적 의의를 잘 나타
내기 때문이다.

이 책에서 저자는, 1894년에서 1910년에 시행된 근대계몽기의 수신
교과가 우리 전통교육과 현대 도덕과(道德科) 교육을 연결시키는 가교
역할을 수행하였다고 주장하였다. 이것은 '현대를 살아가는 우리들은
근대계몽기를 어떻게 바라보고 있을까?', 보다 구체적으로 '도덕과 교
육으로 대표되는 도덕교육의 전공자들은 그 시대를 어떻게 바라보아
야만 할까?'라는 질문에 대한 저자 나름의 대답이다.

저자는 2010년 태동고전연구소(지곡서당) 3학년 재학 중에 근대계몽기
의 수신교과서들을 처음으로 접하였다. 이화여대 한국문화연구원에서
수행한 '근대계몽기 수신·역사 교과서 번역과 해제' 작업의 번역위원
이 되어, 신해영(申海永)이 편술한 『윤리학교과서(倫理學教科書)』(1906, 1908)
를 현대역하고 해제 원고를 작성한 것이 근대계몽기의 수신교과에 관

심을 가지게 된 출발점이었던 것이다. 그 결과물은 여러 번역위원들의 노력을 통해 이미 『근대수신교과서』 1~3(소명출판, 2011)이라는 제목으로 출판되었다. 이후에도 저자는 학위 논문 주제와는 별도로 이 주제에 관심을 가지면서 연구의 폭을 넓혀갔다. 한국교원대학교 윤리교육과의 박병기 교수님과 『근대 학부 편찬 수신서』(소명출판, 2012)를 출판하였고, 일반 논문들도 꾸준히 발표하였다. 이 작은 책은 그런 작업들의 '중간' 결과물이다.

이 책의 다섯 개 장을 구성하는 글들의 출처를 밝히자면, 제1장은 이화여대 한국문화연구원에서 발간하는 『한국문화연구』 제19집(2010)에 실은 논문을, 제2장과 제5장은 한국초등도덕교육학회에서 발간하는 『초등도덕교육』 제36집(2011)과 제43집(2013)에 실은 논문을, 제3장은 이화여대 이화사학연구소에서 발간하는 『이화사학연구』 제42집(2011)에 실은 논문을, 제4장은 한국윤리교육학회에서 발간하는 『윤리교육연구』 제31집(2013)에 실은 논문을 이 책의 구성과 성격에 맞게 수정하고 보완한 것이다. 2010년부터 2013년까지 쓴 글들이다 보니, 저자의 글쓰기 방식이나 관점이 바뀐 부분이 적지 않아서 이런 부분들은 모두 수정하고자 노력하였다. 그럼에도 곳곳에 부족함이 엿보이는 것은 아직까지 저자의 역량이 미숙함을 나타내는 것이다. 이후에도 계속해서 보완하고 독자들의 질정 역시 달게 받아서, 언젠가 근대계몽기의 수신교과와 관련된 '최종' 결과물을 내어놓을 계획이다.

각 장의 내용을 간략하게 요약하자면, 제1장은 이 책의 총론으로서 근대계몽기의 수신교과를 통해 전통교육과 현대 도덕과 교육의 연속성을 설명하는 것이 가능한지, 가능하다면 어떤 근거들을 제시할 수 있는지를 고찰한 것이다. 그리고 이런 전제 하에, 제2장과 3장에서는 관・공・사립학교에서 사용된 '초등용' 수신교과서들을, 제4장에서는 '중등용' 수신교과서들을, 제5장에서는 '여학생용' 수신교과서들을 대상으로 논의를 전개하였다. 제1장부터 순서대로 읽어도 좋지만, 각 장마다 핵심 주장들은 중복되므로 관심이 가는 장을 먼저 선택하여 읽어도 좋을 것 같다. 만일 책의 전체 내용을 빠르게 파악하고자 한다면, 이 책의 맨 마지막에 첨부된 「요약과 제언」을 읽으시기를 권한다.

이 작은 책을 위한 원고들이 준비되고 또 출판되는 과정에서 감사드려야 할 분들이 적지 않다. 특히 박병기 교수님은 때로는 저자의 지도교수로서, 때로는 함께 하는 연구의 연구책임자로서, 부족한 제자가 평생 두고 갚아야 할 은혜를 베푸셨다. 저자가 지향해야 할 학문적, 인간적 모범을 보여주신 지도교수님께 고개 숙여 감사드린다. 또한 저자에게 한학(漢學)의 즐거움을 알려주신 태동고전연구소의 김만일, 엄연석, 최광현 선생님, 한국 양명학에 대한 관점과 공부 방향을 알려주신 성신여대 한문교육과의 김용재 교수님, 좋은 인연으로 만나 저자에게 훌륭한 조언들을 아끼지 않으시는 안동대학교 윤리교육과와 전주교육대학교 윤리교육과 교수님들께도 깊은 감사의 말씀을 드린다. 그리고 상업성 없는 이 책의 출판을 흔쾌히 허락한 케포이북스 가족에게도 감사의 말씀을 드린다. 끝으로, 공부를 결심한 두 아들을 격려하고 걱정하느라 세월을 보내시는 부모님과 공부를 업으로 하는 남편을 만나서 고생하는 아내 미정에게 무한한 감사의 마음을 전한다.

봄을 기다리며, 2014년 3월 김민재 드림

제1장

근대계몽기 수신교과서를 통해 살펴본 '도덕교육'의 연속성

—『윤리학교과서』와『고등소학수신서』를 중심으로

1. 머리말

현재 대한민국의 교육을 구성하고 있는 여러 교과의 주체들은 당면한 내·외부적 위기들을 해결하기 위해 많은 노력을 기울이고 있다. 저 위기들은 한편으로는 '불안정적인 대한민국 교육계'라는 구조적이며 전반적인 상황과 연결되어 있으면서, 다른 한편으로는 '교과의 정체성 문제' 등과 같이 교과의 특수한 상황과도 연결되어 있다. 그리고 현재 대한민국의 공교육 체제에서 도덕교육의 대표적 형태인 '도덕과(道德科) 교육' 역시 저와 같은 위기들에서 자유로울 수 없다.

그러나 도덕과에 대한 외부의 비판과 내부의 성찰은 도덕과를 이루고 있는 주체들로 하여금 깊은 고민을 바탕으로 한 여러 대안들을 제시하게끔 하였다. 그래서 최근에는 도덕과의 교육 내용 및 교과 지식의 구성 방향에 대한 밀도 높은 논의가 진행 중에 있다. 그런 논의들 가운데 한 가지는 우리의 의식 속에 녹아 있는 전통과 현재의 도덕과 교육을 올바르게 접합시키는 것이며, 이러한 노력 역시 다양하게 진행 중이다. 예를 들어 신창호는 사서(四書)라는 유가(儒家)의 기본 경전을 근거로 하여 수기(修己)의 문제를 교육철학과 연결시키고 있고, 강봉수는 성리학을 현대의 인격교육론 및 덕교육론과 연결시켜 고찰하고 있다. 같은 맥락에서 이종흔은 현대 서양 도덕교육론의 이원적 인식의 한계를 지적하면서 유가적 도덕교육론의 대안적 가능성을 모색하고 있으며, 장승희는 유가의 현재성과 도덕교육적 위상 및 통섭을 중심으로 보다 적극적으로 논의를 전개하고 있다. 한편 박병기는 기존의 유가 중심의 연구 경향을 탈피하여 우리 전통의 또 다른 맥인 불교(佛敎)의 도덕교육론적 가능성을 제시하면서, 근본적으로는 이 시대를 '의미의 시대'라는 용어로 규정하고 있다.[1]

그러나 이상과 같이 한국의 전통 사상과 도덕과 교육을 이론 및 실천적으로 접합하려는 여러 시도들이 모색되고 있는 상황에서 어딘가 불연속적인 부분이 엿보인다. 그 불연속성이 가장 뚜렷하게 드러나는 곳은 도덕과 교육과정과 관련된 문서들이다. 2007 개정 『도덕과 교육과정』에 대한 중학교와 고등학교급 해설서에서는 도덕과 교육과정의 변천을 설명하면서,[2] 1945~1954년의 '교수 요목기'부터를 하나의 단락으로 시작하고 있다. 그 이전의 내용을 다루고 있긴 하지만, 중학교와 고등학교의 『도덕과 교육과정 해설서』 모두 "근대적 의미의 도덕과 교육의 역사는 1894년 갑오개혁 때부터 시작되어 일제강점기에는 수신(修身) 과목으로 지속해오다가, 1945년 광복 후 미군정 하에서 사회생활과를 설치하여 공민(公民) 분과를 통해서 주로 민주 도의 교육을 하였다"[3] 정도에서 그치고 있다. 초등학교의 『도덕과 교육과정 해설서』에는 조금 더 자세히 기술되어 있긴 하나, 마찬가지로 교수요목기부터를 하나의 단락으로 시작하고 있다. 그러나 여기서 한 가지 물음을 제시할 수 있다. 일제에 의한 강점기는 제외한다고 하더라도, 교과목으로서의 도덕과 교육은 1894년 '학무아문(學務衙門)' 관제의 설치부터 1910년의 '한일병합조약(韓日併合條約)'으로 인한 국권 피탈 이전에는 없었던가?

이 물음은 도덕과 교육의 연속성 물음이라고 할 수 있을 텐데, 현재 상황에서 근대계몽기 수신교과에 대한 도덕·윤리교육사적 접근은 거의 이루어지지 않은 상태이다.[4] 그래서 이 책의 제1장에서는 당시의 수신교과의 실제 및 수신교과서를 고찰하여, 이 '잃어버린 시간'에 대한 의의를 제시하고자 한다. 이런 고찰은 자율적인 도덕과 교육이 실제 어디에서 출발하였는지 그 맥락을 짚어줄 수 있을 것이라고 생각된다.

우선 제2절에서는 1910년 이전의 학교 교육에서 시행된 수신교과의 실제를 살펴보고자 하는데, 이것은 1906년을 기점으로 하여 두 시기로 나누어 분석을 시도할 것이다. 여기서는 초등교육기관, 중등교육기관 및 교원양성기관이라는 층위에 따라 관·공립학교와 사립학교에서 수신교과의 실제를 살펴본다. 그리고 제3절에서는 근대계몽기의 수신교과서, 특히 신해영(申海永)의 『윤리학교과서(倫理學教科書)』와 휘문의숙(徽文義塾) 편집부의 『고등소학수신서(高等小學修身書)』의 내용 특징을 검토할 것이다. 여기서는 수신교과의 내용이 당시의 교과서에서 어떻게 구현되고 있는지 살펴본다. 제4절에서는 논지를 이어서 근대계몽기의 수신교과와 현재의 도덕과 교육의 연속성을 고찰할 것이다.

2. 1910년 이전의 학교 교육에서 시행된 수신교과의 실제

외래 사상이 쏟아져 들어오고 쇄국의 폐단이 드러나자, 실학자들과 개화 지식인들은 교육의 중요성을 강조하면서 오랜 전통의 서당식 교육의 한계를 지적하고 교육 개혁을 강조하게 되었다. 조선은 마침내 1894년에 학무아문 관제를 선포하고, 1895년에 '교육입국조서(敎育立國詔書)'를 발표하였다. 고종(高宗)은 이 조서에서 덕양(德養)·체양(體養)·지양(智養)을 강조하고 있다. 이어서 같은 해 학무아문은 '학부(學部)'로 명칭을 바꾸게 되며, 학부는 곧 '소학교령(小學校令)'을 공포함으로써 초등교육과 관련한 근대 교육의 제도적 기반을 마련하게 된다.

이 절에서는 1894년에서 1910년의 근대계몽기에 시행된 수신교과의 진행 상황을 다층적으로 살펴보려고 하는데, 이 때의 상황은 다시 두 시기로 구분하여 언급할 수 있다. 왜냐하면 1905년의 '을사늑약(乙巳勒約)'으로 통감부(統監府)가 설치되고, 이 기관이 학부의 정책에 간섭함에 따라서 1906년에 새로운 교육령과 규칙들이 발표되기 때문이다. 그러므로 이 절에서는 ① 1894년에서 1906년(근대식 학제(學制) 도입기)까지 학부에서 제시하는 관·공립 교육과정으로서의 수신교과와 사립학교에서의 수신교과 상황을 먼저 살펴볼 것이며, ② 이어서 1906년에서 1910년(통감부 학정(學政) 잠식기)까지의 그 내용들을 살펴보고자 한다. 각 시기에서 언급할 것은 세 가지 측면에서 다루어지는데, 첫째는 초등교육기관의 수신교과 상황이고, 둘째는 중등교육기관의 수신교과 상황이며, 셋째는 교원양성기관의 수신교과 상황이다.

1) 1894~1906년 관·공립학교 교육과정으로서의 수신교과 상황 및 사립학교의 수신교과 상황

(1) 초등교육기관의 수신교과 상황

이 시기에 초등교육기관은 앞서 언급했던 '소학교령'에 의해 설치된 소학교(小學校)이다. 만 7세에서 15세까지를 취학 연령으로 규정하는 이 소학교는 3년제의 심상과(尋常科)와 2년제의 고등과(高等科)로 나누어 진다. 그리고 각 단계에서 배워야 하는 기본 과목들이 있는데, 수신교과 역시 거기에 속하는 필수 과목 중 하나로 자리하고 있다.[5] 1895년의 '소학교 교칙대강(小學校 敎則大綱)'은 수신교과에 대한 전반적인 설명을 기술하고 있는데, 그 전문을 살펴보면 다음과 같다.

> 수신은 교육에 관한 조칙(詔勅)의 취지에 근본하고 아동의 양심을 계발하고 이끌어서 그 덕성을 함양하며, 인도(人道)를 실천하는 방법을 가르치는 것을 요지로 함. 심상과에는 효제·우애·예경(禮敬)·인자·신실·의용·공검 등 실천하는 방법을 가르치고, 별도로 존왕 애국하는 선비의 기상을 기를 것을 힘쓰며, 또 신민으로서 국가에 대하는 책무의 대요를 가르치고, 겸하여 염치의 중요함을 알게 하고, 아동을 인도하고 도와주어 풍속과 품위의 순수하고 바름을 추구함을 주의함이 옳음. 고등과에는 전항의 취지를 확대하여 도야(陶冶)의 공을 굳건하게 함을 힘씀이 옳음. 여학생은 별도로 정숙한 미덕을 기르게 함이 옳음. 수신을 가르칠 때에는 가깝고 쉬운 말과 아름다운 말과 선행 등을 예로 증명하여 권면 훈계함을 보여주고, 교사가 몸소 아동의 모범이 되어 아동으로 하여금 몸에 배어 자연스럽게 익힐[浸潤薰習] 수 있게 함을 요함.[6]

이 내용은 현재의 시각으로 보자면 다소 부족한 점이 있으나, 당시의 상황을 감안할 때 수신교과의 목적이나 가르쳐야 할 덕목들, 그리고 교수 방법 및 교사의 자세 등 여러 가지 항목이 기술되어 있다고 할 수 있다.

당시 심상과와 고등과에서의 수신교과의 시수를 살펴보면 주당 3시간씩 책정되어 있었다.[7] 그리고 수신교과용으로 편찬된 교과서에는 『숙혜기략(夙惠記略)』과 『소학독본(小學讀本)』이 있었다. 모두 1895년에 학부에서 발행된 것으로, 귀감이 될 만한 인물들의 행적을 소개하는 형식을 취하고 있다. 그러나 『숙혜기략』이 중국의 인물들을 중심으로 하기 때문에 민족과 나라의 주체성을 고양시키기 위한 수신교과서라고 하기에는 부족한 점이 있는 반면, 『소학독본』은 「입지(立志)」, 「근성(勤誠)」, 「무실(務實)」, 「수덕(修德)」, 「응세(應世)」라는 다섯 개의 편으로 이루어져 있고 이 제목에 부합하는 조선의 인물들이 소개되어 있어 수신교과의 목적에 보다 부합한다고 할 수 있다.[8]

그러나 근대교육체제로서 가장 먼저 정비되었던 관·공립 소학교에서의 수신교과가 얼마나 제대로 운영되었는지 살펴볼 필요성이 있다. 학부에서는 1895년부터 1898년까지 한성사범학교 부속 소학교를 시작으로 하여 약 8개의 관립 소학교를 설치하고, 1903년까지 공립 소학교를 52개 설치하였다. 하지만 이런 관·공립 소학교에서 '고등과'가 설치된 예는 한성사범학교 부속 소학교 및 지방의 덕원항 공립 소학교와 전주 공립 소학교 등을 제외하고는 없었으며, 기타 소학교에서는

'심상과'만 설치되어 운영되었다.[9] 뿐만 아니라 소학교의 교사(校舍)의 건축 및 교원의 양성과 수도 부족하였고, 지방의 공립 소학교는 재정적 지원도 충분치 않아 열악한 환경 안에서 교육을 실시했던 것으로 보인다. 이와 같은 관·공립 소학교의 상황에서 수신교과가 학제에는 뚜렷하게 자리매김하고 있었다고 할지라도, 얼마만큼 제대로 실행되고 있었는가에 대해서는 회의적이지 않을 수 없다.

한편 이 시기에는 여러 사립 소학교가 만들어져 관·공립 소학교로 흡수되기도 하였는데, 민족계 사립 소학교에서는 주로 언어교육을 실시하여 편제상 수신교과를 찾아보기 힘들지만, 기독교계 사립 소학교에서는 창가나 성경 등을 교육 내용에 포함시키고 있기에 종교교육으로 수신교과를 대체하고 있었음을 알 수 있다.[10]

(2) 중등교육기관의 수신교과 상황

이어서 중등교육기관인 중학교(中學校)에서는 수신교과가 어떻게 자리매김하고 있었는지 살펴보도록 하겠다. 수업연한이 총 7년으로 이루어졌던 중학교는 앞선 4년을 심상과를 분류하였고, 이어지는 3년을 고등과로 분류하였다.[11] 1900년의 '중학교 규칙(中學校 規則)'에 명시되어 있는 각 단계에 따른 기본 과목을 살펴보면, 심상과에 '윤리'라는 명칭의 과목이 있었음을 알 수 있다. 그러나 이 과목은 심상과에만 있고, 고등과에서는 이 과목이 없을 뿐 아니라 수신교과에 해당하는 내용 자체가 발견되지 않는다.[12]

한편 '중학교 규칙'에는 "중학교를 나누어 관립 중학교, 공립 중학교, 사립 중학교 세 가지 종류로 정함이라. 관립 중학교는 정부의 설립이오, 공립 중학교는 관민이 경비를 공동하여 설립이오, 사립 중학교는 사인(私人)이 경비를 주관(支辦)하여 설립에 연결된 것을 칭함이라"라고 하여 중학교의 종류를 세 가지로 하고 있으나, 실상 정부는 1900년 1월에 관립 중학교 1개교만을 한성에 설치하고 공립 중학교는 설치하지 않았다. 또 하나 밖에 없던 관립 중학교에도 끝내 '고등과' 과정이 설치되지 않았으며, 1906년까지 교사나 학생의 이탈이 매우 잦았던 것으로 보인다.[13] 이러한 상황을 미루어 볼 때 정부에서 설치한 중등교육기관으로서의 관·공립 중학교는 그 교육 상황이 매우 열악하였으며, 수신교과 역시 제대로 운영되지 못하였음을 짐작할 수 있다. 다만 학제로서 심상과에 '윤리' 과목이 자리매김 하고 있어 당시에도 하나의 교과로 인식되고 있었음을 확인할 수 있다.

김영우는 이 시기에 중등교육을 실시하던 사립학교로서 낙영학교, 흥화학교, 광흥학교, 시무학교, 송양의숙, 평양청년학원, 중경의숙, 보성중학교, 개성학교 등을 소개하고 그곳들에서 가르쳐지던 교과목을 밝히고 있는데, 경서나 윤리, 성경 등의 과목을 통하여 수신교과를 대체하고 있음을 확인할 수 있다.[14] 그러나 수신교과 혹은 대체 교과가 설치되어 있지 않은 사례도 있고, 설치되어 있었다고 할지라도 그 활동이 어떻게 진행되고 있는지는 확인하기 힘들다는 점에서 1894년에서 1906년까지의 중등교육기관에서의 수신교과는 제대로 운영되지 못하였다고 할 수 있다.

(3) 교원양성기관의 수신교과 상황

다음으로 교원을 양성할 때에는 수신교과가 어떻게 운영되고 있었는지 살펴보겠다. 1895년의 '한성사범학교 규칙(漢城師範學校 規則)'에 따르면 이 학교의 목적은 소학교 교원의 양성에 있다. 실제 1894년에서

1906년까지의 기간에 설치된 유일한 국가 교원양성기관인 이 한성사범학교(漢城師範學校)는 편제가 본과(本科)와 속성과(速成科)의 두 가지로 나뉜다. 한성사범학교의 학생들이 배워야 할 주요 교과목을 살펴보면 본과와 속성과 모두에서 수신 과목을 기본 교과로 설정하고 있다.[15] 또한 '한성사범학교 규칙'에서는 수신교과 내용의 테두리 역시 밝히고 있는데 모두 "인륜도덕의 요지와 그 교수법"으로 기술하고 있다. 하지만 수신 과목이 한성사범학교에서 실제적으로 잘 운영되었는가를 살펴보아야 한다. 왜냐하면 한성사범학교는 시기상 소학교보다 먼저 설립되었기에 근대적인 학제에 따른 최초의 국가교육기관이자 공식적 교원양성기관이었음에도 불구하고, 그 전체적 운영에는 많은 어려움이 있었던 것으로 보이기 때문이다.

이 시기의 한성사범학교는 시설이 제대로 갖추어지지 못하였고, 무엇보다 모든 교과목을 가르칠 교사가 없어서 처음에는 주로 한문을 가르쳤다. 또한 사용할 교과서도 없어서 일본사범학교의 교과서를 참고하기 위해 주일공사관에 훈령을 보내 일본사범학교의 교과서를 구하여 보내도록 하였다. 한편 규정상 가르치도록 되어 있는 교과목에 해당하는 교사 및 교과서가 없음에도 불구하고, 규정에도 없는 영어를 가르치기도 하였다.[16] 이런 상황이었으니 한성사범학교에서의 수신 과목이 교과서로는 무엇을 사용하였고, 또 시수는 어떠하였는지 등의 자료는 찾아보기 힘들다. 한편 사립학교에서 어떠한 형태로 교원양성을 하였는지, 그리고 그 사립 교원양성기관에서는 수신교과를 어떠한 형태로 시행하였는지에 대한 자료 역시 제대로 남아있지 않은 실정이다.

지금까지 1894년에서 1906년까지의 초등학교, 중등학교, 사범학교에서 이루어지던 수신교과 상황을 전반적으로 살펴보았다. 근대 학제가 처음 시행되는 단계였고 국가의 사정도 좋지 않았기에, 저 단계들에 해당하는 소학교, 중학교, 한성사범학교 및 사립학교에서의 교육은 제대로 이루어지지 못하고 있는 상황이었다. 또한 이런 환경에서 수신교과 역시 제대로 시행되고 있지 못하였음을 미루어 알 수 있다. 그러나 수신 과목이 하나의 교과로서 제 나름의 위상을 차지하고 있었다는 점은 주목할 만하다.

2) 1906~1910년 관·공립학교 교육과정으로서의 수신교과 상황 및 사립학교의 수신교과 상황

(1) 초등교육기관의 수신교과 상황

1906년 '보통학교령(普通學校令)'이 공포되면서 초등교육기관의 명칭은 소학교에서 보통학교(普通學校)로 바뀌게 된다. 같은 해 반포된 '보통학교령 시행규칙(普通學校令 施行規則)'은 보통학교의 교육 목적을 밝히고 있는데, "도덕교육에 관한 사항은 어떤 교과목이던지 항상 유의하여 교수"[17]라고 하여 도덕을 교육의 전면에 내세우고 있다. 보통학교의 연한은 총 4년으로 역시 수신 과목이 기본 교과로 설정되어 있음을 알 수 있다.

'보통학교령 시행규칙' 제9조에서는 각 교과목의 교수 요지를 밝히고 있는데, 수신은 "학도의 덕성을 함양하고 도덕의 실천을 지도함으로 요지를 함이라"고 기술되어 있다. 또한 시수는 보통학교의 연한인 총 4년 동안 매주 1시간을 배우게 되며, 그 교수의 요지는 "인도(人道) 실천의 방법"으로 기술되어 있다. 이런 기본적인 내용들은 1909년에 개정 반포된

'보통학교령 시행규칙'에서도 거의 바뀌지 않는다.[18] 1906년에서 1910년이라는 시기에 관·공립 보통학교에서 사용된 수신교과서는 『보통학교 학도용 수신서(普通學校 學徒用 修身書)』인데, 1907년 2월 학부에서 직접 편찬한 것이다. 그러나 이 책은 편찬 목적이 개인 중심의 수신, 사회 생활의 준법정신 강조를 통한 통감부의 통치 목적에 부응하는 인간 양성에 있었기에 사립학교들에서는 환영받지 못하였다.[19]

〈사진 1-2〉 『보통학교 학도용 수신서』

그렇다면 이 시기에 사립 보통학교는 어떻게 운영되었으며 그 안에서 수신교과는 어떻게 진행되었을까? 이 시기에는 적지 않은 수의 사립 보통학교가 있었는데, 이 학교들은 제도적인 면에서 '보통학교령' 및 '보통학교령 시행규칙'을 따르지 아니하고, 학교마다 상이한 편제와 교과목으로 초등교육을 실시하였다.[20] 따라서 사립 보통학교에서 수신교과가 진행되던 방식도 일괄적으로 규명할 수는 없다. 그런데 이 시기는 앞서 살펴본 1894년에서 1906년의 시기와 달리, '을사늑약 이후 설치된 통감부가 사립학교를 직접적으로 통제하고자 하였다. 대표적인 예로 1908년에 반포된 '사립학교령(私立學校令)'에서는 "사립학교는 별도의 규정이 있는 것을 제외하고 모두 본령 규정에 의함이 옳음"이라고 하여, 각급별 사립학교를 통제의 대상으로 하고 있다. 또한 "사립학교에서 사용하는 교과용 도서는 학부에서 편찬한 것이나 또는 학부대신의 검정을 통과한 것 중에서 선택함이 옳음"이라고 하여, 사립학교의 교과용 도서 역시 통제 하에 두려한다. 그리고 이것이 제대로 지켜지지 않을 경우에는 학부대신이 그 사립학교의 규칙에 대해 변경 혹

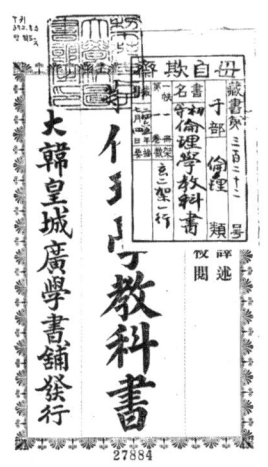

〈사진 1-3〉 『초등윤리학교과서』

〈사진 1-4〉 『녀주소학슈신셔』

은 금지를 명할 수 있다고도 밝힌다.[21]

1906년 이후 설립된 민족계 혹은 선교계의 사립 보통학교를 통한 초등교육은 신지식을 배워야 한다는 자강의 목적과 교육을 통해 일제의 간섭으로부터 나라를 지켜야 한다는 애국의 목적을 강하게 표현하고 있다.[22] 따라서 위와 같은 '사립학교령'과 충돌할 수밖에 없었으며, 수신교과서 역시 이런 점을 잘 드러내고 있다. 예를 들어 중국의 우상(吳尙)이 저술하고 안종화(安鍾和)가 번역한 『초등윤리학교과서(初等倫理學敎科書)』(1907), 노병선(盧炳鮮)이 저술한 『녀주소학슈신셔』(1909) 등이 대표적이다.

(2) 중등교육기관의 수신교과 상황

이어서 이 시기의 중등교육을 담당하던 교육기관에서는 수신교과가 어떻게 운영되었는지 살펴보도록 하겠다. 1906년 '고등학교령(高等學校令)'이 반포된 이후 중등교육기관의 명칭은 중학교에서 고등학교(高等學校)로 바뀌게 되었다. 그리고 한 개 밖에 없던 관립 중학교를 관립 한성고등학교로 개편하였다. 입학 연령과 자격은 12세 이상의 보통학교 졸업자 혹은 동등한 학력을 갖는 남자로 규정으로 하고 있는데, 4년 기준의 본과(本科)의 기본 교과를 살펴보면 수신 과목이 기본 교과로 자리매김하고 있음을 확인할 수 있다.[23]

또한 수신교과는 매주 1시간씩 책정되었으며, 1906년의 '고등학교령 시행규칙(高等學校令 施行規則)'에서는 수신 과목의 목표를 "성실하고 온순

한 품성을 기를 것을 기약하고 궁
행실천을 위주로 하여, 말만 헛되
이 숭상하는 치우친 습관이 없게
함을 필요로 한다"와 같이 정의하
고, "도덕의 요령(要領)"을 내용의
핵심으로 하였다.[24] 수신교과에
대한 이와 같은 기본적인 내용들

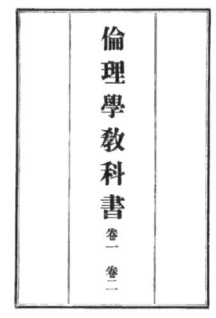

〈사진 1-5〉『윤리학교과서』　　　〈사진 1-6〉『고등소학수신서』

은 1909년에 개정 반포된 '고등학교령 시행규칙'에서도 거의 바뀌지 않
는다.[25] 그러나 이 당시 관립 한성고등학교와 관립 평양고등학교에서
수신교과용 도서로 어떤 교재가 쓰였는지는 자료를 찾아보기 힘들다.

한편 이 시기에는 선교계와 민족계 사립 중등학교들의 설립과 활동
이 보다 뚜렷해졌다. 배재학당, 이화학당, 경신학교, 정신여학교, 숭실
학당, 숭의여학교 등의 선교계 사립학교들은 초등교육기관의 수준을
넘어 중등교육을 담당하기도 하였다. 그리고 이런 학교들은 성경이나
도의 등의 과목을 통하여 수신교과를 대체하였다. 또한 통감부가 설치
되자 국권상실의 위기를 감지하게 된 당시 민족의 지도자들과 선각자
들은 교육구국운동을 펼치게 되고, 따라서 이 때 보성중학교와 대성학
교, 오산학교, 휘문의숙을 포함하는 많은 민족계 사립 중등학교가 설
치된다. 이런 사립 중등교육기관은 학부의 '고등학교령'을 따르지 아니
하고 학교마다 편제와 교과서를 달리하였다.[26] 그러므로 이 시기에는
수신교과 역시 다양한 방식으로 진행되었는데, 당시에 사용된 대표적
인 수신교과서로 신해영의 『윤리학교과서』(1906, 1908)와 휘문의숙 편집
부의 『중등수신교과서(中等修身敎科書)』(1905) 및 『고등소학수신서』(1907)
등이 있다. 이와 같은 수신교과서들에 실린 내용은 구체적이면서 호소

력이 있을 뿐 아니라 그 구성도 상당히 체계적인데, 자세한 논의는 제3절에서 이어질 것이다.

(3) 교원양성기관의 수신교과 상황

이제 이 절의 마지막 내용으로 이 시기에 교원을 양성할 때는 수신교과가 어떻게 운영되었는지 살펴보도록 하겠다. 한성사범학교는 1906년 '사범학교령(師範學校令)'에 의하여 관립 한성사범학교(官立 漢城師範學校)로 개칭되었다. 본과(本科) 이외에도 예과(豫科), 속성과(速成科), 강습과(講習科) 등을 설치할 수 있었던 관립 한성사범학교의 각 과에서 배워야할 기본 교과목을 살펴보면, 강습과를 제외한 나머지 과에서는 수신과목을 기본 교과로 설정하고 있음을 확인할 수 있다. 모두 배당 시수는 매주 1시간이었는데, 그 요지는 "인륜도덕의 요령(要領)"[27]을 가르치고자 하는 것이었다. 또한 '사범학교령 시행규칙'에 따르면 "궁행실천(躬行實踐)함으로 종지(宗旨)를 삼고 말만 헛되이 숭상하는 치우친 습관이 없게 함이라"[28]고 하여, 수신에서 실천하는 자세를 강조하고 있다.

그런데 통감부의 교육에 대한 간섭이 더욱 심해짐에 따라, 1909년에 발표된 개정 '사범학교령 시행규칙(師範學校令 施行規則)'에서 타 교과들은 여러 가지 변화를 겪게 된다. 하지만 수신교과는 여전히 기본 과목으로 남아 있으며 종전의 시수를 확보하고 있다. 그 개정 '사범학교령 시행규칙'의 수신교과에 대한 부분을 살펴보면 목표와 방법 부분이 더 심화되고 있음을 알 수 있다.

수신은 도덕상의 사상 및 정조를 양성하며 실천궁행을 권장하며 사표되는 위의를 갖추게 하며, 또 보통학교의 수신 교수에 필요한 지식을 주고 그 교수하는 방법을 깨달아 알게 함으로써 요지로 함. 수신은 효제충신을 종지로 하고 처음의 차례는 배우는 자 일상의 행위를 인(因)하여 도덕의 요령을 가르쳐 보이고, 또 예법을 교수하되 나아가서 수신제가의 도를 가르치며 충군애국의 의를 바르게 하며, 아울러 공덕을 중히 하며 이용후생의 도를 숭상함이 옳음을 알게 하며 현행제도에 관한 필요로 알아야 할 사항의 대요를 교수함이 옳음.[29]

또한 본과의 1, 2학년은 "실천궁행"을 수신 교육의 요지로 하고 있으나, 3학년은 여기에 "현행제도의 대요(大要)"를 수업의 요지로 덧붙이고 있음도 살펴볼 수 있다. 그러나 이 관립 한성사범학교에서 수신교과서로 무엇을 사용하였는지는 찾아보기 힘들다.

한편 이 시기의 전반적인 상황은 일본의 식민지 정책이 점점 더 확장되어가고 있는 상황이었다. 따라서 관립 한성사범학교에서도 일본 교사의 수가 늘었고, 국어와 한문 및 역사 등의 시수는 줄었음에도 불구하고 일본어 시수는 늘어가는 상황이었다. 일본은 가급적 빠른 시일 내에 대한제국을 보다 완전한 식민지로 만들어가는 예비적 단계에 있어, 그 중요한 수단으로 관립 한성사범학교를 이용하였다.[30] 따라서 수신 과목이 목표나 방법과 같은 이론적 측면에서 심화된 것은 사실이나, 실제 운영되는 측면에 있어서 통감부의 저의는 짐작하고도 남음이 있다. 그렇다면 이런 관립 한성사범학교가 아닌 사립 교원양성기관에서의 수신교과는 어떻게 이루어졌을까?

교원양성에 있어 학부는, '사범학교령'에 따르면 "사범학교는 관립 및 공립의 이종으로 함이라"고 하여 사립 사범학교를 허용하지 않고 있다. 그러나 이 시기에는 초등 및 중등교육기관으로서 사립학교가 매우 많았기에 사립 사범학교는 교원의 양성을 위해 필수적이었다. 따라

〈사진 1-7〉 대성학교 졸업식 사진　　　　　〈사진 1-8〉 오산학교 졸업식 사진

서 1906년 이후에는 그전보다 사립 사범학교의 움직임이 뚜렷이 보인
다. 안창호(安昌浩)의 대성학교 하기사범강습소, 이승훈(李昇薰)의 오산
학교 사범과, 이동휘(李東輝)의 보창학교 사범야학교 속성과 등은 개인
이 설립한 사립 사범학교였고, 배천군 사범강습소, 평양 사범강습소
등은 지역유지나 전·현직 관리들이 세운 사립 사범학교였으며, 국민
사범학교, 기호학교 사범과 등은 계몽단체가 설립한 사립 사범학교였
다. 또한 앞서 언급했던 선교계 학교에서도 교사 양성과정을 두어 교
사를 배출하였다. 사립 교원양성기관의 설립과 운영의 주체는 표면적
으로는 다양하다고 할지라도 공통적으로 표방하는 목표는 교육을 통
한 국권회복·민족자강·애국계몽이었다.[31] 사립 사범학교의 상황은
그 사범학교의 교원 충원이나 교원의 자질 문제 및 심각한 재정난 등
매우 열악하였음에도 불구하고 교사양성에 적지 않은 기여를 하였다.
사립 사범학교는 편제나 기본 교과의 구성이 자율적이었기에, 수신교
과에 대해서도 윤리학 혹은 수신학이라고 하여 기본 교과로 설정하는
경우도 있었고 성경 등과 같은 과목으로 대체하기도 하였다. 그러나
교과서로는 무엇을 사용하였고 그 시수는 어떠하였는지 등의 구체적

인 상황은 밝혀내기가 어렵다.

지금까지 1906년에서 1910년까지의 초등학교, 중등학교, 사범학교에서 이루어지던 수신교과 상황을 전반적으로 살펴보았다. 저 단계들에 해당하는 보통학교, 고등학교, 관립 한성사범학교 및 사립학교에서의 교육 상황은 1906년 이전보다 더욱 활발하면서도 구체적인 움직임을 보여주고 있다. 그리고 수신교과는 관·공립학교의 경우에는 이론적인 측면에서 보다 구체적으로 자리매김을 하고 있었으며, 사립학교의 경우에는 민족적 수신교과서가 집필되었고 수신교과를 대체하는 과목도 시행하였음을 확인할 수 있었다.

이상의 논의를 통하여 몇 가지 결론을 내릴 수 있다. 첫째, 수신 과목은 관·공립교육 체제 하에서 하나의 교과로서 위상을 지니고 있었다. 그러나 수신교과의 실제적인 운영 면에서는 내·외부의 상황으로 인하여 자율적이지 못한 모습을 보여주고 있다. 또한 초기에 학부에서 편찬한 수신교과서는 구성과 내용 등이 치밀하지 못하였으며, 뒤에 편찬한 교과서는 구성·내용 등은 발전하였으나 일본의 영향을 받아서 상당히 제한적인 모습을 보여준다.

둘째, 수신교과의 실제적인 운영 면에 있어서는 관·공립학교에서보다 사립학교에서 더 주체적으로 운영하고 있었다. 사립학교의 운영은 상당한 자율성을 띠고 있었으며, '사립학교령' 이후에도 지속적으로 활동을 계속하였다. 물론 재정 문제나 교사의 충원, 일본의 압박 등이 작용하였고, 교과의 편제나 운영이 자의적인 경우도 있었다. 그러나 민족적이고 자발적인 수신교과서의 편찬 및 한층 치밀해진 내용과 구성은 상당한 의의를 지닌다.

셋째, 따라서 1910년 이전에 이루어지던 수신교과와 현재의 도덕과 교육의 연속성 문제를 살펴보기 위해서는 관·공립교육 체제를 넘어서 사립학교에서 운영하던 수신교과 상황에 대한 연구가 필요하다. 사립학교에서 운영하던 수신교과 상황은 지금까지 개략적으로 살펴본 것처럼 학교 종류별, 학교 각급별에 따라 다양하게 시행하였기에, 그것을 일괄적으로 규명한다는 것은 이 책의 범위를 넘어서는 작업이 될 것이다. 그러나 그 당시 설립되었던 민족계열 혹은 선교계열 사립학교의 기본 취지는 애국계몽과 민족자강을 통한 국권회복이라는 공통적인 측면이 있다. 그리고 이런 취지는 이때 사립학교에서 사용되던 수신교과서에 잘 반영되어 있었다. 그러므로 이어지는 절에서는 그 부분을 살펴보고자 한다.

3. 『윤리학교과서』와 『고등소학수신서』의 구성 및 내용 특징

통감부는 1906년 학부 관제를 개정하고 여러 학교령을 제정 공포하였으며, 이듬해 '학부 편찬 교과용 도서 발매 규정'을 제정하였다. 그리고 1909년에는 '출판법(出版法)'을 공포하여 이후 여러 차례 교과용 도서를 불인가하는데, 가령 1910년 5월까지 검정 출원본은 117종이었으나 이 중 55종만 인가되고, 18종은 불인가 조치되었으며, 44종은 조사 중이라는 명목으로 폐기되었다. 이 중 수신교과서의 검정 출판 부수는 12종이었는데, 3종만이 인가되었고, 5종은 불인가, 4종은 조사 중으로 분류되었다.[32] 한편 1910년 11월까지 각급별 학교의 교과서들을 몰수하고 발매를 금지하였는데, 그 대표적인 것은 총 39종이며 이 중 확실하게 수

출판년도	교과서명	편저자	서체
1907	『초등윤리학교과서(初等倫理學教科書)』	안종화(安鍾和)	국·한문
1908	『초등소학수신(初等小學修身書)』	유근(柳瑾)	
1906	『중등수신교과서(中等修身教科書)』	휘문의숙(徽文義塾) 편집부	
1907	『고등소학수신서(高等小學修身書)』		
1906, 1908	『윤리학교과서(倫理學敎科書)』	신해영(申海永)	
1909	『녀ᄌ소학슈신서』	노병선(盧炳鮮)	국문

신교과서라고 분류할 수 있는 것은 위의 〈표 1-1〉과 같은 6종이 있다.[33] 이 교과서들은 모두 사립 초·중등 교육기관에서 사용되던 것들이다.

이 절에서는 이 6종의 수신교과서 중 특히 신해영의 『윤리학교과서』와 휘문의숙 편집부에서 편찬한 『고등소학수신서』의 내용 특징들을 구체적으로 살펴보면서 논의를 이어갈 것이다.

1) 『윤리학교과서』의 구성 및 내용 특징

『윤리학교과서』는 그 기본 강령이 앞서 언급한 '교육입국조서'와 이어지고 있다. 고종은 그 조칙에서 교육의 3대 기강이 덕양(德養)·체양(體養)·지양(智養)에 있다는 것을 명시하고 있는데, 『윤리학교과서』 역시 권1의 「총론(總論)」에서 "신체의 건강과 지적 능력의 연마 숙달 및 덕성의 함양은 자신을 닦는 방법에 있어서 항상 병행하고 어그러지지 않게 하여서 잠시라도 편중되거나 폐하지 않아야 할 것이니, 교육의 이른바 체육(體育)·지육(智育)·덕육(德育)이 곧 이것들이다"(권1,6)라고 밝히고 있다.

▌ 이 책에서는 가독성을 위해 인용하는 수신교과서의 모든 내용을 현대역하여 국문으로 기술하였다. 또한 원서의 쪽수를 참고하려는 독자들을 위해, 다른 참고문헌들과 달리 수신

	영역	내용 구성
권1	자신	1. 총론, 2. 체육, 3. 친구, 습관, 그리고 근면, 4. 자제, 5. 용감, 6. 학문을 닦음, 7. 덕을 닦음
권2	가족	1. 총론, 2. 부모에 대한 의무, 3. 부모의 의무, 4. 부부의 의무, 5. 형제자매의 의무, 6. 가족에 대한 의무, 7. 친척 및 주인과 종
	친지	1. 친구의 의무, 2. 스승과 제자의 의무
권3	사회	1. 총론, 2. 사회의 공정한 도리, 3. 사회의 공적인 덕
권4	국가	1. 총론, 2. 국민의 의무, 3. 애국심, 4. 황실에 대한 의무, 5. 국제 관계의 의무, 6. 결론

　『윤리학교과서』는 총 4권 2책으로 구성되어 있는데, 각 권은 모두 그 시작에 「총론」이 있어 그 권에서 다루고자하는 영역을 정의 및 제시하며, 왜 그 영역이 도덕적으로 중요한지를 언급하고 있다. 각 권의 영역별 내용 구성을 간단히 살펴보면 위의 〈표 1-2〉와 같다.

　근대계몽기에 편찬되고 발행된 교과서는 그 이념적인 지주(支柱)로 말하자면, 대부분 열강의 쇄도에 따른 자극으로부터 영향을 받아 국력을 배양해야 한다는 데 기본적인 편찬 취지를 두고 있었다.[34] 『윤리학교과서』 역시 이런 편찬 취지에서 크게 어긋나지 않으며, 따라서 학부불인가 교과용 도서가 되어 사용이 금지되었다. 이런 점으로 미루어볼 수 있는 『윤리학교과서』의 내용들, 예를 들면 '애국심의 고취'나 '황실에 대한 의무' 등을 강조하는 내용은 위의 〈표 1-2〉에서도 확인할 수 있기에 다시 언급할 필요성은 없다고 판단된다. 여기에서는 『윤리학교과서』의 전반적인 내용 특징을 살펴보도록 하자.

　첫째, 『윤리학교과서』는 권1의 시작에서 도덕 및 윤리학이라는 개념에 대하여 일반적인 정의(定義)를 내리고 있는데, 그 정의에 대하여 단지 선언하는 것이 아니라 구체적인 근거를 밝히고자 하고 있다.

　교과서에 한해서만 직접 인용문 혹은 주요 간접 인용문 끝 괄호 안에 원서의 쪽수를 표기하였다. 인용하는 수신교과서들에 대한 서지 사항은 이 책의 참고문헌에 수록되어 있다.

사람이 이 세상에 태어나서는 마땅히 행해야 할 의무가 있으니 이것을 도덕(道德)이라 말하는 것이다. 그러나 도덕은 우연히 몸으로 행동하다가 마음으로 얻어지는 바가 아니요 반드시 느끼고 깨달으며 이해하는 방법으로 말미암는 것이니, 윤리학(倫理學)은 곧 이런 방법을 사람들에게 가르치고 깨우쳐주는 학문이다.(권1, 1)

도덕 및 윤리학에 대한 위의 정의는 권4의 「결론」에 이르기까지 계속되고 있으며, 이와 같은 의무윤리학적 성격의 근거를 최종적으로 인간의 행복과 국가에서 찾는다. 도덕의 원리란 "선한 행위를 장려하고 악한 일을 경계함에 있는 것"(권4, 96)인데, 이 문제는 인생의 목적 즉 "쾌락과 도덕적 의무의 융화 일치"(권4, 97)되는 원만한 행복에 있다고 밝힌다. 그러나 도덕의 원리가 근본적인 것이라고 할지라도 그것을 실행하는 방법은 국가마다 다르다는 점을 지적하면서, "충성과 신의 및 효도와 우애는 우리나라 인륜의 기초요 공동 애국은 국민의 도덕적 의무의 표준"(권4, 98)이 된다고 말한다. 요컨대 "황실은 국권의 존재하는 곳이요 통치의 본원"(권4, 81)이기에 대한제국의 황제와 황실을 받드는 것은 도덕의 기본이 되는 것이다.

도덕과 윤리학의 근거를 결국은 국가에 대한 충의(忠義)에서 찾는다는 것은 곧 시대 상황적인 한계를 보여주는 것이다. 그러나 『윤리학교과서』 내에서 그 논리가 전개되는 과정의 평형적 감각, 예를 들어 도덕 및 윤리의 보편성과 국가별 상대성에 대한 논의나 양지(良知)・양능(良能)의 만족과 육체적인 쾌락의 조화에 대한 논의 등은 상당한 수준이다. 이런 논리적인 구체성과 호소력은 현재의 도덕・윤리 교과서들에 결코 뒤지지 않는다.

둘째, 『윤리학교과서』에서 강조하는 평형적 감각은 격언을 인용하거나 설명을 위하여 특정 인물을 거론할 때도 잘 드러난다. 많은 부분에서 『논어(論語)』와 『대학(大學)』 및 『중용(中庸)』 등의 내용을 인용하고 있으며, 중국의 공자(孔子), 맹모(孟母), 주희(朱文公) 등과 한반도의 삼국 혹은 조선 시대의 인물들을 거론하고 있지만, 서양의 격언이나 위인들의 소개도 놓치지 않는다. 예를 들어 소크라테스(邵久羅斗蘇), 브루노(富婁老), 갈릴레오(葛里禮五), 예수(基督), 워싱턴(華盛頓) 등이 거론되며, 그들의 행위에서 본받아야할 점 역시 강조되고 있다. 특히 유가와 기독교의 대표적 인물인 공자와 예수의 격언을 함께 논의하는 부분이 있는데, 말미에 "이 두 가지는 그 하나를 치우쳐 폐하지 아니하고 두 가지를 모두 병행한 후에야 비로소 사회에 대하여 완전한 의무를 행할 수 있는 것이다"(권3, 20)라고 밝히고 있다. 이런 논의의 과정은 교수자는 물론이고 당시 학습자들로 하여금 대한제국이 처한 상황을 보다 평형적인 감각으로 바라보게끔 하는데 도움이 되었을 것이라고 생각된다.

또한 서양인들이 나이와 지위 고하를 막론하고 일에 대한 열정을 가지고 있다는 점과 공공의 재산을 아낀다는 점 등도 언급하면서 서양의 미풍을 강조하고 있다. 한반도 전통의 미풍을 지켜야 한다는 것은 『윤리학교과서』 전체를 관통하는 내용이나, 이와 병행해야만 하는 것이 올바른 서양의 미풍을 채택하여 본받는 것이라는 점을 강조하는 것이다. 그리고 이런 관점은 "독립과 평등의 지위를 각각 보유하여 그 권리를 서로 존중하는 것은 국가 상호간의 의무"(권4, 86)라는 국제 관계에서의 국가관과도 이어지고 있다.

셋째, 『윤리학교과서』는 학제적(學際的) 성격이 강한 책이라고 할 수 있다. 본래 도덕 및 윤리라는 용어가 함축하고 있는 바는 보편적 성격이 강하지만, 그 내용들을 실천으로 옮기는 경우에는 주체가 처한 상황이 매우 큰 역할을 하고 있다. 따라서 도덕 및 윤리라는 용어가 상대적인 성격을 가지고 있다는 것도 중요한 사실이다. 이런 이유로 현대의 도덕·윤리 교과서들 역시 상당한 학제적 성격을 지니고 있다. 그러나 『윤리학교과서』는 순수한 도덕·윤리 교과서라고 보기도 어렵거니와 당시에는 여러 교과목들이 체계적으로 개설된 것도 아니기에, 현재라면 다른 교과목에서 배워야할 많은 내용들이 함께 『윤리학교과서』 안으로 들어와 있다. 예를 들어 다른 사람의 재산에 관한 실제적 의무를 설명하는 경우에는 대차(貸借)·재산의 의탁·매매 등과 관련된 내용이 언급되고 있으며, 국가 체제와 정치 체제의 구별을 설명하는 경우에는 헌법의 종류 및 황제를 보좌하는 입법·행정·사법 기관과 관련하여 구체적인 설명들이 다루어지고 있다. 이외에도 굳이 도덕 및 윤리를 다루는 교과에서 설명하지 않아도 될 내용들이 많이 있다. 그러나 이것은 『윤리학교과서』가 그 설명의 출발점을 개인으로부터 하여 가족과 친지 및 사회와 국가에 이르기까지 전반적인 상황에서의 도덕·윤리를 두루 설명하려고 하다 보니 빚어진 일이다. 또한 학제적인 내용들이 실제 상황의 내용을 구체적으로 다루고 있어 학습자들의 교양을 향상시키는 데 있어서도 긍정적인 역할을 수행하였을 것으로 보인다.

넷째, 『윤리학교과서』에는 국가 사회적 덕목이 제시되어 있다. 국가 사회적 덕목은 전통시대 수신서에서는 거의 나타나지 않던 내용이다. 충군(忠君)에 대한 덕목은 강조되었으나 국가 개념과 단체나 지역에 대한 개념 및 사회와 공익 등과 관련된 덕목이 강조되는 것은 근대계몽기에 나타나는 새로운 부분이라고 할 수 있다.[35] 그런데 이런 점과 관련하여 뚜렷한 내용들을 지니는 것도 『윤리학교과서』의 내용 특징이라고 제시할 수 있다. 권3과 권4에서는 각각 사회와 국가에 대한 세부적인 개념들과 내용들을 다루고 있다. 생명·재산·명예에 관한 사회의 공정한 도리와, 박애·공익 및 예양(禮讓)·예문(禮文)과 같은 사회의 공적인 덕을 구체적으로 다루고 있다. 또한 일정한 국토와 국민 그리고 주권으로 성립되는 국가의 개념을 설명하는 것 이외에도 "자국의 관념은 다른 국가들을 대해야 비로소 생기는 것"(권4, 62)임을 확실하게 드러내고 있다는 것은, 기존의 폐쇄적인 입장을 탈피하여 국제관계 속에서의 국가와 사회 개념을 뚜렷이 인식하고 있음을 보여주고 있는 것이다.

2)『고등소학수신서』의 구성 및 내용 특징

『고등소학수신서』는 중등학교 고학년용 수신교과서로서 단권으로 되어 있으며, 총론격에 해당하는 제1과에서 제24과를 포함하여 총 8단원 120과로 구성되어 있다. 각 단원의 과 구성을 간단히 살펴보면 다음 쪽의〈표 1-3〉과 같다.

『윤리학교과서』와 마찬가지로『고등소학수신서』역시 교육을 통한 국력의 배양과 민족 자강이라는 편찬 취지에서 크게 어긋나지 않는다. 따라서 이 책 역시 학부 불인가 교과용 도서가 되어 사용이 금지되었다. 이런『고등소학수신서』의 내용 특징을 살펴보면 다음과 같다.

첫째,『윤리학교과서』가 시작에서 도덕과 윤리의 개념을 제시하고 있는 것과 달리,『고등소학수신서』는 가장 마지막 120과의 '총론'에서 도덕을 다음과 같이 정의하면서 수신에 있어서의 도덕의 중요성을 강조한다.

<표 1-3> 『고등소학수신서』의 단원별 내용 구성

	단원명	내용 구성
1단원	.	1~2.태조 고황제, 3~4.세종대왕, 5.기개, 6.창지(創智), 7.병공(秉公), 8~9.충의, 10.대지(大志), 11.모략
2단원	가정의 주의(注意)	12.가정, 13.가족, 14~15.효행, 16~17.화순, 18.우애, 19~20.조선(祖先), 21~22.친족, 23~24.주인과 비복(婢僕)
3단원	학교에 대한 의무(本務)	25~26.학교, 27~28.가정교육(續), 29~30.경사(敬師), 31.준사교(遵師敎), 32~34.학문
4단원	사람에 대한 주의	35.경장(敬長), 36.붕우, 37.사회, 38~39.공익, 40~43.타인의 자유·명예·신체·재산, 44.애인(愛人), 45.자선, 46.공중(公衆)
5단원	자기에 대한 주의	47~48.신체, 49.정결, 50.절음식(節飮食), 51.검약, 52.도량, 53.정직, 54.공평, 55.공정, 56~57.청렴, 58.겸손, 59.침정(沈靜), 60~61.온화, 62.용기, 63.지식
6단원	덕성에 대한 주의	64.자기, 65~67.입지, 68.반성, 69.자경(自警), 70.인내, 71~73.언어
7단원	인격에 대한 의무	74.품위, 75~76.직업, 77.입신(立信), 78.자립자영, 79.고상, 80.약속, 81.경쟁, 82.사은, 83~84.궁리(窮理), 85.쟁선(爭先), 86.학리(學理)
8단원	수양에 대한 의무	87.재지(才智), 88~89.수덕(修德), 90.시간, 91.규율, 92.습관, 93.근로, 94.나타(懶惰), 95.쾌락, 96.온공(溫恭), 97.허탄, 98.개과, 99.자제, 100.결단과 용감, 101.의문, 102.예의, 103.침수(寢睡), 104.운동, 105.계주(戒酒)
9단원	국민에 대한 주의	106.국가에 대한 의무, 107.황실에 대한 의무, 108.국토, 109~110.애국심, 111.애국의 실(實), 112.국치(國恥), 113.국광(國光), 114.국민의 충의, 115.단결, 116~117.독립, 118.전쟁, 119.진취, 120.총론

사람이 이 세상에 태어나서 마땅히 행동할 의무가 있으니, 즉 도덕이 이것이다. 그러나 이것을 수양하는 일이 없으면 체득하여 행동할 수 없기 때문에 느끼고 지각하며 깨우쳐 풀어주는 방법을 두루 기술하여 이로써 배우는 자의 교과에 갖추게 하니, 이 어찌 나의 의견을 망령되이 고집한 것이겠는가. 오직 동양과 서양 국가의 앞선 성현의 아름다운 말과 선행을 골라서 쓴 것이다.

무릇 사물은 근본과 말단이 있고 일은 시작과 끝이 있으니, 사람의 마땅히 행해야 할 방법도 역시 선후의 구별이 없을 수 없는 것이다. 따라서 도덕의 가르침으로서 수신의 시작 과정을 삼노라.

효도와 우애는 인류 중에서도 큰 것이다. 우리 한국 교육을 위해 특별히 저술한 강령이거니와, 형제, 부부, 장유(長幼), 친구에 대한 도리 및 사회, 국가에 대한 의무도 또한 순서에 따라 이에 대략 갖추었으니, 배우는 이들이 선을 기

르고 악을 제거하는 데 도움이 되길 바란다.(90~91)

이 총론에는 『고등소학수신서』의 집필 방향과 요지가 그대로 반영되어 있는데, 실제적인 존재자로서 자기 자신이 갖추어야 할 자세 및 그런 존재자들이 함께 만들어 가는 가정·사회·국가에서 갖추어야 할 자세의 근본으로서 도덕의 중요성을 강조하고 있다.

둘째, 『고등소학수신서』는 덕목들을 중심으로 논의를 펼쳐가고 있다. 각 단원에 해당하는 덕목들이 세밀하게 제시되어 있는데, 그것이 왜 덕목이 되는가와 관련된 설명과 함께 적절한 실례들이 인용되어 있음을 확인할 수 있다. 가령 제8단원 88~89과에서는 '덕을 닦음修德'에 대해서 다음과 같이 설명하고 있다.

사람이 금수와 다른 점은 덕성을 수양하는 것에 있음이니, 한 몸의 건강과 지능이 모두 덕성을 실행함에 필요한 요건이 되는 것이다. 그러하기 때문에 이 덕성을 따름이 없을 때는 비유컨대 좋은 군사들이 있으되 이를 거느릴 좋은 장수가 없음과 같아서, 건강은 단지 모질고 사나움의 기초가 되고 지능은 단지 간사하고 사악함의 매개가 될 것이다.

덕성의 본령은 자기 의무를 복종함에 있으니 우리의 양심은 의무의 표준이다. 일과 사물을 모두 양심의 명령하는 바로 따르게 하여 그 사이에 싹트는 사심과 사욕을 제거할 수 있으면, 그 행위는 대부분 과실이 없어서 유덕한 사람이 될 것이다.

덕을 닦는 것은 귀천이나 빈부, 남녀노소를 막론하고 당연히 행해야만 하는 것이다. 사람은 반드시 정직한 생각을 먼저 정하고 항상 덕을 닦는 공부를 계속하며 성실한 태도로 다른 사람에게 미루어 미치게 되면, 비록 포악하고 도리가 없는 사람이라고 해도 능히 자기를 해치지 못하게 된다. 그래서 서양의 속담에 "정직은 가장 좋은 방책이다"라고 하였으니, 곧 이것을 말한 것이다.

　미국인 프랭클린[富蘭士克]이 절제, 침묵, 질서, 결심, 검약, 근면, 성실, 정의, 중화, 청결, 침착, 정조, 겸손의 13덕을 정하여 덕을 닦음의 공부를 쌓았으니, 이와 같은 사람은 가히 우리의 모범이 될 것이다.(63~65)

　그 실례로 제시되는 인물들은 미국의 워싱턴과 프랭클린, 중국의 공자 등을 제외하면 대부분 한반도 역사의 인물인데, 임금인 태조와 세종대왕 이외에 무관이었던 김유신·귀산(貴山)·이순신·곽재우 등과 문관이었던 안유·최석(崔碩)·정몽주·이이·송시열 등 많은 이들의 언행을 각 과의 내용에 맞게 인용하고 있다. 내용에 부합하는 예시의 사용은 전통적인 교육 방법 중 하나이다. 그러나『고등소학수신서』에서는 가상의 예가 아닌 실제적 사례를 통하여 교육적 효과를 더욱 높였을 뿐 아니라, 아울러 자국의 역사에 대한 인식도 뚜렷이 심어줄 수 있었을 것으로 보인다.

　셋째,『윤리학교과서』와 마찬가지로『고등소학수신서』역시 국가 개념과 단체나 지역에 대한 개념 및 사회와 공익 등과 관련된 내용이 뚜렷하다. 물론 전통적인 유가의 가르침인 '수신에서 평천하까지'라는 범위의 확장에도 지역 및 사회와 관련된 내용은 녹아있다. 그러나 거기에는 사회 및 이와 관련된 제반 개념이 뚜렷하게 드러나 있지는 않은데, 근대계몽기에는 인식의 확장과 함께 이런 내용들이 강조되기 시작하였다. 그리고 이것은『고등소학수신서』에도 잘 반영되어 있으니, 특히 제4단원「사람에 대한 주의」와 제9단원「국민에 대한 주의」를 통하여 강조되고 있다. 가령 제3단원 37과 '사회'에는 다음과 같은 내용이 기술되어 있다.

사람은 가족의 단체로부터 일반 사람들의 사회가 있기에 각종 편익을 받는 것이니, 이 사회에 생활하는 자의 가장 주의할 일은 공동의 힘[共同力]이다. 이 공동의 힘은 각기 자기의 행복을 전하여 줄 뿐 아니라 실제로 일반 사회의 번영을 서로 도와줌이니, 사람이 세상에 태어나 사회에 공동의 힘을 잃어버리고서야 어찌 사람의 수에 채워 확충할 수 있겠는가.

사회에 각종 직업이 있는 것은 사람의 신체에 귀·눈·입·코·손과 발이 있음과 같아서 그 각 부분을 정비한 연후에 그 완전한 단체를 완성할 것이니, 사람은 항상 자기의 의무를 먼저 닦고 사회의 공동을 힘써 노력해야 한다.(25~26)

이런 사회에 대한 설명과 함께 제38~39과의 '공익(公益)', 제46과의 '공중(公衆)' 등도 눈여겨 볼 수 있는 내용이다. 또한 제106과 '국가에 대한 의무'는 『윤리학교과서』 권4의 제1장 「총론」과 그 내용이 거의 일치하는데, 국토와 국민, 독립 주권이라는 구성 요소로써 국가를 정의내리고 있다. 한편 제113과 '국광(國光)'에서는 국가의 초석은 결국 청년의 공부에 있음을 다음과 같이 확실히 명시하고 있다.

국광이라 함은 국가가 문명에 나아가서 그 빛남이 사방에 미침을 말하는 것이다. 그러한즉 문명은 어떻게 말미암아 도달하는가. 이것은 국민이 모두 학문을 갈고 닦아서 속세의 사람을 교화하는 공로와 개물성무(開物成務)가 능히 그 국가로 하여금 높은 등급의 지위와 명호를 얻을 수 있게 하는 것이다. 그러므로 그 문명한 광선이 세계에 휘황하여, 바라보기를 해와 달의 높이 떠서 비춤과 같이 하리니 이 어찌 국가의 영광[國光]이 아니겠는가.

지금 우리 대한제국은 국광이 점점 사라지고 은미하여 긴 밤과 비바람에 붉은 촉紅燭가 곧 꺼지려 하고 하늘을 가득 채운 구름과 안개에 밝은 햇살이 두터이 가리워짐과 같은데, 어둡고 깊은 한가운데에서 국민이 어두움을 등지고 밝음을 향하는 자가 거의 드무니 국광이 어디에서 말미암아 발생하겠는가. 아! 우리 청년 제군은 국광의 원소요, 정신이다. 한 사람의 하루 공부가 일분의 빛을 드러내고 십 일의 공부가 십 분의 빛을 드러내어서 일·이년의 쌓인 공로가 십 년을 넘지 않아서 가히 전국의 빛을 발휘할 것이니, 힘쓸지어다. 청년들이여.(84)

결국 국가의 영광은 청년 학생들의 교육에 그 출발점이 있는 것이며, 이런 교육의 근본은 곧 수신교과에 있음을 말하고 있다.

지금까지 신해영의 『윤리학교과서』 및 휘문의숙 편집부의 『고등소학수신서』와 관련하여 그 구성과 내용 특징에 대해 개략적으로 살펴보았다. 『윤리학교과서』는 윤리와 도덕이라는 개념을 먼저 제시하고 그 범위를 자신, 가족·친지, 사회, 국가로 확장하였다가 다시 국가적 도덕으로 내용을 마무리 짓고 있는 반면, 『고등소학수신서』는 각 영역에 해당하는 덕목들의 개념을 밝히고 그 실례를 풍부히 제시하면서 마지막 과에서 그 내용들을 포괄하는 것으로서의 도덕 개념을 언급하고 있다. 『윤리학교과서』와 『고등소학수신서』가 그 내용을 풀어가는 방식은 다르다고 할지라도, 이상의 고찰을 통하여 두 종의 수신교과서 모두 상당히 치밀하고 구체적인 내용을 포함하고 있으면서 그 형식 역시 짜임새가 있음을 살펴볼 수 있었다. 또한 그 기본 취지가 교육을 통한 민족 자강과 국권의 회복에 있음도 알 수 있었다. 그렇다면 이와 같은 근대계몽기의 수신교과서가 현재의 도덕과 교육과 어떠한 연속성을 지니는지 논의하도록 하자.

4. 근대계몽기 수신교과와 현재 도덕과 교육의 연속성 고찰

근대계몽기의 수신교과가 현재의 도덕과 교육과 연속성을 지닌다는 말의 의미는 그 시기의 수신교과가 1945년 이후, 보다 정확하게는 제3차 교육과정기(1974~1981년) 이후의 도덕과 교육과 원리 및 실제적인 측면에서 내밀하게 연계된다는 것을 말한다. 주된 공부가 경전의 내용 습득 및 암송[講]을 통하여 이루어지던 전통교육에서는 공부의 의미가 곧 수신·수양이었다고 해도 과언이 아니다. 그러나 근대적인 교육 체제로 변환되면서 여러 교과가 형성되고 수신교과 역시 하나의 교과목으로 자리 잡게 되었다. 과연 근대계몽기의 수신교과는 어떤 측면에서 현재 도덕과 교육과 연속성을 지니는가?

1) 교과 내용 구성의 원리─생활영역확대법과 가치관계확장법

도덕과에서는 교사가 무엇을 가르치고 학생들은 어떤 것을 배워야 할 것인가와 관련하여, 2007 개정 『도덕과 교육과정』 이후에는 '가치관계확장법'을 적용하고 있다. 이 가치관계확장법이란 도덕적 주체인 '나'를 중심으로 하여 가치관계가 확장되는 방법이다. 따라서 현재 도덕과의 내용은 ⓐ 도덕적 주체로서의 나, ⓑ 우리·타인과의 관계, ⓒ 사회·국가·지구 공동체와의 관계, ⓓ 자연·초월적인 존재와의 관계를 주 영역으로 한다.

그러나 2007 개정 『도덕과 교육과정』 이전의 도덕과에서는 '생활영역확대법'을 사용하였다. 실제로 도덕과 교육과정의 내용 조직은 도덕과가 정규 교과로 자리 잡은 제3차 교육과정 이래로 이 '생활영역확대법'의 틀을 유지하고 있었는데, 이것은 ⓐ 개인 생활, ⓑ 가정·이웃·학교 생활, ⓒ 사회 생활, ⓓ 국가·민족 생활이라는 도덕적 생활의 장이 공간적으로 점차 확대되는 틀을 중심으로 대영역을 설정하고, 그 영역에 해당하는 가치와 규범들을 다루는 방식으로 내용을 조직하는 것이다.[36]

  결론적으로 도덕과 교육과정을 압축해서 표현하자면 제3차 교육과정 이후부터 제7차 교육과정까지는 '생활영역확대법'이, 그리고 2007 개정 『도덕과 교육과정』 이후부터는 '가치관계확장법'이 도덕과의 기본 원리로 채택, 적용되었다는 것이다. 그리고 바로 이 지점에 근대계몽기 수신교과와 현대 도덕과 교육이 연결되는 첫 번째 접점이 있다. 즉, 근대계몽기의 수신교과서에는 '생활영역확대'에 따른 도덕적 영역 구성 및 내용 선정의 초기 형태가 나타난다는 것이다.

  『윤리학교과서』는 권1의 자신에서부터 권2의 가족·친지, 권3의 사회, 권4의 국가로 가르침과 배움의 영역을 설정한 뒤, 각 영역에 해당하는 가치와 덕목들을 제시하고 있다. 『고등소학수신서』는 『윤리학교과서』처럼 단계적이지는 못하나 제5·6·7·8단원은 자신과 관련되어 있고, 제2·3·4단원은 가정과 학교 및 사회와 관련이 있으며, 제9단원은 국가와 관련이 있다. 『고등소학수신서』의 경우 생활영역의 확대 순서에는 차이가 있다고 할지라도, 그 영역 구분에 따라서 내용이 구성되어 있으며, 각 단원에 들어있는 덕목들 중 타 영역과 연계되는 것들이 있어서 영역들을 서로 관련시키고 있음을 확인할 수 있다. 또한 『윤리학교과서』와 『고등소학수신서』 모두 사회 및 제반 관련 개념들을 규정하고 중요하게 부각시키고 있다는 것은 이미 앞에서 확인하였다.

그런데 근대계몽기 수신교과서들은 2007 개정 『도덕과 교육과정』이후에 적용되는 '가치관계확장법'에도 일정한 시사점을 제공한다. 가장 최근의 2012 개정 『도덕과 교육과정』에는 다음과 같은 내용이 있다.

초등학교 3학년~중학교 3학년의 '도덕'은 초등학교의 통합 교과인 1~2학년의 '바른생활'을 통해 학습한 내용을 심화하도록 하고, 고등학교 선택 과목인 '생활과 윤리'와 '윤리와 사상'을 학습할 수 있는 토대를 형성한다. 즉, 초등학교 3~6학년 '도덕'은 1~2학년의 '바른생활'에서 이루어진 기본 생활 습관을 내면화하도록 하고 가치·덕목의 이해 및 기본적인 도덕적 판단력의 육성과 도덕적 실천 능력을 형성하는 데 강조점을 둔다. 그리고 중학교 1~3학년 '도덕'은 초등학교에서의 교육을 좀 더 심화하여 도덕적 가치·덕목에 대한 깊은 이해와 도덕 원리에 입각한 도덕적 사고력과 판단력의 육성 및 자율적 독성의 형성에 강조점을 둔다.[37]

물론 근대계몽기의 수신교과서를 통해서 살펴볼 수 있는 것은 '가치관계확장법'이라기보다는 '생활영역확대법'이 더 뚜렷하다. 그런데 위인용문에서는, 초등학교 3학년으로부터 중학교 3학년까지의 '공통 교육과정'에서 도덕적 가치·덕목들의 이해에 상당한 강조점을 두고 있음을 밝히고 있다. 실제 초등학교 3학년으로부터 중학교 3학년까지의 '도덕' 과목에서는 공히 존중, 책임, 정의, 배려의 '전체지향적 가치·덕목'으로부터 자율, 효도, 준법·공익, 자연애 등의 '영역별 가치·덕목'에 이르기까지 총 17개의 가치·덕목들이 중요한 내용 요소로 지정되어 있다.[38] 그러나 이와 같은 가치·덕목들의 개념이 무엇인지, 그리고 그것들이 왜 중요한지에 대해서는 암묵적 합의에 기대고 있을 뿐, 분명한 이유를 설명하지 못하고 있다. 그런데 『윤리학교과서』에서는 각 장들을 구성하는 수많은 단락들에서 저와 같은 가치·덕목들에 대한 개념 설명을 제시하고 있다. 그리고 『고등소학수신서』에서는 한 걸음 더 나아가 역사적 실례들까지도 제시하고 있다. 따라서 이런 개념 설명과 실례들의 제시는 도덕적 가치·덕목의 선정 근거가 명확하지 않은 지금의 『도덕과 교육과정』에 일정한 시사점을 제공한다고 말할 수 있다.[1]

현대의 도덕과 교육에서 반영하고 있는 '생활영역확대법'이나 '가치관계확장법' 등은 단순하게 보인다고 할지라도, 그것을 지탱하고 있는 다양한 윤리학적, 도덕 심리학적 근거들이 있다. 그리고 근대계몽기 수신교과서들을 통해 살펴볼 수 있는 내용 구성 원리에는, 실상 저런 이론적 근거들이 반영되어 있지는 않다. 하지만 이상의 내용에서 알 수 있는 것처럼 그 시기의 수신교과서에는, 거칠게 표현되어 있다고는 할지라도 현대의 도덕과 교육에 적용되는 원리들의 단초가 엿보인다. 또한 여러 가지 시사점을 줄만한 내용들도 함께 지니고 있음을 확인할 수 있다.

2) 교과 내용 구성의 성격 – 학제적 성격

근대계몽기 수신교과와 현대 도덕과 교육의 연속성을 논의할 수 있는 두 번째 접점은 학제적(學際的, interdisciplinary) 성격에 있다. 도덕과에서는 교과의 성격을 '학제적'이라고 규정하고 있는데, 여기서 학제적이란 말은 무엇을 의미하는가? 그것은 둘 이상의 학문 분야가 학적 목적

---

[1] 근대계몽기의 중등용 수신교과서들이 보여주는 도덕교육적 시사점에 대해서는 이 책의 제4장에서 상세하게 다루고 있다.

을 달성하기 위하여 제휴하는 것을 의미한다. 도덕과와 관련된 학제적 성격은 다양하게 풀이할 수 있는데, 일례로 정세구는 도덕과가 정착되는 과정 중 교사 양성을 위한 교육과정 및 기본 이수과목의 편성을 살펴봄으로써 도덕과에 여러 학문이 접목된 상황을 밝히고 있다.[39]

그러나 교과 내용 구성에 있어 도덕과의 학제적 성격이 보다 올바른 방향으로 나아가기 위해서는, 관련된 다양한 학문들을 도덕과의 내용 영역으로 끌어들일 수 있는 중심 학문(모학문)에 대한 논의가 필수적이다. 최근에 들어와서 도덕과 교육의 학문적 배경은 '윤리학'이어야 한다는 것으로 합의가 이루어지고 있고, 여기에 따른 내용 구성이 이루어지고 있는 추세이다. 그러나 이런 합의가 이루어지지 않았던 시기에는 도덕과와 관련된 여러 학문들이 짜깁기 되어 교육과정 문서에 제시되고 있었다.

> '도덕'은 새 교육과정 개정의 기본 방향으로 가장 강조되고 있는 인성 교육과 민주 시민 교육, 그리고 국가적인 차원에서 중시되고 있는 통일 대비 교육과 국가 안보 교육을 핵심 영역으로 다루고 있는 핵심 교과이다. '도덕'은 바람직한 삶을 위한 도덕규범과 가치 문제를 다루는 규범 과학적 관점과, 사회 질서 유지 및 국가 · 민족의 발전을 위한 국민 의식 형성 문제를 탐구하는 사회 과학적 관점을 중심으로 학제적인 접근을 시도한다.[40]

위와 같은 설정은 그 연결고리가 되는 중심 학문에 대한 설명이 없기 때문에, 도덕과의 학문적 배경이 무엇인지 상당히 혼란스럽게 만든다. 그러나 중심 학문을 설정하려는 노력이 현재의 『도덕과 교육과정』 문서에는 상당한 수준으로 반영되어 있다. 즉, 도덕과 관련된 다양한 학문 영역과 학제적 접근을 시도하면서도, 그 연결점을 '인간이 어떻게 살아야만 하는가'와 관련된 윤리학으로 잡고 있는 것이다. 다음과 같은 인용문이 그 사례가 된다.

> 고등학교 도덕과 선택 과목인 '생활과 윤리'는 학생들이 현대 생활의 제 영역에서 발생하는 다양한 윤리적 문제들의 성격을 바르게 이해하고, 이를 바람직하고 합리적으로 해결할 수 있는 능력과 태도를 기르기 위한 과목이다. (…중략…) 이를 위해 '생활과 윤리'는 다양한 윤리 이론들을 구체적인 윤리 문제들에 적용하여 윤리적 해결책을 탐구하는 응용 윤리에 중점을 두고 있다. (…중략…) '생활과 윤리'는 도덕과 교육에서 중시하는 인성교육과 예절교육을 현대 생활의 제반 영역에서 발생하는 윤리적 문제들과 관련하여 다루고 있다. 또한 '생활과 윤리'는 학생들이 생명·성·가족 윤리, 과학기술·환경·정보 윤리, 사회 윤리와 직업 윤리, 문화 윤리, 평화 윤리 등 현대 사회의 주요 윤리적 쟁점들과 연관된 주제들을 윤리적 관점에서 체계적으로 탐구할 수 있도록 다양한 학습 내용을 포함하고 있다.[41]

'도덕'은 인간이 생활하는 다양한 영역에서 어떻게 살아야 할 것인가와 관련된 내용을 위주로 하는 과목이기에 그 내용은 학제적 접근이 될 수밖에 없다. 그런데 학제적 접근을 보다 이론적으로 치밀하게 다듬는 작업은 최근에 와서야 이루어지고 있는 것이다.

요컨대 도덕과 교육과정에서 그 성격을 학제적으로 보는 것은 오래전부터 합의되고 있던 것이나, 제7차 교육과정 시기까지만 해도 여전히 그 의미 규정은 제대로 이루어지지 못하였으며, 최근에 와서야 중심이 되는 배경 학문에 대한 깊은 논의와 함께 보다 뚜렷한 의미 파악이 이루어지고 있다는 것이다. 그런데 여기에 근대계몽기 수신교과와 현대 도덕과 교육이 연결되는 두 번째 접점이 있다. 즉, 근대계몽기의 수신교과서에는 학제적 접근과 관련된 내용 구성 및 덕목 선정의 초기 형태가 드러난다는 것이다.

과거 전통교육에서 수신·수양은 곧 공부의 핵심이었으며, 이런 때에는 도덕·윤리란 것이 별도의 과목이 아니었다. 그런데 근대계몽기에 들어와 여러 교과목이 세분화되고 신설되는 상황에서 전통에서 강조하던 내용을 이어받은 것이 다름 아닌 수신교과였다. 그러나 수신교과가 언제나 필수 교과의 위치에 있었다고는 할지라도, 그 시수는 매우 적었을 뿐만 아니라 가르쳐야 할 내용도 아직 체계적으로 정립되지 않았다. 그래서 근대계몽기 수신교과서에는 생활영역을 나누고, 그 영역에 다양한 내용들이 들어와 있다. 앞서 살펴보았던 것처럼 『윤리학 교과서』에는 대차(貸借)·재산의 의탁·매매 등과 관련된 경제 내용들이 언급되고 있으며, 헌법의 종류 및 황제를 보좌하는 입법·행정·사법 기관과 관련된 구체적 설명들도 다루어지고 있다. 또 『고등소학수신서』는 수많은 위인과 역사적 사실 등을 강조하고 있다.

물론 이 시기의 수신교과서가 지니는 학제적 성격이란 최근의 도덕 교과가 보여주는 것과 같은 이론적·체계적인 성격은 물론이거니와, 얼마 전까지의 애매모호한 학제적 성격도 제대로 보여주고 있지는 못하다. 그러나 전통식 교육 방법에서 교과로서의 '도덕' 과목으로 넘어오는 과도기적인 시점에서 드러나는 거친 학제적 성격은, 도덕과 교육과 관련하여 근대계몽기 수신교과의 연속성을 말할 수 있게 하는 근거가 될 수 있다. 만일 이 시기에 수신교과가 외국과 같은 종교교육의 형태로 자리매김하였다면, 학제적 성격은 그 논의의 대상조차 되지 않았을 것이라는 점에서 더욱 그러하다.

3) 교과 내용 구성의 지향점
―인지·정서·행동적 영역에 대한 인식과 통합

도덕과가 학제적 성격을 가지고 있다는 것은 학제적 내용들을 다루기 위한 통합적 접근을 취해야 한다는 당위성을 뒷받침한다.[42] 그리고 이런 통합적 접근은 내용에 대한 외연적·형식적 통합을 말하는 것이 아니라, 긴밀한 연계성을 통한 실질적 통합을 의미하는 것이다. 이와 같은 견해는 현대의 도덕과 교육론에서 합의되고 있는 사항이다. 통합적 논의와 관련된 여러 논의들이 있으나, 이 절에서는 근대계몽기 수신교과와 관련하여 인지·정서·행동적 영역의 통합에 대해서만 살펴보도록 하겠다.

도덕성과 도덕교육에 대한 단순하고 편협한 견해에 기초한 도덕교육은 건전하고 균형 잡힌 전인적 도덕성의 형성에 역기능을 초래할 수 있기 때문에, 인지적 영역과 정서적·행동적 영역이 균형 있게 갖추어질 수 있도록 시도해야 한다. 그런데 현대의 도덕교육론에 큰 영향력을 행사하였던 서양 도덕 심리학의 1980년대까지의 경향을 살펴보면, 인지발달 접근은 인지를, 동일시-내면화 접근은 정서를, 사회학습 접근은 행동을 강조해왔다. 이렇게 다른 강조점은 인지·정서·행동이라는 인위적인 삼분법의 형성에 큰 영향을 미쳤고, 그것들이 상호 연관되어 있다는 점을 간과하게 하였다.[43]

이런 흐름은 우리의 도덕과 교육에도 영향을 미쳐, 다양한 부작용을 야기하였다. 인지, 정서, 행동이라는 세 영역들 중 어느 한쪽으로 편중된 도덕교육론은 각각의 영역을 부각시켜서 어느 정도의 장점을 보여주기도 하였지만, 결국 타영역들을 소홀히 함으로써 실제 도덕교육의 현장에서 제대로 된 효과를 발휘하지 못했던 것이다. 일례로 콜버그(L. Kohlberg)의 인지 중심 도덕발달 이론이 도덕과 교육에 큰 영향력을 행사하던 시절에는 교수·학습의 목표나 방법 등이 대부분 인지 중심으로 진행되었다. 인지·정서·행동의 통합적 접근은 어느 한쪽에 편중되지 않은 도덕적 사고와 도덕적 감정, 도덕적 행동 모두에 강조점을 두고 있다는 점에서, 도덕교육의 핵심 과제라고 할 수 있다.[44] 그리고 이런 점은 현재의 도덕과 교육과정 문서에 잘 드러나 있다.

> 자신과 우리·타인, 사회·국가·지구공동체, 자연·초월적 존재와의 관계에 대한 올바른 이해를 바탕으로 인간의 삶에 필요한 도덕규범과 예절을 익히며, 삶의 다양한 영역에서 발생하는 도덕 문제에 민감성을 기르고 도덕적 사고력과 판단력, 도덕적 정서, 실천 의지 및 능력을 통해 도덕적 덕성을 함양하고, 이를 바탕으로 자율적이고 통합적인 인격을 형성한다.[45]

요컨대 도덕과 교육은 한때 미국의 도덕 심리학 흐름에 편승하여 인지 중심으로 진행되기도 하였으나, 현재는 인지·정서·행동이라는 세 영역의 통합에 대하여 활발히 논의 중이다. 그렇다면 이런 점과 관련하여 근대계몽기의 수신교과는 현대의 도덕과 교육과 어떠한 연속성을 지니는가?

『윤리학교과서』와 『고등소학수신서』를 살펴보면 인지와 정서, 행동적 영역에 대한 통합적 인식이 엿보인다. 그런데 여기에 관련된 내용은 『윤리학교과서』를 중심으로 살펴보도록 하겠다. 왜냐하면 『고등소학수신서』의 경우 제33~34과 '학문', 제63과 '지식', 제83~84과 '궁리(窮理)', 제86과 '학리(學理)' 등을 통하여 앎에 대한 내용을 강조하고 있기는 하나, 여기서 앎이라고 하는 것은 도덕적 인지 차원을 의미하는 것이 아니라 문명과 관련된 전반적인 지식을 말하는 것이기 때문이다. 또 제60~61과 '온화', 제79과 '고상(高尙)', 제96과 '온공(溫恭)' 등을 통하여 정서적 측면을 언급하고 있기는 하나, 전반적으로 그 내용이 일상적 감정의 수준을 넘어서지 못하고 있다. 하지만 『윤리학교과서』는 이와 달리 도덕적 인지·정서·행동적 측면을 구분하면서도 그 연계성에 대하여 상당히 균형 잡힌 시각을 보여주고 있다. 예를 들어 권1 제6장 「학문을 닦음」의 시작에서는 다음과 같이 밝힘으로써, 도덕에 있어 무엇이 선하고 그른지 인지하는 것에 대한 내용을 강조한다.

또 지식은 도덕에서 빼놓지 못할 것이니, 도덕이란 것은 선을 행함을 이르는 것이다. 그러나 만일 선과 불선을 인식하고 구별하는 지식이 없으면 어찌 이로써 선을 체득하여 행하겠는가. 선을 행함이 옳음을 알고 이것을 행하며, 악을 행함이 옳지 않음을 알고 이것을 하지 않음이 진정한 도덕인 것이다. 세상의 충성과 효도를 하지 않고 신뢰를 이지러뜨리며 의를 실추하고 욕망을 자행하여 몸을 스스로 망치는 자도 그 사람의 사람됨이 반드시 악독하고 이치에 어긋난 것은 아니요, 항상 지식이 부족하여 선악의 차별을 능히 구별하지 못하는 까닭인 것이다.

보통의 도덕은 보통의 지식으로써 행할 수 있을 것이나, 고상한 도덕에 이르러서는 다만 고상한 지식이 있는 사람이라야 이것을 행할 수 있는 것이다. 따라서 과거로부터 지금에 이르기까지 오랜 세월의 귀감이 되는 행위는 항상 뛰어나고 범상치 않은 지식 중에 나오니, 공자, 예수, 석가, 소크라테스와 같은 성현도 모두 그러한 것이다. (권1, 74~75)

또한 권1 제4장 「자제」에서는 "감정과 욕망은 반드시 천하고 열등한 것으로 여길 것이 아닐 뿐만 아니라 높은 지조와 유익한 일은 언제나 여기에서 근원하는 것이다"(권1, 35)라고 하여, 정서적 측면에 대해서도 도덕적 동기와 관련하여 공정한 평가가 이루어져야 함을 강조하고 있다.[46] 그러나 이런 감정과 욕망은 준마(駿馬)와 같이 잘 달리는 힘은 있으나 마땅히 달려야 할 장소를 알지 못하는 경우가 있다고 말하면서, "우리는 명확한 인성과 천리 및 건강한 의지와 기개에 기인한 자제의 힘으로써 항상 정욕이 함부로 날뜀을 견제하여 이로써 중정의 도를 유지함이 옳은 것이다"(권1, 36)라고 하여, 앞서 언급했던 도덕적 지식과의 연계를 강조한다. 그리고 도덕적 행동이 결국 수신교과의 목표임을 권1의 「총론」에서 다음과 같이 밝히고 있다.

그러나 충성·신의·효도·우애와 박애·충의·용기와 기타 공적인 것과 개인적인 것 일체의 의무에 관하여 이것을 행할 수 있는 기초는 모두 자신에게 있으니, 어떠한 미덕과 어떠한 고상한 의리라도 다만 이것을 알기만 할 뿐이고 몸소 실천하지 아니하면 그 처음으로부터 알지 못함만 같지 못한 것이다. 그러기에 이것을 행동하고자 하면 자신에게 평소에 길러 미리 갖추어야 하니, 따라서 도덕의 가르침이 자신의 수양함을 우선으로 삼는 까닭이 여기에 있다.(권1, 3~4)

물론 앞서 언급하였던 것들과 마찬가지로, 이 시기의 수신교과서에서 살펴볼 수 있는 인지·정서·행동적 측면에 대한 인식 및 통합 관련 내용들은 현대의 논의에서와 같이 심층적이지 못하다. 또한 이 시기에는 수신교과를 저와 같은 분석의 틀로 고려하지도 않았다. 그러나 전통교육에서는 흔히 천리(天理)·도심(道心)과 대비되는 인욕(人欲)·인심(人心)이라 하여 무시되어졌을 감정·정서적인 부분들이 새롭게 조명되고 있을 뿐 아니라 그것이 도덕적 인지 및 실천의 측면과 연계되고 있다는 점에서, 거칠지만 당시의 인지·정서·행동적 영역에 대한 인식과 통합적 논의를 살펴볼 수 있는 단서를 제공한다. 그리고 이런 점이 근대계몽기의 수신교과와 현대의 도덕과 교육의 연속성을 생각해볼 수 있는 접점이 되는 것이다.

지금까지 ⓐ 생활영역확대법과 가치관계확장법, ⓑ 학제적 성격, ⓒ 인지·정서·행동적 영역에 대한 인식과 통합이라는 세 가지 측면에서 근대계몽기의 수신교과와 현대의 도덕과 교육의 연속성을 살펴보았다. 조사 대상의 범위가 더욱 확대되고 연구의 깊이가 더욱 심화될 필요가 있으나, 이상의 논의를 통해서 근대계몽기의 수신교과와 현대의 도덕과 교육의 연속성이 어느 정도 밝혀졌다고 생각된다.

5. 맺음말

우리의 전통 사유와 현재의 도덕교육을 이론적·실천적으로 접합하려는 여러 시도들이 모색되고 있는 상황에서 어딘가 불연속적인 부분이 엿보이며, 그 불연속성이 가장 뚜렷하게 드러나는 곳은 다름 아닌 현재 도덕과의 교육과정 문서임을 이 장의 머리말에서 지적하였다. 물론 도덕과의 교육과정 문서를 작성할 때 대한민국 건국 시점 이후에 초점을 맞추었다든가, 1910~1945년에는 일제에 의한 황국 신민화 교육이 수신교과의 핵심이었다는 점 등은 중요한 고려 사항이었다고 할 수 있다. 그러나 이런 내용들을 감안한다고 할지라도, 1894~1910년의 근대계몽기에 해당하는 시기에 행해졌던 수신교과의 의의가 현재와 같이 짧은 언급 정도로 그치고 마는 것은, 그 문서들을 참고할 교사 혹은 연구자들에게 도덕과 교육은 1945년 이후에야 비로소 시작되었다는 인식을 심어줄 우려가 있다. 만일 교사가 그러한 인식을 갖는다면, 그 교사로부터 배우는 학생들의 인식은 다시 언급할 필요성도 없을 것이다.

하지만 근대계몽기의 수신교과는 관·공립교육 체제 하에서 하나의 교과로서 충분한 위상을 지니고 있었다. 물론 실제적인 운영 면에서는 여러 제한이 있었지만, 그 위상을 쉽게 무시할 수는 없다. 그리고 이런 실제적 운영 면에 있어서는 관·공립학교보다 사립학교가 더 민족적이고 주체적이었다. 당시 사립학교에서도 재정 문제나 교사의 충원, 일본의 압박 등 내·외부적 문제들이 많았고, 교과의 편제나 운영이 자의적인 경우가 대부분이어서 관·공립교육 체제에 비해 일관성은 부족하였다. 그러나 사립학교에서는 자발적인 수신교과서 편찬 및 수신교과를 대체하는 과목들을 시행하였다. 그래서 이 장에서는 민족적이며 주체적인 사립학교의 여러 수신교과서들 중 신해영의『윤리학교과서』와 휘문의숙 편집부의『고등소학수신서』두 종을 선택하고, 그 내용 특징에 대한 연구를 통하여 당시 수신교과가 상당한 수준으로 내용을 정립하고 있었음을 살펴보았다.

그리고 이어서 근대계몽기의 수신교과가 1945년 이후, 보다 정확하게는 제3차 교육과정기 이후의 도덕과 교육과 원리 및 실제적인 측면에서 연속성을 지닌다는 것을, ⓐ 생활영역확대법과 가치관계확장법,

ⓑ 학제적 성격, ⓒ 인지·정서·행동적 영역에 대한 인식과 통합이라는 세 가지 각도에서 살펴보았다.

『대학』에는 격물(格物)에서 평천하(平天下)까지의 단계를 설명하면서, 수신에 대하여 "천자로부터 서민에 이르기까지 일체 모두 수신으로써 근본을 삼는다. 그 근본(本)이 어지러운데 말단(末)이 다스려지는 자는 없으며, 그 후(厚)하게 할 것에 박(薄)하게 하고서 그 박하게 할 것에 후하게 하는 자는 있지 않다"[47]라고 밝히고 있다. 그만큼 수신을 강조하고 있는 것이다. 그러나 이 수신의 개념이 단지 유가에서만 사용되던 것이 아니었음을 우리는 알고 있다. 그것은 전통교육의 근본 개념이었던 것이다. 그런데 그 수신의 의미가 일제 치하의 수신교과와 맞물리면서, 우리에게 근대계몽기의 수신교과에 대해서마저 의식의 단절을 야기하였다. 그러나 도덕 교과와 관련된 여러 쟁점들이 제기되고, 도덕 교과의 주체들이 이런 쟁점들을 그 어느 때보다 고민하는 지금, 근대계몽기의 수신교과와 현대 도덕과 교육의 연속성 문제 역시 더 이상 미루어 놓을 수 없는 과제라고 생각된다.

이런 전제하에 제2장과 제3장에서는 논의를 좀 더 구체화하여, 근대계몽기에 관·공·사립학교들에서 사용된 '초등용' 수신교과서들에 대해서 살펴볼 것이다.

제2장

근대계몽기 '초등용' 수신교과서에 나타난
가치교육의 변화

1. 머리말

가치관(價値觀)이란 가치에 대한 관점을 의미한다. 그런데 이 단어의 핵심이 되는 '가치'의 정의(定義) 문제에 이르면 그 대답은 그리 용이하지 않다. 왜냐하면 '가치란 무엇인가?'라는 물음은 인간의 실존적인 삶 전체에 걸쳐 있으며, 때로는 그것을 넘어서기 때문이다. 이런 까닭으로 가치의 정의 문제는 수많은 학자들의 오랜 노력에도 불구하고 여전히 해결되지 않은 과제로 남아있다. 그러나 이런 상황에서도 우리는 종종 '가치의 위기' 혹은 '가치의 충돌' 등과 같은 용어를 사용하여 현대 사회를 우려하고, 또 다가오는 미래 사회를 대비하려고 한다. 이런 현상은 저 가치라는 말에 대하여 최소한의 합의는 이루어지고 있음을 의미한다. 그 대체적인 내용을 언급하자면 다음과 같다.

첫째, 가치는 주체와 대상의 관계 안에서 선악(善惡)과 미추(美醜), 호오(好惡)와 성속(聖俗) 등을 결정하는 평가와 관련된다.[1] 따라서 가치는 종류와 등급의 다양성을 논의할 수 있으며, 이 과정에서 개인의 의지 작용과 그 개인이 속해 있는 사회, 문화와도 밀접한 연관성을 지닌다. 그리고 이러한 이유로, '사실'과의 관계 설정은 '가치'를 정의하는 데 있어 중요한 부분을 차지한다.

둘째, 가치의 문제는 깊이 논의될수록 도덕의 문제와 높은 관련성을 가진다. 가치론의 역사에서 가치 그 자체에 대한 논의 심화는 19세기 후반에 시작되었으며, 그 이전까지 가치란 용어는 주로 사물의 경제적 잣대로서 사용되었다.[2] 그러나 현대에 살고 있는 우리들이 가치의 문제를 걱정할 때, 그 염려는 단지 경제의 영역에만 머무르지 않으며 보다 근본적인 도덕의 영역으로까지 깊숙이 나아간다.

셋째, 가치는 인간에게 삶의 의미와 방향을 제시한다는 점에서, 일정 부분 가르쳐져야 하는 것으로 인식되고 있다. 즉, 가치의 문제는 교육의 영역과 밀접한 연관성이 있다는 것이다. 그래서 남궁달화는 삶의 교육으로서의 가치교육이야말로 인간을 인간답게 하는 과정이며, 올바른 인성 함양의 핵심이라고 지적한다.[3]

이 장에서는 가치에 대한 이와 같은 대체적인 합의를 바탕으로 하여, 가치에 '대하여' 가르치는 것(teaching about value)으로서의 '가치교육'이라는 용어를 사용하고자 한다. 이것은 가치를 가르치는 것(teaching value)과는 구분된다. 왜냐하면 후자는 가치의 목록을 정하여 그것을 주입시키는 것을 목적으로 한다는 오해의 소지가 있기 때문이다. 그러나 전자는 학습자가 가치에 대하여 주체적이면서도 비판적인 관점, 즉 일종의 가치관을 함양할 수 있도록 하는데 주안점을 둔다. 물론 두 가지는 밀접한 연관이 있고, 따라서 기존의 여러 연구들은 특별한 구분 없이 사용하기도 하였다. 하지만 학습자들로 하여금 현재를 주체적으로 살아가면서 또한 다가오는 미래사회를 건강하게 맞이할 수 있는 가치관을 함양할 수 있도록 하는 것이 가치교육의 본의(本義)에 적합하다고 판단되어, 이 장에서는 '가치를 가르치는 것'과 '가치에 대하여 가르치는 것'을 구분하고 특히 후자의 의미로서 가치교육을 정의하고자 한다.

실상 이와 같은 의미의 가치교육은 현대 도덕과(道德科) 교육의 핵심이기도 하다. 그렇다면 도덕과 교육의 사(史)적 측면에서 능동적인 가치교육의 시작은 언제일까? 이 물음이 지니는 위상은 그리 단순하지 않다. 왜냐하면 저 물음에 대한 답은, 곧 자율적인 도덕과 교육이 어느 지점에서 출발하였는지 그 맥락을 짚어줄 수 있기 때문이다. 여기서 맥락이란, 수신(修身)과 수양(修養)이 곧 교육의 목적이었던 우리의 전통이 어떠한 과정을 거쳐 현재의 도덕과 교육으로 연결되었는지를 의미한다.

이 연결점을 고찰하기 위하여 저자는 근대계몽기의 수신교과가 어떻게 진행되었는지 살펴볼 것인데, 그 효과적인 방법으로써 '초등용' 수신교과서를 사용하고자 한다. 왜냐하면 교과서는 당시대인이 경험한 가치 체계, 문화, 전통의 산물이자, 당시대인의 통합된 의견, 일과 삶의 내용들이 반영된 총체인데,[4] 이런 특성이 두드러지게 나타나는 것이 수신교과서이기 때문이다. 또한 중등용 수신교과서와 달리 초등용 수신교과서는 관·공립학교용과 사립학교용이 모두 제작·사용되었기에 좀 더 체계적인 비교 분석이 가능하기 때문이기도 하다.

이하 제2절에서는 우선 근대계몽기 초등용 수신교과서가 만들어진 배경을 살펴보고, 제작의 시기와 주체별로 분류를 시도할 것이다. 그리고 이 내용을 바탕으로 제3절에서는 그 시기의 대표적인 초등용 수신교과서 3종을 추출하여 가치교육의 내용과 방법이 어떻게 전개되었는지를 분석하도록 하겠다. 이어서 제4절에서는 근대계몽기 가치교육의 내용과 방법의 변화 양상이 도덕과 교육의 사(史)적 측면에 어떠한 의의를 지니는지 고찰하도록 하겠다.

2. 근대계몽기 초등용 수신교과서의 제작 시기와 주체

1880년에서 1910년이라는 기간은 조선에 대한 열강의 지속적인 압박, 갑신정변(甲申政變, 1884)과 갑오개혁(甲午改革, 1894~1896) 및 동학농민운동(1895)의 발생, 고종(高宗)의 대한제국 선포(1897), 일본에 의한 국권 피탈(1910) 등이 연이어지는 그야말로 격동의 시대였다. 이런 급격한 변동은 당시 사회의 전 영역에 지대한 영향을 미쳤고, 이 기간 동안 교육계 역시 두 번의 전환점을 맞이하게 되었다.

그 첫 번째 전환점은 1894년을 전후하여 발생하였는데, 이 때 학무아문(學務衙門)이 설치되고 고종은 '교육입국조서(敎育立國詔書)'를 발표하였으며 근대적인 학제를 도입하였다. 그리고 두 번째 전환점은 1906년을 전후하여 발생하였는데, 이 때 '을사늑약(乙巳勒約, 1905)'이 맺어지고 통감부(統監府)가 설치되어 일본이 대한제국의 학정(學政)에 전면 등장하였다. 이 두 전환점에 대한 명칭은 다양하나, 이 장에서는 논의의 편의상 전자를 '근대식 학제(學制) 도입기'로, 후자를 '통감부 학정(學政) 잠식기'라고 명명하여 살펴볼 것이다.[5]

이런 두 전환점은 자연스럽게 수신교과의 목적과 성격에도 영향을 미쳤으며, 또한 수신교과서의 제작과 전개에도 큰 변화를 가져왔다.

이 장에서는 특히 수신교과서의 변화 양상에 초점을 맞출 것인데, 우선 1894년에 설치된 학무아문이 1895년 학부(學部)로 변경되면서 근대식 교과 구분과 그에 따른 제도가 본격적으로 만들어지던 '근대식 학제 도입기'에는, 『소학(小學)』 및 '속(續)소학'으로 대표되는 전통적인 수신교과서류와 학부에서 급히 편찬한 학교용 수신교과서류가 공존하였다. 그리고 일본이 통감부를 설치하고, '보통학교령(普通學校令)', '고등학교령(高等學校令)', '사범학교령(師範學校令)' 등의 학교령을 반포하면서 기존의 관제를 폐지시킨 1906년에서부터 '한일병합조약(韓日倂合條約)'으로 인해 국가가 공식적으로 사라진 1910년까지의 '통감부 학정 잠식기'에는, 학부 편찬 수신교과서류와 민간에서 사립학교용으로 제작 발간한 수신교과서류가 대립하였다.

이와 같은 수신교과서의 전개에서 이 장에서는 특히 초등용 수신교과서에 주목할 것이지만, 1880년에서 1910년의 기간 동안 중등용 수신교과서가 존재하지 않았던 것은 결코 아니다. 휘문의숙(徽文義塾) 편집부에서 제작한 『중등수신교과서(中等修身教科書)』(1906)와 『고등소학수신서(高等小學修身書)』(1907), 그리고 신해영(申海永)의 『윤리학교과서(倫理學教科書)』(1906, 1908) 등은 이 시기를 대표하는 중등용 수신교과서라고 말할 수 있다. 그러나 이 수신교과서들이 간행된 시기는 모두 1906년 이후이며, 제작의 주체와 목적 역시 민간에서 사립학교용으로 제작한 것들이다. 달리 말하면, 1894년에서 1906년의 '근대식 학제 도입기'에는 중등용 수신교과서 자체가 발견되지 않으며, 학부에서 관·공립학교용으로 공식 제작한 중등용 수신교과서는 전 기간을 통틀어 없다는 것이다. 그리고 이와 같은 점은 근대 시기의 중등교육이 매우 부실하게 이루어졌음을 보여주는 간접적 증거가 된다.

분류		시기	교과서명	편찬	서체
근대식 학제 도입기 (1894~1906)	전통적인 수신교과서류	계속 사용	『동몽선습』, 『계몽편』, 『명심보감』, 『소학』 등	관(官), 민간	한문
		조선 후기	'속(續)소학'류		
	학부 편찬 수신교과서류	1895	『숙혜기략』, 『소학독본』	학부	국·한문
		1907	『보통학교 학도용 수신서』		
통감부 학정 잠식기 (1906~1910)	사립학교용 수신교과서류	1907	『초등윤리학교과서』	안종화	국·한문
		1908	『초등소학수신서』	유근	
		1908	『초등여학독본』	이원긍	
		1909	『초등수신서』	박정동	
		1909	『녀ᄌ소학슈신셔』	노병선	국문

　따라서 이 장에서는 수신과 수양으로 대표되는 우리의 전통교육과 현대의 도덕과 교육을 연결시키는 연속성 논의의 핵심으로서, 이 시기의 초등용 수신교과서에 주목하였다. 지금까지의 내용을 근거로 근대계몽기의 초등용 수신교과서를 제작의 시기와 주체별로 분류해보면 위의 〈표 2-1〉과 같다. 그러나 이 장에서 위 표에 등장하는 모든 초등용 수신교과서를 살펴볼 수는 없기에, 제3절에서는 두 시기의 세 부류에 해당하는 수신교과서들 중에서 대표성을 지닐 수 있는 교과서들을 각각 선정하고, 그 교과서들에 나타나는 가치교육의 내용과 방법을 살펴보도록 하겠다.

3. 근대계몽기 초등용 수신교과서에 나타난 가치교육의 내용과 방법

1) 전통적인 수신교과서류―『해동속소학(海東續小學)』

『해동속소학』의 등장 배경에는 조선의 『소학』 강조 분위기가 자리하고 있다. 조선이 성리학에 기초한 유가적 질서를 확립해 나가는데 있어 아동에 대한 교육은 그 핵심에 위치하였다. 따라서 어렸을 때부터 교육의 목적은 조선 사회가 지향하는 성리학적 가치의 습득에 있었으며, 이는 전통 수신교과서에 잘 나타나고 있다. 대표적인 것으로 『소학』, 『동몽선습(童蒙先習)』, 『계몽편(啓蒙篇)』, 『명심보감(明心寶鑑)』 등이 있는데, 이런 수신교과서들은 아동들이 『천자문(千字文)』과 『유합(類合)』을 통해 글자를 익힌 이후, 본격적으로 성리학을 공부하는 출발점이 되었다.

이 중에서도 특히 『소학』은 조선 중기 이후 그 중요성이 매우 부각되었다. 왜냐하면 이 책은 성리학의 근본 원리와 이념을 평이한 문장과 풍부한 사례를 통하여 압축적으로 제시하였다고 평가되었기 때문이다.[6] 『소학』에 대한 강조는 그 가르침을 사회 전반의 실천윤리로 확산시키려는 김굉필 (金宏弼), 남효온(南孝溫) 등에 의해 '소학계(小學契)'라는 형태로 드러나기도 하였고,[7] 이이(李珥)의 『소학집주 (小學集註)』와 영조(英祖)의 『소학훈의(小學訓義)』 등장 이후에는 더욱 논의가 활발해져 드디어 속편에 해당 하는 '속(續)소학'류가 출현하였다.

이와 같은 '속소학'류의 대표적인 것으로는 유직기

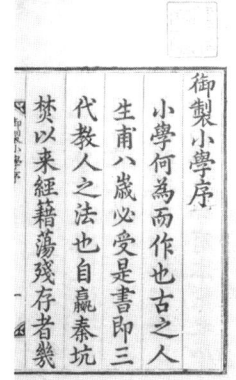

〈사진 2-1〉 『소학』

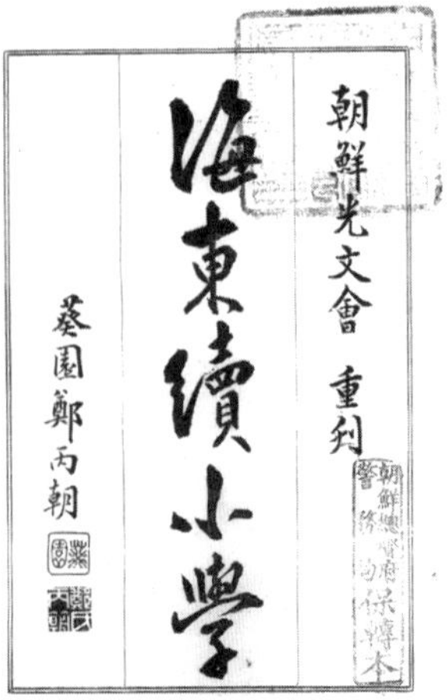

〈사진 2-2〉『해동속소학』

(兪直基)의 『대동가언선행(大東嘉言善行)』, 황덕길(黃德吉)의 『동현학칙(東賢學則)』, 조철영(趙撤永)의 『해동신편(海東新編)』, 박재형(朴在馨)의 『해동속소학』, 김노수(金魯洙)의 『소학속편(小學續編)』 등이 있는데,[8] 이 책들은 『소학』의 형식을 빌려와 한반도의 명현(名賢)들로 그 내용을 채웠다.

이 장에서는 1880년대 이후 발행된 전통 수신 교과서류 중 대표성을 지닐만한 수신교과서를 선정하는 과정에서 이 '속소학'류에 주목하였는데, 특히 박재형의 『해동속소학』을 살펴보도록 하겠다. 그 까닭으로, 우선 이 책은 고종 21년(1884)에 완성되었기에 시기적으로는 근대계몽기 무렵에 간행되었음에도 불구하고, 이전 수신 교과서류의 기본 특징을 잘 간직하고 있기 때문이다. 또한 이 책은 삼국(三國)과 고려, 조선이라는 한반도의 역사를 배경으로 하고 있는데, 여러 전거 문헌을 참고하여 다양한 인물 사례들을 제시함으로써 '소학'류의 대중화에 기여했다고 평가되기 때문이다.

이 책은 『소학』의 편제와 마찬가지로 여섯 개의 큰 편으로 구성되어 있는데, 「입교(立敎)」, 「명륜(明倫)」, 「경신(敬身)」, 「계고(稽古)」, 「가언(嘉言)」, 「선행(善行)」이 그것들이다. 「입교」는 선현(先賢)들이 사람을 가르치던 법을 확립한다는 것이고, 「명륜」은 인간의 윤리를 밝힌다는 것이며, 「경신」은 마음의 수양을 포함하여 그 몸가짐을 삼간다는 것이다. 그리고 「계고」는 신라와 고려의 인물을 위주로 하여 앞선 세 편을 고증하고 있는데, 이상의 네 편을 내편(內篇)이라고 한다. 또한 「가언」과 「선행」은 각각 입교와 명륜, 경신의 순서로 아름다운 말과 모범이 되는 행동을 조선의 인물 사례에서 추출 소개하고 있는데, 이 두 편을 외편(外篇)이라고 한다.

그렇다면 이 『해동속소학』에서 강조하고 있는 가치교육의 내용은 무엇인가? 실상 이 책은 아동으로 하여금 유가의 기본 가치를 습득하게끔 하는 것이 주요 목적이었기에, 가치를 직접 제시하고 주입하는 데 초점을 맞추고 있다. 또한 편자인 박재형이 발문(跋文)에서 제시하고 있는 것처럼 이 책이 『소학』의 가치들을 표방하고 있다는 점에서, 『해동속소학』이 강조하는 내용들은 『소학』의 머리말인 '소학제사(小學題辭)'에 이미 잘 드러나고 있다.

> 원형이정(元亨利貞)은 천도(天道)의 항상함이요, 인의예지(仁義禮智)는 인성(人性)의 핵심이다. 무릇 이 네 가지 인성의 핵심은 그 처음이 선하지 않음이 없기에, 활발하게 사단(四端)이 사물에 감동하는 바에 따라 나타난다. 부모를 사랑하고, 형을 공경하며, 임금에게 충성하고, 어른에게 공손히 하는, 바로 이것을 인간의 떳떳한 천성이라고 하니, 자연스러운 것이지 억지로 하는 것이 아니다.[9]

그래서 『해동속소학』 내에서도 특히 「명륜」 편에서는 부모와 자식 사이의 친(親), 임금과 신하 사이의 의(義), 남편과 아내 사이의 별(別), 어른과 아이 사이의 서(序), 친구와 친구 사이의 사귐(交)이라는 오륜(五倫)을 책 전체를 관통하는 핵심 가치로 밝히고 있으며, 각각에 해당하는 여러 사례들을 제시하고 있다. 또한 「명륜」 편의 마지막 '통론(通論)' 중에서는 다음과 같은 회재(晦齋) 이언적(李彦迪)의 말을 인용하여 그 가치들의 본질적 성격을 제시하고, 이런 가치들의 실현이 바로 성인(聖人)이 되는 것임을 강조하고 있다.

하늘이 만물을 만들 때에는 그 이치가 이지러짐이 없으나, 사람이 사물을 대할 때에는 매양 그 이치를 다하지 못한다. 군신과 부자, 형제와 부부와 같은 관계는 모두 하늘이 준 본성에서 나와 각각 마땅한 법칙이 있으니, 털끝이라도 그 마음을 다하지 못하거나 이치에 합당하지 못함이 있으면, 이는 그 직분을 다하지 못한 것이다. 성인(聖人)이 인륜의 지극함이 되는 이유는 바로 그 직분을 다하기 때문인 것이다.[10]

『해동속소학』의 서문을 지은 이유승(李裕承)은 "지금 이 책은 바로 우리나라 선배들의 언행들로서 익숙히 보고 들었던 것이니, 감발(感發)하여 흥기하는 것이 역참을 두고 명령을 전달하는 것보다 더욱 신속할 것이다"[11]라고 하여, 『해동속소학』을 학습하는 것에 대한 효과를 기대하고 있다. 그렇다면 이 책에는 앞서 밝힌 가치들을 가르치는 어떤 효과적인 방법인 제시되어 있는 것인가?

그러나 아쉽게도 『해동속소학』에서는 가치를 가르치는 방법적 측면에 있어 '도덕적인 모범(moral model)의 언행 제시' 방법만이 사용되고 있을 따름이다. 이 책은 「입교」 19장, 「명륜」 40장, 「경신」 35장, 「계고」 64장, 「가언」 73장, 「선행」 174장의 총 405장이라는 적지 않은 분량으로 구성되어 있으나, 저 방법을 넘어서는 것은 거의 없다. 다음의 예들은 그 한 사례가 될 수 있다.

① 모재(慕齋) 김안국(金安國)이 일찍이 자제들을 가르치며 말하기를, "오직 겸손함과 공손함이야말로 군자의 훌륭한 덕이다. 너희들은 마땅히 종신토록 이것을 마음속에 새겨야 할 것이다. 너희들은 일찍이 내가 오만함과 게으름으로써 다른 이를 대하거나 다른 이의 과실을 말하는 것을 보았느냐? 차라리 죽더라도 나의

자손 중에 이와 같은 행실이 있었다는 것을 듣기 원치 않는다"라고 하였다.[12]

② 정암(靜菴) 조광조(趙光祖) 선생이 배우는 자들에게 말하기를, "학문을 함에 있어서는 절대 먼저 기준을 세우지 말고, 성현의 가르침에 깊이 침잠하여 차례대로 나아가되 그만두지 않으면 자연스럽게 이르는 곳이 있을 것이다. 가는 세월이 아까우니 마음을 보존(存心)하고 게을리 하지 말아 혹시라도 그대로 지나쳐 버리지 말아야 할 것이다"라고 하였다.[13]

도부학(渡部學)은 『해동속소학』의 교육적 특질로 자각적 자주, 실천 중시, 현실주의, 생활의 원리 등을 제시하고 있으며, 노관범은 박재형이 『해동속소학』에 수록될 내용을 추리는 과정에서 야사(野史)와 야담(野談)을 적극 활용하였고 이것은 당대의 문화적 감수성의 변화를 보여준다고 강조한다.[14] 물론 『해동속소학』의 여러 예시들로부터 이런 성격들이 추출될 수 있다는 것은 타당하다. 그러나 이 책이 일종의 교과서라는 점을 고려할 때, 핵심 가치로 나타나는 것은 오륜에 머물러 있으며, 그 가치를 가르치는 방법은 도덕적 모범의 언행 제시에 한정되어 있다는 것은, 앞서 언급한 이유승의 기대가 과연 가능한 것인지 의문을 일으키게 한다. 그리고 이것은 근대식 학제가 도입되는 전후 과정에 존재하였던 전통적인 수신교과서류에는, 가치에 대한 자율적이고 비판적인 관점을 길러주는 것으로서의 가치교육보다는 가치를 직접적으로 제시, 주입하는 방식이 주로 나타나고 있었음을 의미한다.

2) 학부 편찬 수신교과서류―『소학독본(小學讀本)』

그렇다면 1895년 학부에서 근대식 학제를 도입하고 '소학교령(小學校令)'을 반포한 이후의 '근대식 학제 도입기'에 등장한 공식적인 수신교과서에는 가치교육의 내용과 방법이 어떻게 드러나고 있는가?

만 7세에서 만 15세까지를 취학 연령으로 규정하는 소학교는 3년제의 심상과(尋常科)와 2년제의 고등과(高等科)로 나누어지는데, 수신, 독서, 작문, 습자, 산술 등은 필수 교과였다. 이 시기에는 학부가 주도하여 여러 근대식 교과서들을 제작하였지만, 실상 법령에 따라 설치된 저 교과목들의 고유 교과서들이 온전하게 구비되지는 못한 상태였다. 그러나 특정 교과서의 내용 특징을 살펴보면 특정 교과를 지향하고 있다는 점을 알 수 있다.[15] 따라서 이 장에서는 기존의 연구·성과들을 참조하여,[16] 1895년에 발간된 『숙혜기략(凤惠記略)』과 『소학독본』을 '근대식 학제 도입기'의 초등용 수신교과서로 분류하였다.[17] 우선 두 책에 대한 개괄적 언급을 하고, 특히 『소학독본』에 나타난 가치교육의 내용과 방법을 살펴보겠다.

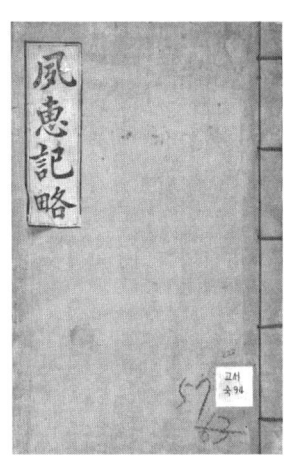

『숙혜기략』의 '숙혜(凤惠)'는 '일찍 깨닫는다'는 의미인데, 이 책은 어렸을 때부터 신통한 능력을 보여준 명현들의 일화를 태어남에서부터 20세까지 분류하여 간략하게 소개하고 있는 책이다. 특이한 점은 이 책에 제시되어 있는 100여 개가 넘는 사례들은 대부분 중국의 인물이라는 것이다. 조선의 인물이 언급되고 있긴 하나, 김시습(金時習), 김인후(金麟厚), 이이 세 사람에 불과하고, 그나마도 매우 소략하다. 또한 중국의 인물 중에서도 신농씨(神農氏)나 고신씨(高辛氏)와 같은 전설상의 인물이나 석가불(釋迦佛), 노자(老子), 왕수인(王守仁) 등은 언급되는데, 선진(先秦) 유가의 공자(孔子)와 맹자(孟子), 성리학의 주희(朱熹) 등은 직접적으로 언급되지 않는다는 점 역시 특이하다.

이 장에서는 이 『숙혜기략』에 대해서는 다루지 않을 것인데, 왜냐하면 이 책은 수신교과서라는 측면에서 볼 때 『해동속소학』보다도 그 수준이 떨어지기 때문이다. 이 책의 사례들은 오륜 정도의 가치를 강조하고 있던가, 그렇지 않으면 단지 해당 나이에 특출한 모습을 보여준 인물 사례를 제시하고 있을 따름이다. 아래의 인용문이 한 예시가 된다.

> 금나라 마구주(麻九疇)는 세 살에 글자를 알고 일곱 살에 능히 초서(草書)를 하였으며, '犬'자를 수척이 되게 썼으니, 단번에 신동으로 지목되었다. 금나라 6대 황제 장종(章宗)이 불러서 보고 묻기를, "네가 궁전에 와서 두려우냐?"라고 하였는데, 마구주가 대답하기를, "임금과 신하는 아버지와 자식입니다. 자식이 어찌 아버지를 두려워하겠습니까"라고 하였으니, 장종이 크게 기특하게 여겼다. (5)

또한 이 책은 가치교육의 방법 측면에서도 그 활용도가 매우 낮은데, 인용되는 대부분의 인물 사례가 천부적 자질을 소유한 자들에 관한 것이어서 도덕적 모범으로서의 적합성이 떨어지고, 소학교 학생들의 언어 수준을 배려하지 않은 난자(難字)와 한시(漢詩) 등이 계속 등장한다. 한편, 급변하던 근대계몽기의 가치관들과 그것들에 대한 비판적 숙고 및 다가올 시대를 향한 미래 지향적 가치 등도 거의 제시되지 않기에, 이 책은 전체적으로 많이 부족한 수신교과서라고 평가할 수 있다.¹ 따라서 이 장에서는 근대식 학제 도입기의 학부 편찬 수신교과서들 중 대표성

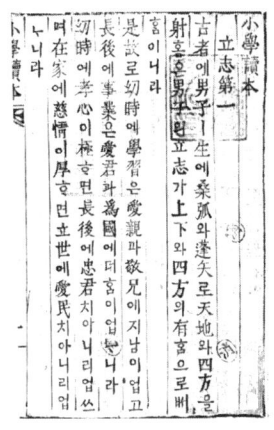

〈사진 2-4〉『소학독본』

을 지닐 만한 것으로『소학독본』을 채택하였다.

『소학독본』은『숙혜기략』과 비교할 때 매우 체계적인 모습을 보여준다. 이 책은「입지(立志)」,「근성(勤誠)」,「무실(務實)」,「수덕(修德)」,「응세(應世)」라는 다섯 개의 편들로 구성되어 있고, 거기에 따라 내용이 진행된다. 또한『소학독본』에서도 주제별로 여러 인물 사례들이 제시되고 있지만,『숙혜기략』과 달리 조선의 명현들이 주를 이룬다. 율곡(栗谷) 이이와 같이 자주 언급되는 인물을 인용 횟수와 상관없이 1명으로 계산할 경우 제시된 인물의 숫자는 34명 정도밖에 되지 않으나, 주제에 따른 인물 사례의 적합성이 명확하고 이해를 돕기 위한 여러 장치들이 제공된다는 점에서 눈여겨볼 만한 수신교과서이다.

이 두 종의 학부 편찬 수신교과서들은 앞서 살펴본『해동속소학』과 분량 면에서도 확연한 차이를 보여준다.『해동속소학』이 6권 2책으로 구성되고 405개의 사례를 제시하고 있다면,『숙혜기략』과『소학독본』은 모두 단권으로 구성되어 있고 인물 사례의 숫자도 그리 많지 않다. 이것은 전통교육의 근본적 목표로 강조되던 수신과 수양이 근대식 학제 도입 이후 '수신'이라는 하나의 교과 목표로 축소, 전환되는 과정에서 발생한 것이라고 하겠다.

본래의 논의로 돌아와,『소학독본』에서 강조하는 가치교육의 내용을 살펴보자면, 이 수신교과서 역시 기본적으로는 가치를 제시하고 주입하는 것에 가깝다고 볼 수 있다. '소학'이라는 제목에서도 드러나듯

▌『숙혜기략』을 포함한 학부 편찬 수신교과서에 대해서는 이 책의 제3장에서 상세하게 다루고 있다.

이 유가적 색채를 지니고 있으며, 이 책을 구성하고 있는 34명의 인물은 모두 당대의 뛰어난 유학자였다. 또한 '뜻을 세운다'는 「입지」, '부지런하고 정성스럽게 한다'는 「근성」, '실제에 힘쓴다'는 「무실」, '덕을 닦는다'는 「수덕」, '세상에 응한다'는 「응세」 중에서, 수덕과 응세가 특히 큰 비중을 차지하는 점 역시 이 책이 오륜을 포함한 유가적 가치를 강조하는 수신교과서임을 알 수 있게 한다.

그러나 『소학독본』은 단지 가치를 강조하는 측면에서 그치지 않는다는 사실에 주목해야 한다. '무실' 편에 나오는 예시를 살펴보자.

> 동춘(同春) 송준길(宋浚吉) 선생이 말하기를, "사람은 걱정과 즐거움의 원인을 찾는 것을 그만두어야 한다. 얻는 것과 잃는 것이 모두 나에게 연유하는 것이다"라고 하였으니, 대개 얻는 것도 스스로 취하는 것이요, 잃는 것도 스스로 취하는 것이다.
>
> 다른 나라 사람들은 모두 자기 집안의 여러 가지 일들을 자기 집안의 요량(料量)으로 행하여 이루게 된다. 그런데 우리나라 사람들은 중심이 되는 마음이 없어서, 다른 나라의 사물과 색을 보든지 다른 나라의 말을 들으면 자신의 마음을 스스로 지키지 못한다. 그래서 후일에 대한 요량은 없이 새롭게 듣고 새롭게 본 것만 숭상하다가 끝에 가서는 성취하는 자가 드무니, 어찌 분하고 한스럽지 아니하겠는가.(10)

이와 같이, 『소학독본』에는 그 시대의 유행하는 가치관에 대한 비판적 관점이 함께 제시되어 있다. 물론 이런 사례가 그리 많지 않으며 분석적이지도 않다. 하지만 능동적인 가치교육의 시각에서 보았을 때, 『소학독본』은 약 10년 전에 발간된 『해동속소학』이 매우 적은 수의 가치에 입각하여 여러 인물들의 언행을 나열하는 정도에 그친 것에서 분명 변화된 모습을 보여준다.

또한 가치교육의 방법적 측면에서도 이 책은 상당한 체계성을 구축하고 있다. 『소학독본』은 학습자들로 하여금 다섯 가지 대주제의 의미를 바르게 깨우치게 하기 위하여 그 주제의 핵심을 설명하는 것에서부터 시작한다. 그리고 주제에 적합한 인물 사례를 제시할 때에도, 기술(記述) 수준에서 그치는 것이 아니라 비유를 통해 학습자가 한 번 더 생각해 보게끔 요약하며, 사서(四書)와 같은 경전으로 보충까지 하고 있다. 「입지」 편의 다음과 같은 사례가 한 예시가 된다.

신당(新堂) 정붕(鄭鵬) 선생이 열 살 전에 여러 아이들과 함께 배울 때였다. 마을 안의 글방에서 배우는 아이들이 모두 살림이 가난하여 양식을 가져오지 못하니, 신당 선생이 부모에게 굳게 청하여 수십 명의 아이들에게 모두 음식을 보내어 배고픔과 배부름을 같이하였다. 그리고 말하기를, "사람의 학문하는 것이 본디 나라를 위하고 민중을 구제하는 것이라 하는데, 장차 학문을 향함에 어찌 같은 친구의 굶주리고 추움을 구제하지 아니하겠는가"라고 하였다. 어렸을 때라도 일을 처리하는 것과 마음의 덕이 나이든 자가 경외할 바이다.

비유하건대 재목이 어렸을 때 곧게 길러져야 큰 후에 기둥과 들보가 될 것이요, 샘물이 근원을 맑게 뚫어야 도달한 후에 장강과 한수가 될 것이니, 사람도 어린 아이를 가르치는 일이 바르게 되어야 자란 후에 대인(大人)이 되는 것이다.

이 때문에 공자가 말하기를, "어렸을 때 바름으로써 기르는 것이 성인(聖人)이 되는 공부이다"라고 하였다.(3)

그러나 당시 대부분의 교과서가 그러하듯이, 『소학독본』 역시 초등용 교과서가 지녀야 할 형식적인 부분에서 한계를 보여준다. 다시 말해, 국·한문 혼용체라고 할지라도 한자의 비중과 난이도가 높고 문장의 호흡도 길어 초등용 수신교과서로써 그 활용도가 의심스럽다는 것이다. 그럼에도 불구하고 지금까지의 논의를 통하여『소학독본』은 전통적인 수신교과서류와 학부 편찬 수신교과서류가 혼재해 있던 '근대식 학제 도입기'에, 가치교육의 내용과 방법적 측면에 있어 발전적인 모습을 보여준 수신교과서라고 평가할 수 있다.

3) 사립학교용 수신교과서류―『초등소학수신서(初等小學修身書)』

1906년 이후의 '통감부 학정 잠식기'에는 학부 편찬 수신교과서가 1종 간행되었고, 민간 제작 사립학교용 수신교과서는 여러 종 간행되었다. 이 절에서는 전자에 속하는『보통학교 학도용 수신서(普通學校 學徒用 修身書)』는 선택의 범주에서 제외하고,[18] 후자에 속하는 사립학교용 수신교과서들 중 특히 대표성을 지닐 만한『초등소학수신서』에 대해 살펴보도록 하겠다.

'을사늑약과 통감부의 설치 등으로 1906년 이후 대한제국에 대한 일본의 의도가 더욱 명확해진 시기에, 기존의 사립학교들은 열악한 상황 속에서도 더욱 활발히 활동하였으며, 신설 사립학교의 수도 늘어났다. 따라서 사립 보통학교와 고등학교라는 급에 맞추어 초등용, 중등용 수신교과서가 다양하게 제작되었다. 그러나 이런 움직임에 반하여 1906년에서 1910년이라는 시기에 일본의 사립학교에 대한 규제는 더욱 강화되었다. 예를 들어 1908년의 '사립학교령(私立學校令)'에서는 사립학교들을 통제의 대상으로 설정하고, "사립학교에서 사용하는 교과용 도서는 학부에서 편찬한 것이나 또는 학부대신의 검정을 통과한 것 중에서 선택함이 옳음"이라는 규정을 두었다. 또한 1909년에는 '출판법(出版法)'을 공포하고, 1910년 11월에는 각급별 학교의 교과서들을 몰수하여 발매를 금지하였는데, 대표적인 것이 총 39종이며 그 중 수신교과서로 분류될 수 있는 것은 6종이다. 이것은 이 6종의 책이 '통감부 학정 잠식기'에 특히 주목할 만한 수신교과서임을 의미한다.[19]

이 6종에서 초등용 수신교과서로 분류될 수 있는 것은 3종이 있는데, 안종화(安鍾和)의 『초등윤리학교과서』와 유근(柳瑾)의 『초등소학수신서』, 노병선(盧秉鮮)의 『녀ᄌ소학슈신셔』가 그것들이다. 이 중 『초등윤리학교과서』는 역사학자이자 교육자로서 『국조인물지(國朝人物志)』, 『초등본국역사(初等本國歷史)』 등의 저서를 남긴 안종화가 중국 오상(吳尙)의 책을 번역하여 일부 수정한 것이기에, 이 장에서는 제외하였다. 이 책은 일본의 검열을 받은 뒤 '국가의 부강함'이나 '병역의 의무' 관련 내용들을 삭제하여 『초등수신교과서(初等修身敎科書)』(1910)라는 명칭으로 재간행되었다.[20] 한편 『녀ᄌ소학슈신셔』의 경우는 그 내용이 부분적으로는 사회국가적 성원으로서의 여성에 대한 인식이 포함되어 있으나, 결국 남성중심 사회에서 아내와 어머니로서의 여성이 갖추어야 할 부덕(婦德)을 강조하고 있다.[21] 따라서 이 장에서는 고찰의 대상에서 제외하였다.'

그렇다면 당시 민간에서 제작된 사립학교용 초등 수신교과서 중에서 대표성을 지닐만하다고 여겨지는 『초등소학수신서』는 어떤 책이며, 이 책에는 가치교육의 내용과 방법이 어떻게 드러나고 있는가? 『초등소학

▋ 『녀ᄌ소학슈신셔』를 포함한 근대계몽기의 여학생용 수신교과서에 대해서는 이 책의 제5장에서 상세하게 다루고 있다.

수신서』는 근대계몽기의 언론인이자 애국계몽 운동가였으며『황성신문(皇城新聞)』의 주필이었던 유근의 저작으로,「시일야방성대곡(是日也放聲大哭)」으로 잘 알려진 장지연(張志淵)이 교열하였다. 총 60개의 짧은 과(課)들로 구성되어 있는 이 책은 각 과마다 삽화가 제공되고, 각 과의 끝에 학습자들로 하여금 본문의 내용을 여러 각도에서 생각해보게끔 하는 질문을 제공한다는 점에서, 이전과 동시대의 다른 수신교과서들과 비교해 볼 때 대단히 발전된 모습을 보여준다.

우선 가치교육의 내용적 측면에서 유의해야 할 점은 이『초등소학수신서』에는 근대 사상적 요소가 엿보인다는 것이다. 가령 제18과와 제25과에는 각각 '자유', '자주권이 없음'이라는 제목으로 다음과 같은 글들이 수록되어 있다.

① 새들이 밭에서 먹을 것을 찾아 돌아다니는 것을 보고 망을 놓아 그 중 한 마리를 잡아 새장 속에 넣어두었는데, 먹을 것을 먹지 않고 죽어버렸다. 새는 본래 하늘을 날아다니며 높이 솟았다가 내려오는 일을 자유롭게 하였는데, 사람에게 잡혀 자유롭지 못하게 되니 차라리 죽는 것만 못했을 것이다. (24~25)

② 소와 말이 수레를 메고 쉬지도 못하고 일만 하는데, 잠시라도 지체하면 주인은 사정없이 채찍으로 때린다. 힘든 일을 하면서도 매를 맞으며 큰 고통을 당하고 있는 것이다. 사람의 경우에도 자주권을 잃으면 이 소나 말과 같은 신세가 된다. (34~35)

이외에도 공익(제37과), 공덕심(제38과) 등의 근대적 가치 개념들이 엿보인다. 물론 효도, 우애, 우정, 자비와 같은 전통적인 수신 윤리의 내용도 함께 들어있는데, 그런 점으로 미루어볼 때 이『초등소학수신서』는 전통과 근대라는 두 가치관의 조화를 꾀하고 있는 것이다.

그런데『초등소학수신서』는 다른 수신교과서들과 비교하여 실천적인 가치관을 매우 중요하게 여긴다는 점에 보다 주목해야 한다.[22] 이 책은 개인과 국가가 굴욕을 당하지 않기 위해서는 힘과 지혜를 길러야 한다는 점을 반복적이면서도 강하게 표현하고 있다. 예를 들어 제2과 '모욕당하는 삶의 비참함'을 들 수 있다.

고양이 한 마리가 상 위에 엎드려 있어서 고기를 주니 머리를 긁으면서 가지 않고 계속 쳐다보자, 그 꼬리를 잡아당겼더니 소리를 지르면서 도망갔다. 세상에서 가장 견디기 어려운 일이 어떤 사람에게 모욕을 당하는 일이다. 비록 고양이라고 해도 이러하거늘 하물며 사람의 경우는 더 말할 나위가 있겠는가.(2~3)

또한 우월함(제13과), 지혜로움(제15과), 경쟁심(제41과) 등을 강조하여, 강하고 지혜로운 것이 그렇지 못한 것을 이기는 것을 매우 당연하게 제시하고 있다. 그리고 이런 맥락은 아이들의 군대놀이(제14과), 학생들의 군인이 되어야 할 의무(제21과), 나라 사랑(제22과) 등으로 연결되어 초등 학습자들의 애국심과 의무감을 강조한다. 이것은 당시 대한제국이 처한 상황에서 국민이 지녀야 할 국가적 가치관을 기른다는 점으로 볼 때, 분명 시대적 요구에 부합하는 부분이 있다. 그러나 약한 개인 혹은 국가로 비유되는 동물과 곤충이, 힘이 없고 어리석다는 이유로 굴욕당해도 괜찮다는 방식의 내용은 이 수신교과서의 한계가 되기도 한다.

그렇다면『초등소학수신서』에 나타나는 가치교육의 방법으로는 어떠한 것이 있을까? 이 책에 나타나는 여러 가지 장치들은 앞서 살펴본 수신서들과 연속되면서도 매우 발전된 모습을 보여준다. 그 첫째로 제시할 수 있는 것은, 풍부한 비유와 의인화 및 각 과마다 제시되어 있는 상세한 삽화이다. 그런 비유와 의인화는 특정 동물에 대한 우리의 전통적인 인식과도 연결되어 있어, 어린 학습자들로 하여금 본문의 내용을 한층 쉽게 이해할 수 있도록 도와준다. 가령 제27과 '권위를 가장함'과 제50과 '나라와 민족을 사랑함'의 내용을 살펴보자.

　① 쥐가 고양이의 권위를 빌려 다른 쥐들을 제압하고 싶어서 고양이에게 "내가 쥐의 왕이 되었으니 내 말을 믿지 못하겠거든 나와 함께 쥐의 굴로 가서 확인해보자"라고 말했다. 고양이가 그 쥐의 뒤를 따라 굴로 들어갔는데, 이를 본 다른 쥐들이 놀라 숨어버리자 고양이는 그 쥐의 왕을 잡아먹어 버렸다고 한다. 이처럼 사람도 다른 사람의 권위를 빌려 행세하고자 하다가는 도리어 큰 곤경을 당할 수 있다.(37~38)

　② 꿀벌들이 집을 만들고 회의를 해서 만일 우리 집을 허물거나 우리 꿀벌들을 해치는 자가 있으면 모두 달려들어 침을 쏘자고 결의했다고 한다. 사람에게 나라가 있다는 것이 꿀벌에게 집이 있다는 것과 같으니, 너희 학생들은 마땅히 나라를 사랑하고 동족을 사랑해야 한다.(70~71)

또한 총 60과로 구성되어 있는 이 책에는 과와 동일한 수의 60개의 삽화가 제공되는데, 이런 구성을 취하고 있는 수신교과서는 중등용까지 포함해서도 『초등소학수신서』를 제외하고 전혀 발견되지 않는다. 그리고 기존의 삽화들과는 달리 배경을 상세히 표현하고, 등장인물의 행동 역시 구체적이며 역동적으로 그리고 있다는 점에서도 차별성을 지닌다.

두 번째, 학습자들로 하여금 각 과의 내용을 다시 생각해보게끔 하

〈사진 2-5〉 제4과 '진정한 능력'   〈사진 2-6〉 제11과 '맡은 일을 다함'   〈사진 2-7〉 제46과 '자비로운 마음'

는 질문이 각 과마다 있다는 점도 주의할 만하다. 이런 질문들 중에는 "친구와 어머니 중에서 누가 더 가까운가? 그 아이는 어떤 이유로 우정이 멀어지는 것을 감수하려 했을까?"(제6과 '효성스러운 아이', 10)와 같은 딜레마(dilemma) 성격의 것들도 있고, 본문의 내용을 뒤집어 생각해보아야 하는 것들도 있으며, 실천 지향적인 것들도 있다. 물론 모든 질문들이 수준 높은 것도 아니며, 질문지뿐 아니라 본문의 내용까지도 어색한 것이 적지 않다. 그러나 가치교육의 내용과 방법적 측면에서『초등소학수신서』가 지니는 발전적 모습은 분명 다른 수신교과서들을 뛰어넘는다고 할 수 있다.

4. 근대계몽기 가치교육의 내용과 방법의 변화 양상이 제시하는 도덕교육사(史)적 의의

　지금까지 1880년에서 1910년이라는 기간에 발행된 여러 초등용 수신교과서들 중 대표성을 지닐 만한 3종을 선택하여, 이 3종에 나타난 가치교육의 내용과 방법적 측면들에 대해서 살펴보았다. 이 절에서는 그 가치교육의 내용과 방법의 변화 양상에 대해 전체적으로 조명하고, 이 양상이 도덕교육의 사(史)적 측면에 어떠한 의의를 지니는지 제시하고자 한다.

　이 장에서 살펴본 초등용 수신교과서의 첫 번째는, '근대식 학제 도입기' 직전인 1884년에 간행된 박재형의 『해동속소학』이다. 조선의 대표적인 초등용 수신교과서였던 『소학』의 형식을 빌려와, 한반도의 명현들로 내용을 채운 이 책은 분명 자율적인 시각에서 편찬된 책이라고 할 수 있다. 그러나 가치에 대한 주체적이고 비판적인 관점을 길러주는 것을 목적으로 하는 가치교육의 입장에서 『해동속소학』을 보았을 때, 이 책은 많이 부족한 모습을 보여주고 있다. 왜냐하면 내용으로는 유가적 가치인 오륜만을 내세우고 있으며, 방법으로는 도덕적 모범의 언행 제시라는 매우 한정된 방법에 의존하고 있기 때문이다. 요컨대 『해동속소학』은 성리학적 가치를 제시하고 주입하는 것을 목적으로 만들어진 수신교과서라는 것이다.

　두 번째로 살펴본 초등용 수신교과서는, 본격적인 '근대식 학제 도입기'이자 『해동속소학』이 간행되고 약 10년 뒤인 1895년에 학부가 편찬을 주도한 『소학독본』이다. 이 책은 동시기에 발간된 『숙혜기략』보다 높은 안정성과 체계성을 확보하고 있으며, 가치교육의 측면에서도 『해동속소학』보다 발전된 모습을 보여주고 있다. 왜냐하면 가치교육의 내용적인 측면에 있어서는 당대에 유행하는 가치관을 직·간접적으로 비판하는 부분들이 엿보이며, 방법적인 측면에 있어서는 도덕적 모범의 언행 제시에 이어 적절한 비유와 도덕적 권위자의 추가적인 보완 설명까지 덧붙였기 때문이다. 그러나 『소학독본』 역시 입지·근성·무실·수덕·응세라는 철저한 유가적 주제들에 맞추어 내용이 구성되어 있고, 학습자들을 배려하지 않은 난자와 한시 등이 많아서 초등용 교과서에 적합하지 않다는 한계를 보여준다.

세 번째로 살펴본 초등용 수신교과서는, '통감부 학정 잠식기'이자 『소학독본』으로부터 다시 약 10년 뒤인 1908년에 사립학교용으로 제작된 유근의 『초등소학수신서』이다. 이 시기에는 통감부의 학정 개입으로 수신교과의 목적과 성격이 변질되었기에, 학부에서 공식 편찬하였던 『보통학교 학도용 수신서』는 조사 범주에서 제외하였다. 한편 동시기의 사립학교용으로 제작된 안종화의 『초등윤리학교과서』는 주목할 만한 점이 많았으나, 이 책이 번역본이며 또한 활용할 수 있는 방법적 측면에서도 『초등소학수신서』를 넘어서지 못하기에 역시 제외하였다.

그런데 『초등소학수신서』는 여러 가지 측면에서 기존의 초등용 수신교과서들을 넘어서고 있으며, 이 장에서 강조하고 있는 가치교육이라는 용어에도 상당히 부합된다. 내용적인 측면에서는 전통적인 가치들을 기본으로 하면서도 근대 민주적인 가치들을 함께 강조하고 있으며, 국가와 관련된 실천적인 가치관들도 부각시키고 있다. 또한 방법적인 측면에서도 적절한 의인화와 각 과의 내용에 맞춘 개별 삽화, 생각할 문제의 제시 등으로 매우 발전된 모습을 보여준다.

이와 같이 1880년에서 1910년이라는 근대의 시기에는 1894년 이후의 '근대식 학제 도입기'와 1906년 이후의 '통감부 학정 잠식기'라는 두 번의 교육적 전환기가 있었고, 격변하는 상황 속에서도 가치교육의 내용과 방법적 측면은 지속적으로 발전하는 양상을 보여주고 있다. 이런 양상이 제시하는 도덕교육사적 의의, 좀 더 구체적으로 말해 도덕과(道德科) 교육의 사(史)적 의의는 바로 '도덕과 교육의 연속성'에 있다.

현재 도덕과 교육과 관련한 여러 연구들 중 한 축을 차지하고 있는 것은 유가와 불교로 대표되는 우리의 전통을 지금의 도덕과 교육과 의미적으로 연결시키려는 것이고, 많은 노력들이 있었기에 이제는 상당한 결과가 축적되었다.[23] 그러나 여기에는 전통과 현대 사이의 공백기라는 불연속적인 부분이 엿보인다. 그리고 이런 점은 도덕과 교육과정 문서에 이미 잘 드러나고 있다. 한 예로 초·중·고등학교의 교육과정 해설서들에서는 도덕과 교육과정의 변천사를 제시할 때, 도덕과가 전통 사유와 문화를 이어받고 있음을 강조하고 있으면서도, 실제 어떠한 과정을 거쳐 저 요소들이 도덕 교과 내부로 들어올 수 있었고, 다시 그 위에 근대적이고 민주적인 가치들을 포함시켰는지에 대한 설명은 거의 없다. 그런데 일제 35년의 강점기는 논외로 한다고 할지라도,[24] 1880년에서 1910년까지의 근대 시기에는 전통교육과 현대의 도덕과 교육을 연결시킬 수 있는 고리가 존재한다.

저자는 이러한 문제의식을 가지고 이 책의 제1장에서, 중등용 수신 교과서들로부터 추출할 수 있는 교과 내용의 구성 원리, 성격, 지향점 등이 각각 현대 도덕과 교육의 그것들과 연결될 수 있음을 제시하였다. 그러나 그 부분에는 한계가 있었다. 왜냐하면 이미 이 장의 제2절에서 제시한 것처럼 중등용 수신교과서는 시기적으로는 '통감부 학정 잠식기'에 등장하였으며, 제작의 주체와 목적은 민간에서 지식인들이 사립학교용으로 저술한 것이기 때문이다. 따라서 중등용 수신교과서를 통하여 전통교육과 현대 도덕과 교육을 연결하는 전체적인 흐름을 고찰하는 데는 제약이 있었다.

그런데 이런 점과 비교하여, 초등용 수신교과서는 사뭇 다른 모습을 보여준다. ⓐ 첫째로는 '근대식 학제 도입기'에 전통적인 수신교과서의 내용들이 학부 편찬 수신교과서 안으로 요약, 유입되는 과정이 잘 드러나고 있다. ⓑ 그리고 둘째로는 '통감부 학정 잠식기'에 변질되어버린 학부 편찬 수신교과서를 대신하여, 민간 제작의 사립학교용 수신교과서 안으로 근대적이고 민주적이며 실천적인 가치들이 유입되는 과정이 잘 드러나고 있다.

실제 이런 과정들은 주체적이면서도 자율적으로 이루어진 것인데, 일제강점기에는 이와 같은 흐름이 단절되었다. 그러나 광복 이후 그 흐름은 다시 이어졌으니, 예를 들어 광복 이후의 도덕과 교육에서 지속적으로 시행한 노력 중 하나는 학습자들에게 '민족적이고 전통적인 가치'와 '민주적이고 근대적인 가치'의 조화를 구현하는 것이었다.[25] 또한 학습자들로 하여금 이와 같이 대비되는 두 가지 가치군(群)이 상황에 따라 충돌하기도 하고 공존하기도 한다는 점을 깨닫게 함으로써 올바른 가치관을 형성하게 하는 것도 도덕과 교육이 해 온 지속적인 노력이었다. 그런데 이런 노력의 거칠지만 생동적인 측면이 근대 시기의 초등용 수신교과서에 엿보인다. 초등용 수신교과서의 흐름에서 마지막으로 살펴보았던 유근의『초등소학수신서』에 나타나는 가치교육의 내용적 측면을 정리하면, 첫째가 전통적인 가치와 근대적이고 민주적인 가치의 적절한 조화였으며, 둘째가 국가와 관련된 실천적인 측면의 강조였다. 이런 부분들은 다듬어지지 않아서 거칠지만, 학습자들로 하여금 하루가 다르게 급변하던 당시의 상황을 주체적으로 헤쳐 나갈 수 있게 하기 위한 노력이 반영되어 있었고, 그것은 일제강점기를 지나 광복 이후에 이루어진 도덕과 교육의 지속적인 노력과도 맥을 같이 하는 것이다.

5. 맺음말

서두에서 제시한 바와 같이 이 장에서는 '가치교육'의 본래 의미를, 가치에 대한 학습자의 주체적이면서도 비판적인 관점을 길러주는 것이라고 보았다. 그리고 이와 같은 정의(定義)의 가치교육이 우리 도덕과 교육의 역사에서 어느 시점에 기원을 두고 있는지 살펴보고자 하였다. 이런 목적 아래, 이 장에서 초점을 맞춘 시기는 근대계몽기와 대한제국기를 포함하는 1880년에서 1910년까지의 근대 시기였다. 실상 이 시기에 이루어진 수신교과는 일제강점기의 수신교과에 대한 부정적인 이미지와 연결되면서, 그 역사적 의미가 상세하게 고찰되지 못했다.

한편 이 장에서는 저 시기를 살펴보는 창으로써 초등용 수신교과서를 택하였는데, 1894~1906년의 '근대식 학제 도입기'와 1906~1910년의 '통감부 학정 잠식기'에 수신교과를 지탱하였던 '전통적인 수신교과서류', '학부 편찬 수신교과서류', '민간 제작 사립학교용 수신교과서류' 중 대표성을 지닐만한 것으로 1종씩을 선정하였다. 순서대로 언급하면, 1884년에 간행된 박재형의 『해동속소학』, 1895년에 간행된 학부 편찬의 『소학독본』, 1908년에 간행된 유근의 『초등소학수신서』가 그것들이다. 전체적으로 볼 때, 이 3종의 수신교과서는 약 10여 년씩의 간격을 두고 발간되었으며, 그 제목에 모두 '소학'이라는 이름이 포함되는 것으로 미루어 형식과 내용은 차이가 있을지라도 넓은 의미에서 '소학'류라고 할 수 있겠다.

저 3종의 초등용 수신교과서를 가치교육의 내용과 방법 측면에서 분석한 결과, 첫 번째로 수신과 수양이 곧 교육의 목적이었던 우리의 전통교육이 '수신'이라는 하나의 교과로 자리 잡으면서 발생한 내용적인 측면에서의 축소화를 발견할 수 있었다. 그러나 핵심적인 전통 가치들은 그대로 유입되었다. 그리고 두 번째로 근대적이고 민주적이며 실천적인 가치들이 수신교과서 안으로 유입됨으로써 전통적인 가치와 조화를 모색하려 했던 모습도 발견할 수 있었다.

이 장에서는 이와 같이 근대계몽기 초등용 수신교과서에 나타나는 가치교육의 내용과 방법의 변화 양상을 근거로 하여, 이 시기의 수신교과가 전통교육과 현대 도덕과 교육의 연속성을 논의하는 데 있어 가교 역할을 수행하였다는 점을 제시하였다. 하지만 이런 의의가 좀 더 뚜렷해지기 위해서는 다음과 같은 연구가 진행되어야 할 것이다.

우선 근대계몽기 수신교과의 제도적 위상 및 실제 현장과의 관련성에 대한 연구이다. 당시의 수신교과는 내용적인 면에서는 전통교육에 비해 축소화되었다고 할지라도, 교과로서의 위상은 분명 뚜렷하였다. 다른 교과가 불안정하게 지위를 유지하던 것과는 달리, 수신교과는 언제나 필수 과목으로서 그 위치를 유지하였으며, 시수 역시 안정적이었다. 그러나 이런 수신교과가 실제 교실 현장에서 어떻게 이루어졌는지에 대해서는 아직 구체적으로 연구가 진행되지 못하였다. 따라서 여기에 대한 논의가 더 심화되어야 할 것이다. 다음으로 저자의 능력 부족으로 이 장의 논의 과정에서는 미처 다루지 못했던 수신교과서들에 대한 심층적인 분석도 이루어져야 할 것이다. 이런 과정들을 거친다면, '잃어버린 시간'이라고 평가할 수 있을 만큼 거의 주목받지 못했던 근대 수신교과에 대한 대략적인 모습이 보다 선명하게 그려질 수 있지 않을까 기대해 본다.

제3장

학부(學部)에서 편찬한 '초등용' 수신교과서의 의의와 한계

1. 머리말

1894년 학무아문(學務衙門) 관제의 설치부터 1910년 '한일병합조약(韓日併合條約)'으로 인한 국권피탈까지의 기간 동안 우리의 도덕과(道德科) 교육은 어떻게 진행되었을까? 전통적인 서당식 교육이 당시의 급변하는 국내·외 정세의 문제를 해결하는 데 큰 도움이 되지 못한다고 판단한 조선 정부는 1895년 고종(高宗)이 '교육입국조서(敎育立國詔書)'를 발표하는 것을 계기로 혁신적인 교육 개혁을 단행한다. 학제가 개편되고 서구식 교과목 편제가 도입되던 그 시기에 기존의 유가(儒家) 중심의 존심양성(存德涵養) 내용을 표면적으로 충실하게 계승한 것은 다름 아닌 '수신(修身)' 교과였다. 그러나 도덕과 교육의 역사에 대한 고찰을 시도할 때, '근대계몽기'라고 불리는 저 기간의 수신교과는 1910년부터 1945년까지의 '일제 강점기'의 수신교과와 더불어 크게 주목받지 못하였다. 그리고 이런 점은 현재의 도덕과 교육과정 문서에 잘 드러나 있다.[1] 그런데 주목받지 못한 원인은 다르다.

우선 '일제 강점기'의 수신교과가 도덕과 교육의 역사에서 크게 주목받지 못한 것은, 그 시기의 수신교과에 포함된 내용 및 지향점이 우리의 전통교육과 1945년 이후의 도덕과 교육을 단절시킨 근본 원인이 되기 때문이다. 그리고 이런 점을 뒷받침하고 있는 연구는 적지 않다.[2] 그러나 '근대계몽기'의 수신교과가 도덕과 교육의 역사에서 크게 주목받지 못한 것은 반대로 이 기간에 대한 연구가 충분하지 못하였기 때문이다. 물론 근대계몽기에 대한 교육적 관심과 연구는 적지 않았다. 하지만 좀 더 미시적 관점에서 살펴볼 때, 저 시기의 수신교과가 어떠한 방식으로 진행되었는가에 대한 연구물은 대단히 부족하다.

이것은 곧 도덕과 교육의 연속성, 좀 더 구체적으로는 정체성 문제와도 연결된다. 도덕과 교육의 정체성 문제는 교과 내·외부에서 끊임없이 제기되는 물음이었다. 교육과정을 수정하거나 과목들 사이의 내용을 조정할 때는 어김없이 이 물음이 제기되곤 하였다. 그러나 유가와 불교(佛敎)로 대표되는 우리의 전통만큼이나 그 정체성을 확고히 해주는 것은 없다. 그래서 그 전통과 현대의 도덕과 교육을 연결시키려는 시도는 활발히 진행 중이다. 하지만 그런 시도들에는 분명 일종의 공백이 엿보이며, 이 장의 시작에서 제시한 물음이 그 공백에 대한 답을 제공할 수 있을 것으로 보인다.

이와 같은 문제의식을 가지고 저자는 이 책의 제1장에서 그 연속성 문제를 근대계몽기의 수신교과서라는 창을 통해 살펴보았다. 그리고 1894년에서 1910년 시기의 수신교과는 그 제반 상황은 매우 열악하였음에도 불구하고 상당히 역동적이고 주체적으로 진행되었으며, 따라서 우리의 전통교육과 현재의 도덕과 교육을 연결하는 매개 역할을 수행하였다는 점을 지적하였다. 그러나 1장의 조사 대상은 '사립학교에서 제작된 수신교과서'들로 제한되어 있었다. 따라서 이 장에서는 한편으로는 제1장의 문제의식을 이어받으면서도, 다른 한편으로는 '그렇다면 당시 관·공립학교에서 사용하기 위해 학부에서 공식적으로 편찬한 수신교과서들은 어떻게 구성되어 있는가?'라는 문제 제기와 답변을 통하여 그 연속성 문제를 보완하고자 한다.

이 목적을 위해, 우선 제2절에서는 학부에서 공식적으로 제시하였던 수신교과의 목적들을 살펴보고, 그 목적들을 달성하기 위해 학부 주도로 편찬된 수신교과서들로는 어떠한 것이 있는지 살펴보도록 하겠다. 그리고 제3절에서는 그 수신교과서들의 구성 및 내용 특징에 대해 구체적인 분석을 시도할 것이다. 또한 제4절에서는 그 분석 내용을 바탕으로 하여, 학부 편찬 수신교과서들을 ⓐ'수신교과 목적과의 정합성', ⓑ'수신교과서로써의 활용 가능도', ⓒ'당대의 가치관 반영과 미래에 대한 지향점 제시'라는 세 가지 측면에서 비교·평가할 것이다. 그리고 이런 비교와 평가를 통하여 당시 학부에서 편찬한 수신교과서가 지니는 교과용 도서로서의 의의와 한계를 드러내고자 한다.

2. 학부에서 제시하는 수신교과의 목적과 편찬 수신교과서

국가가 편찬을 주도하는 교과용 도서에는 기본적으로 그것을 통해서 구현하고자 하는 국가의 목적이 담겨있다. 따라서 학부에서 편찬한 수신교과서를 살펴보기에 앞서 수신교과의 공식적인 목적을 살펴볼 필요성이 있다. 그런데 이 글에서 초점을 맞추고 있는 1894년에서 1910년의 상황은 다시 두 시기로 나누어 살펴볼 수 있을 것이다. 왜냐하면 일본이 1906년 2월부터 대한제국에 통감(統監) 정책을 개시하고, 같은 해 8월 '보통학교령(普通學校令)', '고등학교령(高等學校令)', '사범학교령(師範學校令)' 등을 반포하면서 기존의 '소학교(小學校)', '중학교(中學校)', '사범학교(師範學校)' 관제 등을 모두 폐지하였기 때문이다.[3] 따라서 이 절에서는 수신교과의 공식적 목적을 그 1906년을 기준으로 나누어서 제시하도록 하겠다.

1) 학부에서 제시하는 수신교과의 목적

1894년에서 1906년의 시기에 수신교과의 목적이 상당히 구체적으로 제시되는 국가 문서는 1895년의 '소학교 교칙대강(小學校 敎則大綱)'이다.

> 수신은 교육에 관한 조칙(詔勅)의 취지에 근본하고 아동의 양심을 계발하고 이끌어서 그 덕성을 함양하며, 인도(人道)를 실천하는 방법을 가르치는 것을 요지로 함. 심상과에는 효제 · 우애 · 예경(禮敬) · 인자 · 신실 · 의용 · 공검 등 실천하는 방법을 가르치고, 별도로 존왕 애국하는 선비의 기상을 기를 것을 힘쓰며, 또 신민으로서 국가에 대하는 책무의 대요를 가르치고, 겸하여 염치의 중요함을 알게 하고, 아동을 인도하고 도와주어 풍속과 품위의 순수하고 바름을 추구함을 주의함이 옳음. 고등과에는 전항의 취지를 확대하여 도야(陶冶)의 공을 굳건하게 함을 힘씀이 옳음. 여학생은 별도로 정숙한 미덕을 기르

게 함이 옳음. 수신을 가르칠 때에는 가깝고 쉬운 말과 아름다운 말과 선행 등을 예로 증명하여 권면 훈계함을 보여주고, 교사가 몸소 아동의 모범이 되어 아동으로 하여금 몸에 배어 자연스럽게 익힐浸潤薰習 수 있게 함을 요함.[4]

이상의 내용에는 수신교과의 목적과 교수 방법 등이 꽤 상세하게 제시되어 있음을 알 수 있다. 특히 학습자의 단계에 따른 교수 요지가 다른 점을 주목해야 할 것인데, 학습자의 수준이 낮은 단계에서는 '가치·덕목' 중심의 수신 교육이 우선하며 그 덕목의 '실천'을 중요하게 여기고 있다. 또한 이 단계에서는 국가의 구성원으로서 기본적으로 알아야 할 '규범'의 중요성도 강조되고 있다. 그런데 낮은 단계에서는 교수 요지가 상세한 반면, 보다 높은 단계에서는 '도야陶冶'라는 용어를 통하여 이전 단계에서 배운 내용의 심화와 범위의 확장이 이루어져야 함을 강조하고 있다. 물론 여학생에게 필요한 미덕을 '정숙'이라고 규정한 것이나, 교사의 지향을 단지 '모범'으로만 제시한 것은 한계점이라고 할 수 있을 것이다. 그러나 새로운 학제가 태동하던 당시의 열악한 상황을 감안한다면, 저 목적 제시가 상당히 체계적으로 기술되어 있음은 인정해야 할 것으로 생각된다.

한편 1906년에서 1910년의 시기에 수신교과의 교수 요지와 목적이 제시되는 국가 문서는 다양하다. 기본적으로는 '보통학교령 시행규칙普通學校令 施行規則', '고등학교령 시행규칙高等學校令 施行規則', '사범학교령 시행규칙師範學校令 施行規則', '고등여학교령 시행규칙高等女學校令 施行規則' 등이 있으며, 각각의 1909년도 개정판이 있다. 이처럼 이 기간에는 수신교과의 목적이 학교의 단계와 성격에 맞추어 세분화되는 경향을 보여준다. 또한 수신교과의 목적을 소개하는 분량에 있어서도 개정되기 이전과 개정된 이후가 뚜렷한 차이가 있다. 저 문서들 중 '보통학교령 시행규칙'과 '개정 보통학교령 시행규칙', 그리고 '고등학교령 시행규칙'과 '개정 고등학교령 시행규칙'을 살펴보자면 다음과 같다.

① '보통학교령 시행규칙' – 학생의 덕성을 함양하고 도덕의 실천을 지도함을 요지로 한다. 실천에 적합한 가깝고 쉬운 내용에 의지하여 성품을 높이며 지조를 굳게 하며 덕과 의를 무겁게 하는 습관을 기름에 힘써야 한다.[5]

② '개정 보통학교령 시행규칙' – 수신은 학생의 덕성을 함양하며 도덕의 실천을 지도함으로써 요지를 삼는다. 수신은 아름다운 말과 선행 및 속담 등에 의지하고 본떠서 훈계하는 것을 핵심으로 하며, 실천에 적절한 일상의 가깝고 쉬운 사항을 가르치며, 더 나아가서는 국가와 사회에 대하는 책무의 일반(一斑)을 알게 하고, 여자에게 있어서는 특히 정숙의 덕을 기름에 주의하는 것이 옳다.[6]

③ '고등학교령 시행규칙' – 성실하고 온순한 품성을 기름을 기약하고, 궁행실천(躬行實踐)을 위주로 하여 말만 쓸데없이 숭상하는 치우친 습관이 없게 함을 필요로 한다.[7]

④ '개정 고등학교령 시행규칙' – 수신은 도덕상의 사상과 정조를 양성하며 착실하고 온건하게 하여, 중등 이상 사회의 남자에게 필요한 품성을 갖추게 하는 것을 기약하며 실천궁행을 권장함으로써 핵심을 삼는다. 수신은 처음에는 아름다운 말과 선행을 의지하고 본뜨되, 학생의 일상 행위를 통하여 도덕의 요령을 가르쳐 보여주고 나아가서는 자기와 가정과 사회 및 국가에 대한 책무의 일반을 알게 함이 옳다.[8]

하지만 이 시기의 수신교과의 목적은 실상 1895년의 '소학교 교칙대강'에서 제시된 수신교과의 목적보다 퇴보한 모습을 보여준다. 가령 위 문서들에는 '소학교 교칙대강'에는 언급되었던 학습자의 수준에 따른 교수 요지가 보이지 않는다. 물론 소학교에는 심상과와 고등과가 있었고, 보통학교에는 그런 구분이 없었다. 그러나 보통학교에서 고등학교로 학교 단계가 올라가도 수신교과의 목적 제시에는 별다른 차이가 없다. 또한 개정되기 이전이든 개정된 이후이든 분량만 늘어났을 뿐 그 핵심 역시 두드러진 차이가 없다. 그리고 '성실'이나 '온순', '온건'과 같은 순종적 내용이 반복적으로 언급되는 것 역시 대한제국에 대한 일본의 혐의가 의심되는 부분이다.

2) 학부 편찬 수신교과서의 종류

그렇다면 위와 같은 수신교과의 목적에 부합하는 교육을 실시하기 위해 제작된 수신교과서에는 어떠한 것들이 있을까? 이 글에서는『숙혜기략(夙惠記略)』,『소학독본(小學讀本)』,『보통학교 학도용 수신서(普通學校 學徒用 修身書)』를 그 대상으로 삼았는데, 실제로 이 세 종류의 교과서는 당시 학부에서 편찬한 수신교과서의 전부라고 할 수 있다. 이 중『보통학교 학도용 수신서』는 수신교과서로서의 성격을 의심받지 않으나『숙혜기략』과『소학독본』은 그렇지 않은데, 그 까닭은 근대계몽기의 교과서 변천사와 관련이 있다.

앞서 수신교과의 목적을 살펴본 것과 마찬가지로, 근대계몽기의 교과서 변천사 역시 1906년의 통감부(統監府) 설치를 기준으로 두 시기로 구분할 수 있다.[9] 먼저 통감부 설치 이후인 1906년에서 1910년의 '통감부 학정(學政) 잠식기'를 살펴보자면, 이때는 일본이 적극적으로 대한제

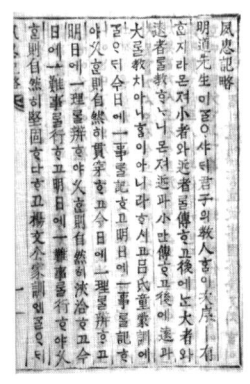
〈사진 3-1〉『숙혜기략』

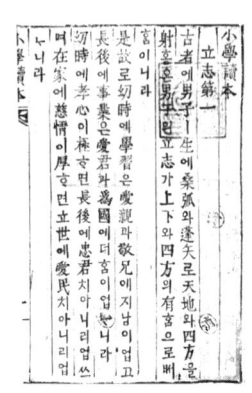
〈사진 3-2〉『소학독본』

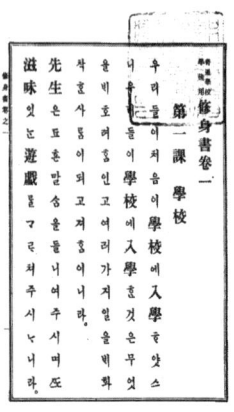
〈사진 3-3〉『보통학교 학도용 수신서』

국의 교육 정책에 간섭함으로써 보다 체계적인 교과서 개발이 착수되어 각 과목별 교과서가 제작되었다. 가령『보통학교 학도용 수신서』는 수신교과의 교과용 도서로 사용되기 위해 제작되었다.

　하지만 통감부 설치 이전인 1894년에서 1906년의 '근대식 학제(學制) 도입기'에는 학부에 의해 교과서 개발이 주도되었지만, 법령으로 정해진 교과목들 각각에 필요한 교과서가 온전히 개발되지 못한 상태였다. 그러므로 당시 교과서들 중 어떤 책이 확실히 수신 과목에 해당하는지 구분하기란 쉽지 않다. 그러나 당시의 가장 기본적인 교과목이 수신, 독서, 작문, 습자, 산술 등임을 고려할 때, 이 시기에도 특정 교과서가 지향하고 있는 특정 교과의 성격을 추론할 수 있다.[10] 저자가 이 1894년에서 1906년 시기의 여러 교과서들 중『숙혜기략』과『소학독본』을 수신교과의 교과용 도서로 구분한 이유는 두 교과서의 내용 특징 분석에 근거한 것이며, 그것은 이 장의 제3절을 통하여 더욱 구체화될 것이므로 여기에서는 두 책에 대한 기존의 평가와 그 평가의 한계에 대해서만 언급하기로 하겠다.

출판년도	교과서명	편찬	서체
1895	『숙혜기략』	학부	국·한문
	『소학독본』		
1907	『보통학교 학도용 수신서』		

  이종국은 『숙혜기략』은 '교육' 교과로 분류하고 있으며, 『소학독본』은 '국어' 교과로 분류하고 있다.[11] 또한 아세아 문화사에서 발간한 『한국 개화기 교과서 총서』에서는 『숙혜기략』은 '수신' 교과로 분류하고 있으며, 『소학독본』은 '국어' 교과로 분류하고 있다.[12] 우선 『숙혜기략』에 대해서 살펴보면, 이종국의 분류에는 다소 무리가 있다. 왜냐하면 '교육'이라는 교과는 당시 한성사범학교에만 있었을 뿐, 소학교와 중학교에는 없었기 때문이다. 또한 『숙혜기략』의 내용은 '한성사범학교 규칙(漢城師範學校 規則)'에 나와 있는 '교육' 교과의 교수 요지와도 부합하지 않을 뿐 아니라,[13] 교사 양성 기관의 교재로 사용하기에는 그 성격도 단순하다.

  이어서 『소학독본』에 대해서 살펴보면, 이 책과 관련하여 『한국 개화기 교과서 총서』의 분류자인 백순재는 '독본(讀本)'이라는 제목에 근거하여 '국어' 교과로 분류하였을 뿐, 그 내용은 수신교과서의 성격을 강하게 지닌다고 밝혔다.[14] 그리고 이해명 역시 『소학독본』을 일반적인 분류법에 따라 '국어' 교과로 분류하고 있으나, 이 책이 윤리 교과서의 성격을 지니고 있으며 그 내용 기술이 체계적이면서도 상당히 높은 수준이라고 정리하고 있다.[15] 또한 김정효·이해지는 『숙혜기략』과 『소학독본』을 분류할 때 그 내용을 근거로 하여 두 교과서 모두 소학교의 '초등용 수신교과서'로 보고 있다.[16]

이상의 내용을 통하여 기존의 평가에 비추어보았을 때에도 『숙혜기략』과 『소학독본』을 학부에서 편찬된 수신교과서, 특히 '초등용' 수신교과서로 분류하는 것이 특별한 무리가 없음을 알 수 있으며, 이것은 다음 절의 논의를 통하여 더욱 명료해질 것이다. 따라서 이 장에서는 『숙혜기략』과 『소학독본』을 수신교과서로 분류하고 분석의 대상으로 삼았다.

3. 학부 편찬 수신교과서의 구성 및 내용 특징

1) 『숙혜기략(夙惠記略)』의 구성 및 내용 특징

『숙혜기략』의 '숙혜(夙惠)'는 '일찍 깨닫는다'는 의미인데, 중국 남조(南朝) 송나라의 유의경(劉義慶)이 편찬한 『세설신어(世說新語)』의 편명에서 비롯되었다.[17] 제목에서 알 수 있듯이, 『숙혜기략』은 일찍 깨달은 명사(名士)들의 일화를 간략하게 기록해놓은 책이다. 이 책에는 별도의 목차가 제시되어 있지 않으며, 서문 · 내용 · 결문의 구성을 취하고 있다. 우선 서문에서 정호(程顥)와 『여씨동가훈(呂氏童家訓)』, 『양문공가훈(楊文公家訓)』 등의 글들을 인용한 뒤 다음과 같이 마무리함으로써 이 책이 나아갈 전체적인 성격을 암시하고 있다.

진실로 그 재능을 헤아리지 않고 멀고 큰 것으로 가르치기를 빨리 하면 능히 이해하지 못할 것이고, 진실로 많은 것을 힘쓰고자 하면 능히 오랫동안 기억하지 못할 것이며, 진실로 심오함으로써 하면 또한 깨닫기가 어렵다. 그러한 까닭에 작은 것과 가까운 것이 반드시 유독 아름다운 것은 아니지만 이것을 우선으로 하고, 한 가지 일과 한 가지 이치가 변화를 다하는 것은 아니지만 마침내 도를 이루고, 옛 일을 일상의 말과 같이 하는 것이 비록 본래의 글은 아니지만 맺음을 들이되 통한 곳이 있으니, 어린 아이를 가르칠 자는 마땅히 이것으로써 법해야 하지 않겠는가. 이에 국한문을 사용하여 어린 아이의 일찍 깨달은[夙惠] 일화들을 모아서 학문을 처음 배우는 이들의 삼가 본보기로 삼으니, 보는 자들은 또한 가히 이것으로써 근본한 바를 알아야 할 것이다.(1~2)

위의 내용을 통해 알 수 있듯이 『숙혜기략』은 기존의 하학이상달(下學而上達)이라는 공부 과정에서 특히 하학에 초점을 맞추고 있고, 그 방법으로써 나이별로 뛰어난 행적을 보여주는 '모범(model)'을 제시하고 있으며, 특히 '중국' 인물들의 사례를 집약해놓고 있다. 이것을 표로 간단히 제시하자면 다음 쪽의 〈표 3-2〉와 같다.

그런데 『숙혜기략』의 내용이 구성되는 과정에서 몇 가지 특이한 사항이 엿보인다. 먼저 첫째로 지적할 수 있는 것은 나이에 따른 인물 사례의 비중이 균등하지 않다는 것이다. 5세부터 9세까지의 시기에 소개된 인물의 숫자가 다른 시기에 비해 월등히 많은데, 그 중에서도 특히 5세와 7세에 집중되어 있음을 〈표 3-2〉를 통하여 알 수 있다. 그리고 이것은 『숙혜기략』이 소학교용 교재라는 점을 뒷받침한다.

둘째, 『숙혜기략』에는 대부분 중국의 인물들이 소개되고 있는데, 그 소속 국가도 많을 뿐 아니라 인물들이 이름을 떨친 분야도 학문, 정치, 문학 등으로 다양하다. 소속된 인물이 매우 많아 자주 언급되는 한(漢)·당(唐)·송(宋) 등으로부터 한 번만 언급되는 주(周)·제(齊)·촉한(蜀漢)·수

연령대	인물 사례
태어남	神農氏, 帝嚳 高辛氏, 蒼頡, 釋迦佛, 老子
7개월	白居易
8개월	金時習
周歲	明道, 曹彬
3세	東方朔, 徐積, 麻九疇, 劉因
4세	孔融, 蕭穎士, 劉公恕, 解縉
5세	賈逵, 孔文擧의 두 자식, 蘇頲, 金麟厚, 路溫舒, 張純・張儼・朱異, 念賢, 李德林, 裴休, 崔鉉, 章懷 태자, 李德裕, 房玄齡, 狄仁傑, 文彦博, 劉基
6세	陸績, 江淹, 愍懷 태자, 王勃
7세	項橐, 黃琬, 陳元方, 孫放, 謝安, 宋璟, 楊收, 李泌, 高定, 駱賓王, 張九齡, 司馬溫公, 晏殊, 孫覿, 王禹偁, 楊億, 許衡, 李玭
8세	蒲衣子, 謝尙, 管輅, 徐之才, 嚴武, 彭思永, 寇準, 黃庭堅, 岳柱
9세	楊寶, 徐孺子, 黃香, 鄧王沖, 楊修, 陸秀, 王維
10세	司馬遷, 劉晏
11세	陳元方, 邴原, 劉少逸, 王守仁
12세	甘羅, 吳祐, 秦宓, 鐘毓・鐘會, 祖瑩, 柳惲
13세	褚陶, 荀子文, 張方平, 鄒智
14세	諸葛靚, 岑文本
15세	陳蕃, 吉扮
이하 총각	汪錡, 王允之, 謝朗, 戴逵, 楊喬・楊髦
이하 십여세	柳渾, 蘇世長
16세	狄靑
17세	河安
18세	張橫渠
19세	張奮
20세	李邕
이하 소년	陸倕, 杜如晦

(隋)・금(金) 등까지, 국가의 범위를 폭넓게 하여 인물 사례를 소개하고 있다. 한편 신농씨(神農氏)・제곡 고신씨(帝嚳 高辛氏)・창힐(蒼頡) 등과 같은 전설적 인물과, 석가불(釋迦佛)・노자(老子)와 같은 유가에서 배척하는 인물들도 등장한다. 이런 특징은 『숙혜기략』 전체에서 잘 드러나는데, 가

규(賈逵)・허형(許衡) 등과 같은 유학자뿐 아니라 양명학의 왕수인(王守仁) 및 선불교에 관심이 많았던 배휴(裴休) 등도 함께 소개되고 있으며, 뛰어난 정치가로 알려진 소정(蘇頲)・적인걸(狄仁傑)・송휴(宋璟) 등과 시인으로 알려진 왕발(王勃)・황정견(黃庭堅) 및 화가인 이옹(李邕)・대규(戴逵) 등도 소개되고 있다. 물론 이상의 인물들이 소개되는 과정에서 그들의 학문이나 정치적 경향이 세밀하게 드러나는 것은 아니라고 할지라도,『숙혜기략』의 내용 성격이 포괄성을 띠고 있다는 점은 뚜렷하게 알 수 있다.

그러나 다른 한편 유가라고 하면 떠오를 법한 공자(孔子)나 맹자(孟子), 주희(朱熹) 등에 대한 직접적 언급은 찾아볼 수 없고, 명재상이라고 불리었던 관중(管仲)과 굴원(屈原) 및 뛰어난 시인이었던 이백(李白)과 두보(杜甫) 등도 보이지 않는다는 점에서, 인물 선별 기준이 무엇인가 하는 의문을 제기하게끔 한다.[18] 그리고 조선의 인물들도 소개되고 있기는 하나, 그 숫자도 김시습(金時習), 김인후(金麟厚), 이이(李珥)의 세 명에 불과하고 그나마도 언급 정도에 그치고 만다는 점에서 아쉬움을 남긴다.

셋째,『숙혜기략』에 소개된 인물들은 뛰어난 자질을 타고나는 경우가 대부분이다. 즉, 평범한 자질을 가지고 태어났는데 노력으로써 그것을 극복하는 사례 소개는 거의 없으며, 소위 '천재'들에 대한 이야기가 많다는 것이다. 다음과 같은 예시들이 전형적인 경우이다.

① 원(元)나라 유인(劉因)은 타고난 기품이 보통 사람들보다 뛰어나서 삼세에 책을 읽고 수천 수백의 단어들을 매일 기억하더니, 겨우 이십세의 나이에 경학구(經學究)가 되었다. 경서의 고증과 주석 등을 두루 통달하고 해석한 뒤 탄식하여 말하기를, "성인의 자세한 뜻이 자못 여기에 그치지 않을 것이다"라고 하였다.(5)

② 한(韓)나라 가규(賈逵)는 오세에 신명함이 보통 사람들보다 뛰어났다. 그 누이는 한요(韓瑤)의 부인이었는데 이웃 서생의 책 읽는 소리를 듣고, 가규를 안고서 울타리 너머에서 들었다. 그랬더니 가규가 십세에 육경(六經)을 암송하였다. 누이가 가규에게 일러 말하기를, "우리 집안이 생활이 궁하고 어려워서 일찍이 배움의 문에 들어가지 아니하였는데, 네가 어찌 천하에 삼분(三墳)과 오전(五典)을 알고서 외우기를 빠뜨린 구절이 없는가?"라고 하였다. 가규가 말하기를, "누님이 나를 안고서 울타리 아래에서 이웃집의 책 읽는 소리를 엿들었기에 이제 조금도 틀림이 없는 것입니다"라고 하였다.(7)

요컨대 유인과 가규는 기억력이 남달라서, 한 사람은 세 살 때부터 책을 읽고 수천 수백의 단어들을 매일 기억하였으며, 또 한 사람은 다섯 살 때부터 담 너머의 경전 암송 소리만 들었을 뿐인데도 열 살에는 육경을 외웠던 것이다. 이와 유사한 사례들은 『숙혜기략』 전반에 걸쳐 제시되고 있다. 그런데 이 책 역시 일종의 교과용 도서라는 점을 감안할 때, 저와 같은 내용들이 나이 어린 아동들에게 얼마나 교육적 효과를 발휘할 수 있었는가에 대해서는 다소 회의적이지 않을 수 없다.

이상의 내용 특징들을 본론에서 보여준 뒤, 『숙혜기략』의 편자는 결문을 통하여 "후대의 사람들도 진실로 사람됨에 뜻이 있다면, 재능이 비록 그 가능성에 미치지 못한다고 할지라도 미침을 꾀하려는 생각조차 없어서야 어떠하겠는가? 또한 오로지 총명하고 민첩하기만 한 자는 비록 선을 행하기 쉽다고 할지라도 또한 악을 행하기도 쉬우니, 배우고 수양함만 같지 못하다"(39)라고 밝히고 있다. 즉, 재능이 뛰어난 것도 중요하지만 그 재능을 선한 방향으로 발현하는 근본은 덕성의 함양, 수신에 있음을 강조하는 것이다. 또한 다소 재능이 미치지 못한다고 할지라도 제시된 모범들에 근접하기 위해 노력해야 한다는 점도 강조하고 있다.

『숙혜기략』의 서문에서 제시된 편찬 의도와 결문에서 제시된 편자의 관점이 얼마나 효과적으로 구현되었는가에 대해서는 제4절에서 다루도록 하고, 이어서 『숙혜기략』과 좋은 대비를 보여주는 『소학독본』에 대해서 살펴보도록 하겠다.

2) 『소학독본(小學讀本)』의 구성 및 내용 특징

『소학독본』 역시 별도의 목차는 제시되어 있지 않다. 그런데 『소학독본』에는 직접적으로 서문과 결문이라고 지칭하는 내용도 없다. 하지만 「입지(立志)」, 「근성(勤誠)」, 「무실(務實)」, 「수덕(修德)」, 「응세(應世)」라는 다섯 가지 주제이자 편명에 맞추어 내용이 진행되고 있으며, 이 주제들이 서로 분리되는 것이 아니라 밀접히 연관된다는 점에서, 그리고 '뜻을 세운다'는 「입지」편과 '세상에 응한다'는 「응세」편이 선후(先後) 관계를 말할 수 있다는 점에서, 각각 서문과 결문의 역할을 하고 있다. 특히 「입지」편과 「응세」편의 말미에는 다음과 같은 내용들이 있으며 두 내용이 서로 통하고 있어 이런 점을 더욱 뒷받침하고 있다.

①아직은 모자란 어린 학생들이여. 우리 대군주 폐하께오서 높으신 덕을 더욱 밝히시어 조서로써 경계함을 자주 내리시니, 『시경(詩經)』에 이른바 "주(周)나라가 비록 오래된 나라이나, 천명은 새롭도다"라고 할 때이다. 우리도 임금의 뜻을 본받고 그리워하여 익힘을 힘쓰며 충효를 일삼아 국가와 함께 오래도록 태평하기를 절하여 기원하노라.(「입지」, 4)

②학자는 배우는 바를 잘 이해하고 마음의 줏대를 견고하게 세워서, 후일 임금을 모시며 백성을 대함에 있어 간사한 인간의 의혹을 받지 말아야 할 것이다. 공자가 말하기를, "또한 희다고 아니하겠는가? 검은 물을 들여도 검어지지 아니한다. 또한 견고하다고 아니하겠는가? 갈아도 얇아지지 않는다"라고 하였다. 이와 같은 후에야 임금을 받들고 사직을 떠받치는 지주(砥柱)가 되는 것이다.(「응세」, 31)

『숙혜기략』과 유사한 형태로『소학독본』 역시 다섯 가지 주제별로 뛰어난 행적을 보여주는 '모범' 사례들을 제시하고 있다. 그러나 주목해야 할 점은『숙혜기략』에 비하여『소학독본』의 사례들은 더욱 '도덕적 모범(moral model)'에 가까우며, 또한 '고려와 조선'의 인물들의 사례를 집약해 놓고 있다는 점이다. 이것을 간단한 표로써 제시하면 〈표 3-3〉과 같다.

〈표 3-3〉『소학독본』의 주제별 인물 사례

주제	인물 사례
입지	孟思誠, 宋時烈, 趙穆, 李滉, 金集, 鄭鵬, 金長生
근성	鄭逑, 李珥, 權尙夏
무실	金宏弼, 宋軼, 崔興遠, 成渾, 宋浚吉, 李元翼, 金誠一
수덕	趙光祖, 申欽, 李珥, 徐敬德
응세	南孝溫, 李珥, 鄭夢周, 柳夢寅, 李恒福, 李德馨, 白文寶, 尹斗壽, 鄭光弼, 李睟光, 金麟厚, 宋麟壽, 李之菡

이와 같이 본론 내용이 구성되는 과정에서『소학독본』은 매우 체계적인 모습을 보여준다. 우선 첫째로 제시할 수 있는 것은,『소학독본』에서는 각 편의 도입부에 그 해당 주제의 의미 혹은 전체적인 요지를 밝히고 있다는 점이다. 세 번째 편인 「무실」과 네 번째 편인 「수덕」의 도입부를 살펴보자.

① 천하의 일과 사물에는 허(虛)와 실(實)이 있으니, '허하면 폐하고 실한 것만 힘쓰는 것'이 이른바 무실(務實)이다. 이 때문에 옛 성현의 행함은 실하지 않음이 없었는데, 중고(中古)에 과거제가 시행되면서부터 선비의 풍습이 점점 어그러져 청탁이 어지럽고 뇌물이 성행하였다. 뒤에 태어난 소년들이 실지(實地)를 힘쓰지 아니하고 혹 한가로이 놀면서 날을 살거나 잡다한 재주로 세월을 보내다가, 바라지 않았는데 늙고 또 쇠하면 가난하고 어려운 처지에서 슬퍼하며 탄식하니, 또한 가련하지 아니한가.(「무실」, 6~7)

② 도의(道義)로 본성을 함양하여 인애(仁愛)가 마음에 넉넉히 차이면 덕(德)의 기운이 자연스럽게 밖으로 나타나게 되니, 덕이 능히 드러나면 위로 임금을 섬기고 아래로 백성을 다스리는 것이 자연스럽게 교화가 이루어진다. 만일 덕을 닦지 못하고 기교나 거짓으로 일을 다스리면 교화하지 못할 뿐 아니라, 폐단이 여러 가지로 발생하여 반드시 전복됨에 이를 것이다.(「수덕」, 11~12)

이것은 같은 시기에 발행된 『숙혜기략』이 연령대에 맞추어 여러 인물들의 사례를 단순 배열한 방법과는 사뭇 다른 것으로, 저와 같은 주제의 의미 혹은 전체적인 요지의 제시는 일종의 교육 목표이자 수업 시간의 학습 목표로써 기능하였을 것으로 보인다.

둘째, 『소학독본』은 주제에 해당하는 인물의 사례를 소개한 뒤 그 내용을 요약·정리하고 때로 사서(四書)나 삼경(三經) 등을 통하여 뒷받침 혹은 보충까지 하는 치밀함을 보여준다. 가령 다음의 인용문과 같이, 조선 중기의 정구(鄭逑)의 사례를 설명하고 요약한 뒤 『중용(中庸)』과 『맹자(孟子)』의 내용으로 보충하고 있다.

한강(寒岡) 정구(鄭逑) 선생이 칠세에 배움에 들어가면서, 산 속의 방에 홀로 올라가 사십일을 잠도 자지 않고 매우 열심히 배움의 길을 찾았다. 그러자 일 년 만에 글 솜씨가 완성되었으니, 사람이 정성스럽고 근면하면 천하에 어려운 일이 없는 것이다. 이 때문에 『자사자(子思子)』에서 말하기를, "다른 사람이 한 번에 능하거든 나는 백 번을 하고 다른 사람이 열 번에 능하거든 나는 천 번을 해야 할 것이니, 진실로 능히 이렇게 하면 비록 어리석다고 하나 반드시 밝아지며, 비록 유약하다고 하나 반드시 강해진다"라고 하였다.

하늘의 명이 별도로 있는 것이 아니라 사람의 정성스러움[誠]에 있으며, 운수가 별도로 있는 것이 아니라 사람의 근면함[勤]에 있는 것이다. 공자가 말하기를, "하늘이 물건을 낼 적에는 반드시 그 재질에 따라 돈독하게 한다. 이 때문에 심은 것은 북돋아주고, 기운 것은 엎어버린다"라고 하였다. 복록(福祿)은 하늘이 내려주는 것이 아니라, 즉 사람이 만드는 것이다. 이 때문에 맹자가 말하기를, "명(命)을 아는 자는 넘어지려고 하는 담장 아래에 서지 않는다"라고 하였으니, 죽고 사는 것이 비록 명이나 거기에 서지 않는 것은 사람의 일[人事]이다. (「근성」, 4~5)

이와 같은 점은 『소학독본』의 내용 기술이 구체적이면서도 체계적으로 되어 있고 또한 수준 높은 것이라는 평가[19]를 뒷받침하는 또 다른 근거가 된다.

셋째, 『소학독본』의 내용 구성은 상당히 유가적인 색채를 지니고 있다. 앞의 〈표 3-3〉에서도 알 수 있듯이, 소개된 인물들은 대부분 당대의 뛰어난 유학자였다. 그리고 이런 점에서 『소학독본』은 내용의 성격이 편향성을 지니고 있으며, 상당한 포괄성을 보여주었던 『숙혜기략』과 대비되는 모습을 보여준다.

『소학독본』의 유가적 색채는 다섯 가지 주제들의 명칭에서도 잘 드러나고 있는데, 그 중 가장 많은 분량을 차지하는 것은 다름 아닌, 「수

덕」과「응세」이다. '뜻을 세운다'는「입지(立志)」, '부지런하고 정성스럽
게 한다'는「근성(勤誠)」, '실제에 힘쓴다'는「무실(務實)」등이 어느 하나
중요하지 않은 것이 없으나, 특히 개인의 '덕을 닦는다'는「수덕(修德)」
을 강조하는 것은 유가 전통에서 근본적인 부분이라는 것은 주지의 사
실이다. 또한 이것이 단지 개인 내면의 덕을 닦는 데 그치는 것이 아니
라「응세(應世)」로 '그 범위를 적극적으로 확장시켜야 한다'는 것도 다
음과 같은 내용에서 잘 드러나고 있다.

① 율곡(栗谷) 선생이 말하기를, "선비와 군자는 사람을 구제하고 사물을 이
롭게 해야 할 것이다. 따라서 마땅히 그 실제[實]에 살아야 할 것이요 그 이름
에 살아서는 안 될 것이니, 이름에 살면 덕이 줄어든다. 경(卿)과 대부(大夫)는
국가를 걱정하고 백성을 위해야 할 것이다. 따라서 마땅히 그 마음을 둘 것이
요 그 말[言]을 두어서는 안 될 것이니, 말을 두면 곧 손상이 도래한다"라고 하
였다. 이 때문에 옛날 현인과 군자는 세상에 서서 일을 처리하는 데 있어 이름
과 실제가 다르지 아니하고 말과 행동이 어긋나지 않았다.(「응세」, 21)

② 규암(圭菴) 송인수(宋麟壽) 선생이 자제에게 경계하여 말하기를, "다른
사람들과 뜻이 부합되지 않는다고 하여 걱정하지 말고, 유쾌한 마음을 즐거워
하지 말며, 오랜 안정을 믿지 말고, 처음의 어려움을 꺼리지 말라"라고 하였다.
(…중략…) 선비와 군자가 가난하여 능히 사물을 구제하지 못하는 자가 있다.
그러나 사람들이 어리석고 미혹된 사태를 당면하거든 한 마디 말을 내어 생각
하여 깨우치게 하며, 사람들이 급하고 어려운 사태를 당면하거든 한 마디 말
을 내어서 도와주어 해결하게 하면 이것도 또한 헤아릴 데 없는 공덕인 것이
다.(「응세」, 37~38)

인물 소개와 관련하여 특이한 점을 지적하자면, 이이의 경우에는 『소학독본』에서 매우 강조되는 인물이라는 것이다. 다른 인물들이 다섯 개의 주제에 배속되어 모두 한 번씩 언급되는데 반해 이이는 「근성」과 「수덕」, 「응세」에 걸쳐 두루 인용되고 있으며, 특히 「응세」에서는 전반부와 후반부에서 모두 언급되고 있다. 즉, 네 차례에 걸쳐 다루어질 만큼 중요한 위상을 차지하고 있다. 이이가 조선을 대표하는 유학자라는 점을 학부에서 편찬한 근대계몽기의 수신교과서를 통해서도 확인할 수 있는 것이다.

지금까지 살펴본 『숙혜기략』과 『소학독본』은 모두 학부에서 1895년에 발간한 수신교과용 도서로서 1906년 통감부 설치 이전의 시기에 주로 활용되었을 것으로 보인다. 이 두 교과서는 유사한 형태를 취하고 있으면서도 서로 다른 내용들로 구성되어 있음을 알 수 있다. 그렇다면 통감부 설치 이후 1907년에 학부에서 발간한 『보통학교 학도용 수신서』는 어떠한 전개 양상을 보여주는지 살펴보자.

3) 『보통학교 학도용 수신서』의 구성 및 내용 특징

광무(光武) 11년(1907년) 동경의 삼성당(三省堂)에서 인쇄되어 출간된 『보통학교 학도용 수신서』는 이미 명칭에 '수신서'라는 용어가 들어가기에, 앞서 살펴본 두 권의 수신교과서와는 달리 그 성격을 의심받지는 않는다. 권1에서 권4로 구성되어 있으며, 각 권에 해당하는 목차도 제시되어 있다. 그런데 권1과 권2의 경우에는 책을 구성하고 있는 행과 열의 수가 적으며 국문과 한문 중에서 국문의 비중이 훨씬 높으나, 권3

과 권4의 경우에는 전체 과의 수
는 약간 줄어들지만 행과 열의
수가 많이 늘어나고 한문의 비
중과 난이도가 높아지는 양상
을 보여주고 있다. 목차를 중심
으로 이 책의 내용 구성을 살펴
보면 아래의 〈표 3-4〉와 같다.

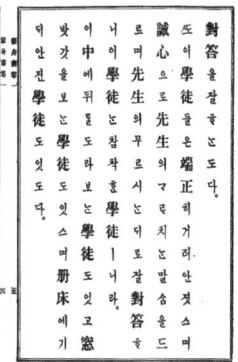

〈사진 3-4〉 『보통학교 학도용 수신서』의 구성

　　이와 같은 구성을 지닌 『보통
학교 학도용 수신서』의 내용 특징 중 첫째로 지적할 수 있는 점은 인물
예시에 대한 것이다. 이 책에는 〈표 3-4〉의 목차에 제목으로 들어가 있

〈표 3-4〉 『보통학교 학도용 수신서』 권1~권4의 내용 구성

권 과	권1	권2	권3	권4
1과	학교	생물	규칙	독립자영
2과	착한 학생	이웃 사람은 사촌	예의	직업
3과	활발한 기상	다른 사람에게 방해를 끼치지 말 것	신분과 의복	공동
4과	의좋은 친구	예절바른 태도	알맞게 근면히 하고 알맞게 노는 것	공중
5과	사마온공(司馬溫公)	친구	프랭클린	위생
6과	다투어 싸우지 말라	다른 사람의 과실	다른 사람의 명예	황실
7과	거짓말 잘하는 아이	형제	진정한 용기 있는 자	어진 관리
8과	워싱턴 1, 2	한 가정의 화목	군자의 경쟁	조세
9과		인내의 덕 됨	관대	공과 사의 구별
10과	부모의 즐거움	비복(婢僕)	어리석은 사람의 미신 1, 2	박애
11과	신체	정직		동물 대우
12과	자기의 물건과 다른 사람의 물건	청결	자선	적십자사
13과	물건을 잘 간수하는 일	존덕(尊德) 1, 2	절제	친구
14과	물건을 귀중히 여기는 아이		·	·
15과	약속	·	·	·

〈사진 3-5〉 나이팅게일의 삽화

〈사진 3-6〉 장공예의 삽화

는 인물들도 포함하여 상당수의 인물에 대한 설명이 수록되어 있다.

서양의 인물로는 미국의 워싱턴(華盛頓)과 프랭클린(흐란그린), 영국의 나이팅게일(나이딩겔), 스위스의 뒤낭(쥬난), 네덜란드의 무명인(無名人) 등이 있다. 동양의 인물로는 중국의 인물이 특히 많은데, 공자와 자공(子貢), 증자(曾子), 안평중(晏平仲), 인상여(藺相如)와 염파(廉頗), 구범(咎犯)과 우자고(虞子羔) 등과 같은 고대의 인물들과 더불어, 당나라의 장공예(張公藝)와 장진국(張鎭國), 송나라의 사마온공(司馬溫公)과 여몽정(呂蒙正), 청나라의 순거백(荀巨伯) 등이 제시되고 있다. 한편 일본의 인물로도 두 명이 언급되어 있는데 존덕(尊德)과 영목(鈴木)이 그들이다. 존덕과 영목의 경우 사람 수로는 두 명일뿐이지만, 전자의 경우에는 자기희생과 책임감, 근면성 등이 체득된 인물로서, 후자의 경우에는 자선과 사랑을 적극적으로 실천한 인물로서 매우 강조되고 있다는 점을 간과해서는 안 된다.

그런데 이와 같이 적지 않은 수의 인물이 등장하는 가운데 한반도의 인물로는 고려 전기의 문신 서필(徐弼) 한 사람이 있을 뿐이다. 명성으로만 보자면 서필 이외에도 목차 구성에 따라 제시할 수 있는 위인이 매우 많았을 것인데도 단 한 명만이 제시되어 있다. 권3에 이응선(李應善)과 장구용(張九容)이라는 인물이 등장하지만, 역사적으로 중요한 인물도 아니고 인적 사항도 알 수 없으며 비중 없이 다루어지고 있기에 한반도의 인물 사례라고 말하기에는 역부족이다.

『보통학교 학도용 수신서』의 이와 같은 문제점은 앞서 살펴보았던 『숙혜기략』과는 다른 것이다. 『숙혜기략』은 내용 성격의 포괄성을 전제로 하고 있을 뿐 아니라, 같은 시기에 발간되었던 『소학독본』이 그 부족한 점을 보완할 수 있었다. 그러나 이 『보통학교 학도용 수신서』는 그 자체로 온전한 수신교과서가 되기에, 당시 교과용 도서의 편찬 과정에서 일본의 영향력이 얼마만큼 행사되었는가를 알 수 있는 간접적 자료가 된다.

『보통학교 학도용 수신서』의 내용 특징 중 둘째로 지적할 수 있는 것은, 충군이나 애국과 같은 내용들이 매우 부족하다는 것이다. 이 책을 객관적으로 살펴보자면, 개인·가정·사회·국가라는 영역 중 마지막을 제외한 앞의 세 가지는 보통학교의 학습자용으로 쉽게 설명되어 있다고 평가하는 데 인색할 필요는 없다. 효도, 우애, 예의, 절제, 용기, 의리, 신뢰, 정직, 준법, 박애 등과 같은 가치·덕목 중심의 내용들은 어렵지 않은 단어들을 사용하여 알기 쉽게 구성되어 있다는 것이다. 그러나 교과서가 시대의 가치관을 반영하는 구체적 증거물이라는 점에서, 당시의 공식적인 수신교과서에 충군 및 애국의 내용이 없다는 것은 분명히 한계로 작용한다.

『보통학교 학도용 수신서』에서 직접적으로 충군을 강조하는 내용은 권4의 제6과 '황실'에 제시되어 있을 뿐인데, 그나마도 내용이 상당히 소략하다. 일본에서는 이 『보통학교 학도용 수신서』에 근면, 착실, 규율, 신용 등이 강조되고 충군과 애국의 덕목을 넣지 않은 것에 대한 정당화를 시도하기도 하였다. 즉, 당시 대한제국의 정황이 개혁을 앞

두고 있었기에 충군이나 애국과 같은 덕목을 가르친다는 것이 오히려 청년의 장래에 불행한 결과를 가져온다는 것이다.[20] 그러나 이와 같은 정당화는 대한제국을 식민지로 삼으려던 일본 시각에서의 전형적인 정당화임을 알 수 있다.

『보통학교 학도용 수신서』의 내용 특징 중 셋째로 지적할 수 있는 것은, 대한제국에 대한 부정적 이미지가 다양한 방식으로 제공되고 있다는 것이다. 기술(記述)의 방식과 삽화의 방식이 부정적 이미지 제공의 대표적인 방법들이다.

우선 기술의 방식을 살펴보자면, 직접적 기술과 간접적 기술로 나누어 살펴볼 수 있을 것이다. 전자는 대한제국 국민의 부정적인 점을 직접적으로 드러내어 기술하는 것이다. 몇 가지 예만 살펴보자면 다음과 같다.

① 우리나라 사람들은 의복은 자주 세탁하는데, 그러나 목욕을 적게 한다. 신체와 의복뿐만 아니라 집안·정원·도로 등도 청결하게 함이 옳다. 도로에 대소변을 누며 집 밖으로 대소변을 흘려보내어 악취가 코를 찌르게 하는 것은 문명국에서는 결코 없는 일이다.(권2 제12과 '청결', 49)

② 우리나라에서는 일을 하는데 근면함도 없고 노는데 즐거움도 없이 시간을 쓸데없이 허비하는 사람들이 매우 많아서, 일을 하든지 길을 가든지 긴 연죽을 입에 물고 나태함이 극도에 달하여 국민의 원기(元氣)가 떨치지 못하니 이것은 하루라도 바삐 고칠 습관이다.(권3 제4과 '알맞게 근면히 하고 알맞게 노는 것', 13~14)

③ 천연두는 종두(種痘)로써 예방할 수 있다. 문명국들에서는 사람마다 어렸을 때 반드시 종두를 시키기 때문에 천연두로 인하여 목숨을 일찍 잃거나

얼굴 위에 마맛자국[痘痕]이 있는 자가 전혀 없다. 우리나라에서는 오히려 종두의 효과를 알지 못하는 자가 있어서 아동이 천연두로 사망하는 자가 많으니, 개탄할 바이다.(권4 제5과 '위생', 16~17)

이어서 간접적 기술이라는 것은 부정적인 예시를 우선 제시하고 그와 같이 '해서는 안 된다'라고 기술하는 것들을 의미한다. 그런데 문제는 그와 같은 표현 방식이 지나치게 많다는 데 있다. 삽화의 방식도 이 간접적 기술과 밀접한 연관을 맺고 있다. 실제로 긍정적인 예시는 서양과 중국, 일본의 인물 사례를 통해서 제시하고 있다. 이에 반해 부정적인 예시는 '이 아이', '어떠한 학생' 등과 같은 형태로 이야기를 시작하는데, 이런 예시들에는 삽화가 함께 있는 경우가 대부분이고, 그 삽화에는 부정적인 행동을 하는 인물이 대한제국의 아동이라는 것이 뚜렷이 드러나 있다.

또한 삽화에는 간접적 기술을 도와주는 것 이외에도 일본 혹은 서양의 우월적 이미지 제공의 기능이 있다. 예를 들어 권1의 제6과 '다투어 싸우지 말라'와 권4의 제5과 '위생'의 삽화에 등장하는 교사와 의사의 모습은 양장을 입고 말끔한 모습을 하고 있으며 일본식 콧수염을 기르고 있다. 이것은 교사 앞에서 울고 있거나 의사 앞에서 치료를 받고 있는 대한제국 사람들과 큰 대조를 이룬다. 그래서 홍호선은 삽입된 삽화에 일본 우월 정신이 반영되었다고 지적하고 있다.[21] 또한 권1의 제8과 '워싱턴'과 권4의 제11과 '동물 대우' 등에 등장하는 서양인들의 모습은 당당하고 화려하게 그려지고 있으며, 이런 점은 중국 인물의 삽화에도 적용된다. 삽화에서는 인물 뿐 아니라 사물에 대한 형용도 왜곡된 형태로 하고 있는 경우가 있다. 권1의 제7과 '거짓말 잘하는 아이'의

〈사진 3-7〉 부정적인 삽화의 예

삽화에 등장하는 호랑이의 모양새가 그러한 경우인데, 눈매나 달리고 있는 모습이 매우 어리석어 보인다.

지금까지 1907년 학부에서 편찬한 『보통학교 학도용 수신서』의 구성 및 내용 특징에 대해서 언급하였다. 이 교과서에 긍정적인 점이 없는 것은 아니라고 할지라도, 당시 일본의 저의가 뚜렷하게 엿보이는 부분이 매우 많다는 점에서 비판적으로 살펴보았다. 그렇다면 앞서 발간된 『숙혜기략』과 『소학독본』, 그리고 이 『보통학교 학도용 수신서』라는 3종의 학부 편찬 수신교과서가 교과용 도서로서 지니는 의의와 한계는 무엇인가? 이하에서는 그 내용을 중점적으로 살펴보자.

4. 학부 편찬 수신교과서가 지니는 의의와 한계

교과용 도서는 본래 '교과서'와 '교사용 지도서'를 아우르는 말이다. 그러나 이 책에서 초점을 맞추고 있는 1894년에서 1910년의 시기에는 교사용 지도서가 따로 존재하지 않았으니, 교과용 도서는 곧 교과서가 되는 셈이다. 현재 대통령령으로 정해진 '교과용 도서에 관한 규정'에 따르면 교과서는 학교에서 학생들의 교육을 위하여 사용하는 학생용의 주된 교재와 그 교재를 보완하는 음반, 영상 저작물 등을 의미한다.[22] 그런데 이와 같은 규정은 근대계몽기의 교과서에 적용되어도 큰 무리가 없다. 따라서 이 장에서는 주된 교재로서, 특히 서책(書冊)으로서의 교과서에 초점을 맞춘다.

그런데 학교라는 공간에서 교사와 학생의 두 주체 사이에 발생하는 교수·학습 과정의 가장 일반적이면서도 중요한 수단을 교과서라고 정의할 때, 그 교과서를 평가하는 기준에는 어떠한 것이 있을까? 실상 교과서 평가에 대한 연구는 그 역사가 오래 되지 않았다. 그럼에도 불구하고 그 기준을 만들기 위한 꾸준한 노력이 있었고, 이제 어느 정도는 교과 공통의 평가 기준에 대한 합의가 이루어지고 있는 것으로 보인다.[23] 그리고 좀 더 세부적으로는 도덕과와 관련해서도 그 평가 기준이 정립되어 가고 있다.[24]

그러나 현재 만들어진 다양한 기준들을 근대계몽기의 교과서에 바로 적용시킨다는 것은 무리가 있다. 왜냐하면 근대계몽기라는 상황에서 교과서가 만들어질 때는 전혀 고려 요인이 되지 않았던 내용들을 기준으로 하여 대상을 평가한다는 것이 객관적으로 보이지 않기 때문이다. 하지만 당시의 교과서들을 평가하는 기준을 만들어내는 것이 완전히 불가능한 것도 아니다. 왜냐하면 교과서가 만들어졌다는 것은 그것에 선행하여 교과의 목적과 교육과정이 만들어졌다는 것을 의미하고, 따라서 '교과서가 교과의 목적과 교육과정을 얼마나 잘 반영하는가?' 하는 질문이 가능하며, 이것은 분명 교과서 평가에 중요한 기준이 되기 때문이다. 이렇게 본다면, 근대계몽기에 제작된 교과서들을 평가하는 최소한의 기준으로 첫째, '교과 목적과의 정합성'을 제시할 수 있으며, 둘째, '교과 목적을 달성하기 위한 활용 가능도'를 제시할 수 있다. 그리고 이런 기준은 이 글의 연구 대상이 되는 학부 편찬 수신교과서들을 평가하는 데도 적용 가능하다. 이하에서는 먼저 이 두 가지 평가 기준에 맞추어 『숙혜기략』과 『소학독본』 및 『보통학교 학도용 수신서』를 살펴보도록 하겠다.

1) 수신교과의 목적과의 정합성

앞서 '소학교 교칙대강'을 통하여 1894년에서 1906년 시기의 수신교과의 공식적인 목적들을 살펴보았는데, 그것을 요약 정리하자면 ⓐ 덕성의 함양, ⓑ 인도(人道)의 실천, ⓒ 존왕애국(尊王愛國)하는 선비 기상의 고취라고 할 수 있다. 우선 이런 목적들과 『숙혜기략』의 관계를 살펴보자면, 이 책은 그 정합성을 논하기에는 매우 부족한 모습을 보여준다. 결론적으로 이 수신교과서는 시의(時宜)에 적절하지 못한 교과서 편찬의 한 사례가 된다는 것이다.[25] 분명 '모범'의 제시라는 방법은 교육의 가장 전통적인 방법 중 한 가지로서, 어린 학습자들로 하여금 동기 유발과 학습하는 자세를 배우게 하는 데 상당한 유용성이 검증된 방법이다. 하지만 본래의 자질이 뛰어난 인물 사례들을 연령에 맞춰 배치하는 방식만으로는 저 목적들을 달성하기에 부족하다.

한편『숙혜기략』은 기본적으로 소학교용 교재로 분류되지만, 어린 학습자들에게만 사용되지는 않았을 것으로 추측이 가능하다. '소학교령'에 따르면 소학교의 공식 취학 연령은 만 7세에서 만 15세까지이다.[26] 만일 이 기준에 맞추어 가장 일찍 입학하였다면 만 7세에서 만 9세까지가 소학교의 하위 단계인 심상과에 해당한다. 그리고 만일 가장 늦게 입학하였다면, 만 15세에서 만 17세까지가 심상과에 해당한다. 그래서『숙혜기략』은 특히 7세에 인물 사례의 비중이 높지만 10세 이후의 사례에 대해서도 책의 30% 정도의 비중을 차지하고 있으며, 그 중에는 18세, 19세, 20세에 해당하는 사례들도 있다. 그런데 나이가 점차 올라갈수록 수신교과의 공식적인 목적 중 세 번째에 해당하는 '존왕애국하는 선비 기상의 고취'가 중요한 비중으로 다루어져야 할 것인데,『숙혜기략』에는 거기에 해당하는 제대로 된 사례가 책 전반을 통하여 거의 나타나지 않는다. 이것은『숙혜기략』에 제시된 사례들이 수신교과의 목적을 성취하는 데 한계가 있음을 단적으로 보여주는 것이다.

그러나 동시대의『소학독본』은『숙혜기략』보다 내용 분량은 다소 적으나, 저 수신교과의 공식적인 목적에 훨씬 부합하는 모습을 보여준다. 가령 다음과 같은 예를 살펴보자.

> 포은(圃隱) 정몽주(鄭夢周) 선생이 말하기를, "평상시 거할 때에는 욕심을 줄이고 몸을 소중히 하다가도 대의를 위하여 목숨을 바쳐야 하는 절개를 임하면 가히 성명(性命)을 버려야 할 것이다. 또한 집안을 다스릴 때에는 수입을 헤아려

지출을 하다가도 대의를 맞이하면 가히 천금을 버려야 할 것이다"라고 하였다.

이 때문에 큰일을 만나서 너무 당당한 사람은 작은 일에 반드시 방자하고, 밝은 뜰에 처하여 단속하여 살피는 자는 어두운 방에서 반드시 제멋대로 하니, 따라서 군자의 마음 작용은 작은 일에 임하여도 큰 원수를 대하는 것과 같이 하고, 밀실에 앉아서도 통행하는 길에서 행동하는 것과 같이 한다.(「응세」, 21~22)

제시된 내용은 특히 '존왕애국 하는 선비 기상의 고취'에 적절한 것이다. 이외에도『소학독본』에 제시된 여러 사례들은 수신교과의 목적들에 부합하는 내용이 대부분이다. 따라서 교과의 목적을 달성하는 데도 효과적이었을 것으로 보인다.

그렇다면 이어서『보통학교 학도용 수신서』는 당시의 수신교과의 목적과 얼마만큼의 정합성을 확보하고 있을까? 앞서 '보통학교령 시행규칙'을 비롯한 여러 문서들을 통하여 1906년에서 1910년 시기의 수신교과의 공식적인 목적들을 두루 살펴보았는데, 그 중에서 특히 '보통학교'에서 시행된 수신교과의 목적들을 정리하자면 ⓐ 덕성의 함양, ⓑ 도덕 실천의 지도, ⓒ 품격(品格)을 높이고 지조(志操)를 굳게 하며 덕의(德義)를 중시함이라고 할 수 있다. 이 요약에서도 알 수 있듯이, '소학교'에서 강조되던 존왕애국의 내용은 빠져 있음을 알 수 있다. 그리고 이것은 "보통학교는 학생의 신체 발달에 유의하여 도덕교육과 국민교육을 시행하고 일상생활에 필요한 보통 지식과 기예를 가르치는 것을 요지로 한다"[27]는 '보통학교령'의 교육 목적과도 연결된다. 즉, 1894년에서 1906년 시기의 수신교과의 목적이나 성격이 존왕애국을 강조하던 것과는 달리, 1906년에서 1910년 시기의 수신교과의 목적이나 성격은 일본에 순응하는 식민지적 지배의 실용을 강조하는 것으로 변질되었다는 것이다.[28] 그런데 이런 변질된 측면에서만 보자면 『보통학교 학도용 수신서』는 당시 수신교과의 목적에 정합하는 요소가 적지 않다. 이 책은 개인과 가정, 그리고 사회 영역에서 지켜야 할 여러 가지 가치·덕목들에 대한 소개가 비교적 분명하면서도 상세하다. 예의에 대해 설명하는 다음의 내용을 살펴보자.

> 예의를 지키는 것은 사람으로서 지켜야 할 도리의 떳떳함이다. 예의를 지키지 않으면 다른 사람에게 천대를 받을 뿐 아니라, 다른 사람으로 하여금 불쾌한 마음을 가지게 한다. 그러므로 다른 사람과 접촉하여 사귐에 있어서 말을 반드시 공손하게 하며 어른을 대할 때는 특별히 공경하는 뜻을 다해야 한다. 다른 사람의 앞에서 하품·기지개를 하거나 귓속말을 하거나 눈을 굴리거나 하는 것은 안 되는 것이다.
>
> (…중략…) 예의는 마음과 외양의 두 가지가 있으니, 외양으로만 보이고 마음에 참으로 공경하는 생각이 없으면 예의라고 하지 못할 것이요, 또 마음으로는 공경함을 다할지라도 외양에 보이지 아니하면 예의에 합당하지 못한 것이다. 그러므로 마음과 외양 두 가지를 다 주의해야 한다.
>
> (…중략…) 가령 친한 사이라도 그 친한 것을 믿고 예의를 지키지 아니하면 그 사귐을 오래도록 보전하기가 어려울 것이다. 안평중(晏平仲)은 사람과 더불어 사귐에 친할수록 오래 공경하였기 때문에 공자가 칭찬하여 말하기를, "안평중은 사람과 더불어 사귀되 오랠수록 공경한다"라고 하였다.(권3 제2과 '예의', 4~6)

여기에서 예의에 대한 당위성과 실천 자세 및 그것을 뒷받침할 수 있는 권위자의 언급까지 체계적으로 기술되어 있음을 확인할 수 있다.

이와 같이『보통학교 학도용 수신서』에는 '나'를 기준으로 하여 친구 및 부모와의 관계, 타인 및 사회와의 관계에서 기본적으로 지켜야 할 다양한 내용들이 포함되어 있다.

그러나 이 시기의 수신교과의 목적에는 근본적인 결함이 있음을 앞서 지적하였다. 즉, 당시의 국내·외 정황으로 미루어 볼 때 공식적인 교과서에서 빠지기 어려운 국가에서의 가치·덕목은 거의 배제되어 있다는 것이다. 또한『보통학교 학도용 수신서』에는 대한제국에 대한 폄하 요소가 매우 많다는 것도 이미 살펴보았다. 결론적으로 이『보통학교 학도용 수신서』는 교과서보다 우선하는 교과 목적에 근본적인 한계가 있기에, 교과 목적과 교과서의 정합성 여부만으로는 평가할 수 없는 책이다.

2) 수신교과서로써의 활용 가능도

이어서 수신교과서로써의 활용 가능도 측면에서 보자면 우선『숙혜기략』은 이 부분에서도 매우 낮게 평가할 수 있다. 그 이유로 앞서 살펴보았던 연령대에 따른 중국 인물들의 나열 방식이라든가, 소위 천재에 대한 사례들로 가득하다는 점을 지적할 수 있다. 그런데 활용 가능도 측면에서 저와 같은 까닭들 이외에도 제시할 수 있는 중요한 한계가 있으니, 그것은『숙혜기략』의 내용상의 문제이다.

예를 들어 이 책에는 한시(漢詩)와 같은 어려운 내용들이 여과 없이 그대로 포함되어 있다. 한시는 본래 한자를 아는 것만으로는 이해하기 어려우며, 평측(平仄)과 각운(脚韻)과 같은 형식을 잘 알고 있어야 한다.

또한 작품에 따라서는 작가의 개인적 혹은 사회적 배경까지 알아야만 이해할 수 있는 경우도 적지 않다. 그런데『숙혜기략』에는 그와 같은 한시가 그대로 제시되어 있으며, 인물의 대표 작품이 아닌 경우들도 종종 있어 이해를 더욱 어렵게 한다.

> 명(明)나라 해진(解縉)이 사세에 나와서 시장에서 놀다가 마침 넘어졌는데, 여러 사람들이 웃었다. 곧 읊어서 말하기를, "가랑비 계속 내려 거리는 기름같이 미끄러운데, 봉황이 땅에 넘어졌다고 소들이 크게 비웃는구나[細雨落綢繆, 磚街滑似油. 鳳凰跌在地, 笑殺一輩牛]"라고 하였다. 구세에 그 아버지가 해진을 데리고 강에 가 목욕하는데, 아버지가 옷으로 오래된 나무 위에 덮고서 대구를 명하며 말하기를, "천년된 노목을 옷걸이 삼고[年老樹爲衣架]"라고 하니, 해진이 곧 대구하여 말하기를, "만리의 긴 강을 목욕대야 삼네[萬里長河作沐盤]"라고 하였다.(6~7)

요컨대『숙혜기략』은 기초 학습자의 언어와 이해 수준을 고려하지 않은 교과서라는 점에서, 수신교과의 목적을 달성하기 위한 텍스트로써의 활용 가능도가 매우 낮다고 할 수 있다. 그렇다면 여러 가지 면에서『숙혜기략』의 단점을 보완하고 있는『소학독본』은 어떠한가?

『소학독본』의 내용 구성이『숙혜기략』에 비해 치밀하게 이루어져 있음은 앞서 지적하였다. 그런데 이 책의 장점으로 또 한 가지 언급할 수 있는 것은, 주제에 따른 인물 사례를 제시하고 그 내용에 대해 보다 쉽거나 혹은 비슷한 수준의 다른 경우를 통하여 요약 정리함으로써, 학습자에게 한 번 더 숙고해볼 수 있는 기회를 제공한다는 것이다. 다음과 같은 내용이 한 가지가 예가 될 수 있다.

한훤당(寒暄堂) 김굉필(金宏弼) 선생이 어렸을 때부터 실없는 말이 없었는데, 일찍이 말에 대해 조심하는 글을 새긴 나무패를 만들어 후세 사람들을 경계하여 말하기를, "말이 실하면 친구가 스스로 이르고, 행동이 실하면 복록이 스스로 이른다"라고 하였다.

금수와 곤충도 모두 실제적인 일을 하면서 몸을 위하고 생을 꾀한다. 벌이 그 벌집을 보호하고 쇠똥구리가 그 찌꺼기를 굴리는 것은 다 그 스스로를 기르기 위한 것이요, 닭이 그 발톱으로 싸우고 매가 그 날개로써 때리는 것은 다 그 스스로를 방어하기 위한 것이니, 하물며 사람이 금수와 곤충만 같지 못하겠는가.(「무실」, 7)

그리고 이와 같은 점에서, 『소학독본』은 『숙혜기략』보다 높은 활용가능도를 지녔다고 평가할 수 있다. 그러나 『숙혜기략』과 『소학독본』 모두 국·한문 혼용체를 표방하고 있다고 할지라도, 한문의 비율이나 한자의 난이도가 상당히 높고 문장의 호흡 역시 길다는 점에서 분명 소학교용 교재로써 교과의 목적을 달성하는 데 한계를 안고 있다. 또한 당시의 소학교에서 수신교과의 시수는 고등과 3학년 때의 주당 2시간을 제외하면 주당 3시간씩 배당되어 있었다.[29] 그런데 『숙혜기략』과 『소학독본』의 짧은 분량으로 보건대, 주당 3시간씩 수업하여 소학교의 심상과 3년, 고등과 2~3년을 교육하기란 상당한 무리가 있다. 그리고 이런 점 역시 1894년에서 1906년의 기간 동안 관·공립학교에서 이루어진 수신 교육이 얼마만큼 부실하게 이루어졌는지를 보여주는 간접적인 자료가 된다.

한편 1907년에 발행된 『보통학교 학도용 수신서』는 앞선 두 종류의 학부 편찬 수신교과서에 비해 활용도 면에서 우위에 있다. 그 이유의 첫째로 지적할 수 있는 것은 학년과 시수에 따른 구성이라는 점이다. '보통학교령 시행규칙'에 따르면, 4년으로 구성된 보통학교에서 수신 교과가 책정된 시간은 1시간이다. 그런데『보통학교 학도용 수신서』는 총 4권으로 한 학년에 한 권씩 사용하게 되어 있으며, 권1은 15과, 권2는 14과, 권3 및 권4는 각 13과여서 총 55과로 구성되어 있다.[30] 이것은 이전 시기에 비해 교과서의 편찬과 교육과정의 구성이 상당 부분 부합하고 있음을 보여주는 것이다.

둘째로 지적할 수 있는 것은, 언어의 사용은 좀 더 쉬워졌고 내용 구성은 보다 조직화되었다는 점이다.『숙혜기략』과『소학독본』이 문장의 호흡이 길고 난자(難字)가 많은데 비해『보통학교 학도용 수신서』는 문장도 상당히 짧아진데다가, 국・학문 혼용의 비율도 저학년인 1, 2학년에는 국문의 비중을 높이고 고학년인 3, 4학년에는 한문의 비중을 높임으로써 좀 더 학습 효과를 높였다.

이상의 제시들로 미루어 본다면,『보통학교 학도용 수신서』는 수신 교과서로서의 활용 가능도 측면에서 분명 이전의 수신교과서들에 비해 진보하였다고 할 만하다. 그러나 이 책이 교과서의 구성과 활용도라는 외적인 측면에서는 발전이 있었다고 할지라도, 1906년에서 1910년의 시기에 해당하는 수신교과의 목적에 그 한계가 명확하며, 또한 교과서의 내용이라는 내적인 측면에서는 이미 지적하였던 것처럼 여러 가지 단점을 지니고 있다. 따라서『보통학교 학도용 수신서』는 '수신교과의 목적과의 정합성' 측면과 마찬가지로, 그 '활용 가능도'의 여부만으로 평가할 수는 없는 대상이다. 요컨대 분명한 한계를 지닌 수신교과의 목적을 달성하는 데는 상당히 효과적으로 구성되어 있다고 하겠다.

3) 당대의 가치관 반영과 미래에 대한 지향점 제시

이상의 내용들을 통해서는 교과서에 대한 매우 현실적인 정의(定義)를 살펴보았다. 그런데 교과서에 대해서는 이상적인 정의 역시 가능하다는 점을 간과해서는 안 된다. 그 한 가지 예로 교과서에 대해 "한 시대의 정선된 지식 내용의 전달 매체인 동시에, 바람직하고 미래지향적인 인간을 육성하고자 하는 당시 사람들의 합의된 이상을 담고 있는 문화적 결집체"[31]와 같은 정의도 가능하다. 이런 정의가 상당히 이상적임에도 불구하고 우리에게 설득력 있게 다가오는 까닭은, 그만큼 교과서라는 교육 매체에 대한 기대가 높기 때문이다. 즉, 교과서에 당대의 주요한 가치관들이 녹아 있으면서도 그것들을 비판적으로 숙고할 수 있는 관점이 함께 제시되고, 더 나아가 미래에 대한 지향점까지도 보여줄 수 있기를 바라기 때문이라는 것이다. 이와 같은 측면을 교과서를 평가하는데 있어서 하나의 기준으로 구체화시켜 본다면, '당대의 가치관 반영과 미래에 대한 지향점 제시'라고 할 수 있을 것이다.

이 기준에서 우선 『숙혜기략』을 살펴보자면, 이 책은 여기에서도 매우 부족한 모습을 보여준다. 『숙혜기략』에는 당시 급변하던 대한제국 내·외의 정세에 대한 그 어떠한 언급도 없다. 따라서 당대의 주요한 가치관들과 거기에 대한 비판적인 숙고, 그리고 나아가야 할 지향점 등에 대한 내용은 거의 제시되어 있지 않다.

한편 『소학독본』은 이 측면에서도 『숙혜기략』보다 우위에 있다. 다음의 예를 살펴보자.

동춘(同春) 송준길(宋浚吉) 선생이 말하기를, "사람은 걱정과 즐거움의 원인을 찾는 것을 그만두어야 한다. 얻는 것과 잃는 것이 모두 나에게 연유하는 것이다"라고 하였으니, 대개 얻는 것도 스스로 취하는 것이요, 잃는 것도 스스로 취하는 것이다.

다른 나라 사람들은 모두 자기 집안의 여러 가지 일들을 자기 집안의 요량(料量)으로 행하여 이루게 된다. 그런데 우리나라 사람들은 중심이 되는 마음이 없어서, 다른 나라의 사물과 색을 보든지 다른 나라의 말을 들으면 자신의 마음을 스스로 지키기 못한다. 그래서 후일에 대한 요량은 없이 새롭게 듣고 새롭게 본 것만 숭상하다가 끝에 가서는 성취하는 자가 드무니, 어찌 분하고 한스럽지 아니하겠는가. 이 때문에 맹자가 말하기를, "한 가정 한 국가 천하가 모두 이르기를 쓸 만하다거나 죽일 만하다고 이를지라도, 내가 살펴서 쓸 만함과 죽일 만함을 본 연후에 행한다"라고 하였으니, 무릇 스스로가 중심이 되는 안목의 지님을 귀중하게 여기신 것이다.(「무실」, 10~11)

위와 같은 사례를 통하여 알 수 있듯이, 『소학독본』은 시대의 가치관을 보여주고 있으면서도 거기에 대한 비판적 관점을 견지하고 있다. 이런 직접적 비판이 『소학독본』에 자주 등장하는 것은 아니지만, 다음과 같은 간접적 비판들은 여러 차례 등장한다.

공평한 정론(正論)은 가히 마음대로 해서는 안 될 것이니 한 번 마음대로 하면 곧 만세에 부끄러움을 남길 것이요, 권문세가에 사사로이 드나듦은 가히 다리 붙여서는 안 될 것이니 한번 다리를 붙이면 곧 종신토록 치욕스러움이 되는 것이다. 치우쳐 믿어서 간사함으로 속여서는 안 될 것이며, 스스로 자부하여 기세를 부려서는 안 될 것이며, 자기의 장점으로 다른 사람의 단점을 드러내서는 안 될 것이며, 자기의 둔함으로 다른 사람의 능함을 시기해서는 안 될 것이다.(「수덕」, 17)

학습자들이 이런 내용으로 현실을 비추어 본다면 주체적이고 비판적인 관점을 견지하는 데 도움이 된다. 그러나 '당대의 가치관 반영과 미래에 대한 지향점 제시'라는 측면에서『소학독본』역시 매우 부족한 부분이 많은데, 왜냐하면 근본적으로 이 교과서가 유가적 관점만을 견지하고 있기에 그 성격이 상당한 편향성을 지니고 있기 때문이다. 따라서 미래 지향적 가치에 대한 언급은 거의 없다.

그렇다면『보통학교 학도용 수신서』는 이런 측면에서 어떠한 모습을 보여주는가? 실상 이 점에 있어『보통학교 학도용 수신서』는『숙혜기략』과 거의 다르지 않다. 이 교과서에 반영된 수신교과의 목적이 이미 왜곡되어 있을 뿐 아니라, 대한제국에 대한 여러 비판은 주체적인 시각에서의 비판이 아닌 일종의 비하란 것을 이 장의 제3절에서 살펴보았다. 이런 까닭에『보통학교 학도용 수신서』역시 당대의 가치관 반영과 거기에 대한 주체적이고 비판적인 숙고, 미래의 지향점을 제시하는 등과 관련해서는 매우 부족한 모습을 보여준다.

그런데 이런 학부 편찬 수신교과서들의 전반적 한계는 사립학교에서 제작된 수신교과서들과 명백하게 구분된다. 사립학교에서 제작된 수신교과서들은 한편으로는 당시를 살아가는 사람들의 문화적 수준과 태도 및 세계관을 보여주고 있으며, 다른 한편으로는 그런 것들이 근대계몽기라는 혼란스럽던 시기를 이겨내기에 적절하지 않으면 비판까지 함께 하고 있다. 가령 1906년과 1908년에 보성관(普成館)에서 간행된 신해영(申海永)의『윤리학교과서(倫理學敎科書)』와 같은 수신교과서에는 학부 편찬 수신교과서들에는 전혀 보이지 않는 동양과 서양에 대한 통합적 감각이 드러나고 있다. 다음과 같은 내용은 그 통합적 감각의 좋은 예이다.

다른 사람의 권리를 침해하지 아니할 뿐 아니라 도리어 곤궁한 자를 구조하고 다시 전체의 공익을 계획하는 것은 우리의 사회에 대한 의무의 핵심이니, 이것은 동양과 서양의 두 성인이 후세에 교훈으로 남긴 두 개의 격언으로써 총괄할 수 있을 것이다. "자기가 원하지 않는 바를 다른 사람에게 베풀지 말라"는 것은 공자의 말이요, "자기가 원하는 바를 베풀라"는 것은 예수의 말이니, 이 두 가지 중에 전자는 소극적인 것으로 우리의 일을 행함을 제한하는 것이요, 후자는 적극적인 것으로 우리의 일을 행함을 장려하는 것이다. 전자는 나쁜 일을 행함을 경계하는 것이요 후자는 선한 일을 행함을 권하는 것이며, 전자가 훈시하는 것은 공정한 도리요 후자가 가르쳐 깨우치는 것은 공적인 덕이니, 이 두 가지는 그 하나를 치우쳐 폐하지 아니하고 두 가지를 모두 병행한 후에야 비로소 사회에 대하여 완전한 의무를 행할 수 있는 것이다. (권3 제1장 「사회 총론」, 19~20)

지금까지 이 장에서는 학부에서 편찬한 세 종류의 수신교과서들에 대하여 '수신교과의 목적과의 정합성', '수신교과서로써의 활용 가능도', '당대의 가치관 반영과 미래에 대한 지향점 제시'라는 측면에서 그 의의와 한계점들을 살펴보았다. 그리고 학부에서 편찬한 수신교과서들은 관·공립학교에서 사용된 공식적인 교과서였음에도 불구하고, 주목할 만한 의의보다는 부정적인 한계를 드러내고 있다는 결론을 도출할 수 있었다. 『소학독본』이 여러 가지 측면에서 다른 두 종의 수신교과서에 비해 안정적인 특성을 보여주고 있으나, 교과서가 지녀야할 미래 지향적 가치 관련 내용이 부족하다는 결정적 사실은 쉽게 간과될 수 없다. 또한 학부 편찬 수신교과서들의 이러한 한계들로 인하여, 우리의 전통교육과 1945년 이후의 도덕과 교육을 연결시키는 접점의 역할을 수행하였다는 공은 주체적이고 자발적인 노력을 시도하였던 사립학교용 수신교과서들에게로 넘어간 것이다.

5. 맺음말

　도덕 · 윤리교육의 사(史)적 관점에서 살펴볼 때 1894년에서 1910년이라는 시기의 위상은 어느 정도일까? 실제로 이 시기는 '잃어버린 시간'이라고 평가될 수 있을 만큼 낮은 위상을 차지하고 있다. 가령 현재 도덕과 교육과정 문서들에는 '근대계몽기'의 수신교과와 '일제 강점기'의 수신교과에 대한 구분조차 제대로 되어 있지 않다. 따라서 당시의 수신교과가 교실 현장에서는 어떻게 이루어졌는지, 교사들은 수신교과를 가르치면서 어떠한 교수 · 학습 방법을 사용하였는지, 사립학교에서 사용된 수신교과서들에는 어떠한 것들이 있는지 등에 대한 정밀한 연구는 거의 진행되어 있지 않거나 진행되었다고 할지라도 매우 소략하다. 그렇다면 한반도의 역사와 문화 전통에서 면면히 이어져 왔던 '인간됨[人性]'에 대한 강조는 도대체 어떠한 과정을 거쳐 대한민국 정부 수립 이후의 도덕교육, 좀 더 구체적으로는 제3차 교육과정 이후의 도덕과 교육으로 이어졌을까?

　이런 질문에 답을 내리기 위하여 저자는 이 책의 제1장에서 '사립학교용 수신교과서'라는 창을 통해 1894년에서 1910년의 시기를 바라보았다. 그리고 교과 내용의 구성 원리, 성격, 지향점 측면에서 각각 '생활영역확대법', '학제적 접근', '인지 · 정서 · 행동적 영역의 통합'에 대한 거칠지만 생동적인 시각이 사립학교용 수신교과서들에서 엿보임을 밝혀낼 수 있었다. 그러나 이것은 모두 사립학교용 수신교과서에 제한되어 있었기에, 이 장에서는 학부에서 편찬한 관 · 공립학교용 수신교과서들을 연구 대상으로 삼았다.

학부 편찬 수신교과서는 모두 세 종류가 있으나 모두 초등용으로서, 발간 시기에 따라서 성격에 차이가 있었다. 우선 통감부 설치 이전 시기인 1895년에 발간되었던 『숙혜기략』과 『소학독본』은 '소학교 교칙대강'에 제시된 수신교과의 목적을 반영하기 위한 수신교과서였다. 그리고 통감부 설치 이후 시기인 1907년에 발간되었던 『보통학교 학도용 수신서』는 '보통학교령'에 제시된 수신교과의 목적을 반영하기 위한 수신교과서였다. 이 장에서는 우선 이 세 종류의 수신교과서에 대해 각각의 구성과 내용 특징을 구체적으로 살펴보았다. 그리고 그 구성과 내용 특징을 바탕으로 하여, '수신교과의 목적과의 정합성', '수신교과서로써의 활용 가능도', '당대의 가치관 반영과 미래에 대한 지향점 제시'라는 평가의 틀로써 저 세 종류의 수신교과서들을 검토하였다.

　검토 결과, 『소학독본』은 세 가지 면에서 모두 다른 수신교과서들보다 안정적이면서도 우위에 있음을 알 수 있었다. 그러나 『소학독본』은 유가 중심주의라는 편향성과 미래 지향적 가치가 상당히 부족하다는 점을 한계로 내재하고 있었다. 그리고 『보통학교 학도용 수신서』는 수신교과 목적과의 정합성과 활용 가능도의 측면에서는 상당히 발전된 모습을 보여주었음에도 불구하고, 이 수신교과서가 반영하고 있는 1906년에서 1910년의 수신교과 목적에 존왕애국과 같은 내용이 삭제되어 있어 일본의 혐의를 의심할 수 있었다. 또한 책에 실린 내용에도 대한제국에 대한 비하와 부정적 이미지가 드러나 있어 문제적 수신교과서라는 결론을 내렸다. 한편 『숙혜기략』은 세 가지 틀에서 모두 낮은 평가를 받았다.

　이상의 내용으로 미루어 볼 때, 근대계몽기의 학부에서 편찬을 주도하였던 공식적인 수신교과서들은 학습자들이 주체적인 시각으로 그 시대를 살아나갈 수 있도록 교육하는 데 역부족이었음을 알 수 있다. 하지만 학부 편찬 수신교과서들은 이런 한계를 지녔다고 할지라도, 당시 공식적인 수신교과의 위상은 분명히 매우 높았다. 왜냐하면 다른 교과의 불안정성과 달리 수신교과는 언제나 필수 교과로서 자리매김하고 있었으며, 교육과정 문서에서도 조금씩 발전하는 모습을 보여주었기 때문이다. 따라서 한편으로 여기에 대한 연구가 좀 더 진행되고, 동시에 '학부 편찬 수신교과서'들과 '사립학교 제작 수신교과서'들에 대한 보다 직접적인 비교 연구가 심화될 필요가 있다. 그리고 다른 한편으로 저런 수신교과서류와 박재형(朴在馨)의 『해동속소학(海東續小學)』과 같은 근대계몽기에 발간된 전통 수신교과서류와의 차별성 및 연속성 논의가 본격적으로 이루어진다면, 이 장의 처음에서 제시한 질문에 어느 정도는 청사진을 내어놓을 수 있지 않을까 기대해 본다.

지금까지 제2장과 제3장에서는 근대계몽기에 사용된 '초등용' 수신교과서들에 대해서 살펴보았다. 이어지는 제4장에서는 이 시기의 '중등용' 수신교과서들에 대해서 고찰할 것이다.

제4장

근대계몽기 '중등용' 수신교과서의
도덕교육적 시사점

1. 머리말

이 장의 목적은 근대계몽기에 발행된 '중등용' 수신교과서들의 특징을 분석하고, 이로부터 도덕교육적 시사점을 도출하는 것이다. 그간 도덕교육 내에서 이루어진 연구물들을 살펴보면, 1894년 학무아문(學務衙門)의 설치로부터 1910년 경술국치(庚戌國恥)에 이르기까지 시행되었던 '근대계몽기' 수신교육의 위상은 그리 높지 않다는 것을 알 수 있다. 그리고 이 기간의 수신교육에 대한 평가 절하의 이유는 이후 35년간 시행되었던 '일제 강점기' 수신교육과 상(象)이 중첩되기 때문일 것이다.[1] 이런 까닭에 근대계몽기보다 이전인 유불(儒佛) 중심의 전통교육이 도덕교육적으로 더 주목받고 있다. 그러나 1894년에서 1910년에 이르는 시기가 도덕교육적으로 별다른 의미 없는 시간일까? 이 책의 다른 장들과 마찬가지로 이 장 역시 저 물음에서 시작되었다.

근대계몽기는 정치, 사회, 문화 등 전 분야에서 크든 작든 나름의 변혁을 꾀하던 혼란의 시대였다. 하지만 이런 시대 상황 속에서도 그 혼란을 돌파하기 위한 프로그램들이 제시되었고, 근대적인 제도와 개념들이 검토되었으며, 그것들을 실천으로 옮기기도 하였다. 일반적으로 일제강점기에 들어가서야 근대적인 제도와 개념들이 정착된 것으로 알려져 있지만, 실제로는 근대계몽기에 이미 대부분의 제도와 개념들이 제자리를 찾아가고 있었던 것이다.[2] 그리고 이 과정에서 교육의 중요성이 강조되었던 것은 당연한 일이다.

근대계몽기에는 학교체제의 도입 및 안정화를 위한 새로운 시도들과 함께 수신, 독서, 작문, 지리, 산술 등을 중심으로 한 교과목 체계가 도입되었다. 또한 이전에는 찾아볼 수 없던 전문적인 교육학 서적들도 유포되었는데, 키무라 토모하루(木村知治)의 『신찬교육학(新撰敎育學)』(1896), 유옥겸(兪鈺兼)의 『간명교육학(簡明敎育學)』(1908), 유근(柳瑾)이 번역해 『대한자강회월보(大韓自强會月報)』의 제6~13호까지에 실었던 「교육학원리」(1906~1907) 등이 대표적이다.[3]

사실 이러한 교육적 변화와 전문 자료들에 주목하여 근대계몽기가 지니는 교육사적 의미와 각 교과목에 대한 심도 있는 연구가 진행된 지는 오래되었다. 그런데 유독 이 시기의 수신교과는 도덕교육학계의 관심을 끌지 못하는 듯하다. 사정이 이러하다보니 근대계몽기의 수신교과는 도덕교육의 역사적 맥락에서 마치 없던 것으로 간주되기 일쑤였고, 엄연히 이 시기의 수신교과 자료 목록에 들어가야 하는 교과서임에도 불구하고 국어 교과로 분류되어 그 가치가 폄하되는 경우도 적지 않았다.[4] 저자는 근대계몽기의 수신교육이 전통교육과 현대 도덕교육의 매개로써 제 역할을 다하였고, 그러므로 도덕교육 내에서 '잃어버린 시간'이라고도 할 수 있는 당시의 수신교육에 대한 연구가 교과 전문가들에 의해 더욱 활성화되어야 한다고 이 책의 서론격인 제1장에서 주장하였다. 이 장에서는 그 주장을 계승하면서도, 한 걸음 더 나아가 근대계몽기의 수신교과서들, 특히 '중등용' 수신교과서들이 지니는 도덕교육적 시사점까지 제시해보고자 한다. 그리고 이런 작업을 통해 근대계몽기에 행해진 수신교육이 현재에도 여전히 생명력을 지니고 있음을 밝히는 한편, 궁극적으로는 당시 수신교육의 전모를 밝히는 데 기여하고자 한다.

이상의 목적을 위해 우선 제2절에서는 근대계몽기 중등용 수신교과서들의 제작 시기와 제작 주체에 대해서 살펴볼 것이다. 그리고 제3절에서는 『중등수신교과서』, 『고등소학수신서』, 『윤리학교과서』로 요약되는 근대계몽기 중등용 수신교과서들의 구성과 목차를 소개하고, 그 전체적인 특징들을 분석, 제시할 것이다. 이어서 제4절에서는 ⓐ '도덕과(道德科) 교육의 연속성 검증', ⓑ '가치·덕목의 자료집 기능', ⓒ '호소력 있는 기술(記述) 방식의 차용'이라는 세 가지 측면에서, 이 서적들이 지니는 도덕교육적 시사점을 논의할 것이다.

2. 중등용 수신교과서의 제작 시기와 주체

이 장에서 주목하고 있는 시기는 1894년으로부터 1910년에 이르는 '근대계몽기'이다. 역사적으로 볼 때, 이 시기는 갑오개혁(甲午改革, 1894~1896)의 발생, '을사늑약(乙巳勒約, 1905)' 체결, 대한제국(大韓帝國, 1897~1910)의 수립 등과 기간이 겹친다. 이러한 격동의 시기였던 만큼 교육계에도 많은 변화가 있었다. 1895년 고종(高宗)은 덕양(德養)·체양(體養)·지양(智養)을 강령으로 하는 '교육입국조서(敎育立國詔書)'를 발표하였고, 같은 해에 학무아문을 학부(學部)로 개칭하였다. 그리고 학부에서는 이후 1900년까지 '소학교령(小學校令)', '한성사범학교 규칙(漢城師範學校 規則)', '소학교 교칙대강(小學校 敎則大綱)', '중학교 관제(中學校 官制)', '중학교 규칙(中學校 規則)' 등을 연이어 반포함으로써 근대식 교육체제를 도입, 안정시키고자 노력하였다. 이 시기에 설립된 소학교(尋常科(3년), 高等科(2년))는 지금의 초등학교를, 중학교(尋常科(4년), 高等科(3년))는 지금의 중·고등학교를 말한다.

하지만 이런 변화도 을사늑약으로 인한 1906년의 통감부(統監府) 설치로 새로운 국면을 맞이한다. 통감부는 설치된 그 해에 '보통학교령(普通學校令)', '고등학교령(高等學校令)', '사범학교령(師範學校令)'과 각각에 해당하는 구체적인 시행 규칙들을 빠르게 공포함으로써, 막 시행되고 있던 기존의 관제들을 폐지시켜버렸던 것이다. 통감부는 이후 1909년에도 한 차례 더 개정을 단행하였다. 이 시기에 설립된 보통학교(4년)가 이전 관제의 소학교를, 고등학교(4년)가 이전 관제의 중학교를 말한다.

이렇게 보면, 1894년으로부터 1910년에 이르는 근대계몽기의 교육 정책에는 1906년 통감부의 설치를 전후로 큰 변화가 있었음을 알 수 있다. 그리고 이 사실이 의미하는 것은 근대계몽기에 만들어진 수신교과의 운영에도 1906년을 기준으로 한 단계적 변화가 있었다는 것이다. 이 장에서는 편의상 1894~1906년의 전기를 '근대식 학제(學制) 도입기'로, 1906~1910년의 후기를 '통감부 학정(學政) 잠식기'로 명명하여 논의를 전개할 것이다.[5]

이 근대식 학제 도입기와 통감부 학정 잠식기에는 여러 종류의 수신교과서들이 혼재하였다. ⓐ 첫째는 전통적인 수신교과서류로서, 『소학(小學)』, 『동몽선습(童蒙先習)』, 『계몽편(啓蒙篇)』, 『명심보감(明心寶鑑)』 등의 서당 교재류와 조선 후기에 만들어진 『동현학칙(東賢學則)』, 『해동속소학(海東續小學)』 등의 '속(續)소학'류가 있다. 이 서적들도 당시 정식으로 인가된 학교에서 사용되었지만, 근대식 학제에 맞추어 제작된 것은 아니므로 이 장에서는 다루지 않는다. ⓑ 둘째는 학부 편찬의 관·공립학교용 수신교과서류로서, 『숙혜기략(夙惠記略)』(1895)과 『소학독본(小學讀本)』(1895), 『보통학교 학도용 수신서(普通學校 學徒用 修身書)』(1907) 등이 있다. 이 서적들은 공식적으로 제작된 최초의 수신교과서들이니만큼 그 의의가 크지만, 모두 초등용 수신교과서이다. ⓒ 셋째는 민간 지식인들이 제작한 사립학교용 수신교과서류로서, 당시 사립학교의 증가 추세와 맞물려 많은 수신교과서들이 있었던 것으로 보이는데, 대표적인 것으로는 안종화(安鍾和)의 『초등윤리학교과서(初等倫理學敎科書)』(1907), 유근(柳瑾)의 『초등소학수신서(初等小學修身書)』(1908), 노병선(盧秉鮮)의 『녀ᄌ소학슈신셔』(1909), 휘문의숙(徽文義塾) 편집부의 『중등수신교과서(中等修身敎科書)』(1906)와 『고등소학수신서(高等小學修身書)』(1907), 신해영(申海永)의 『윤리학교과서(倫理學敎科書)』(1906, 1908) 등이 있다. 이 중 앞의 3종은 초등용 수신교과서들이고, 뒤의 3종은 중등용 수신교과서들이다.[1]

이상과 같이 1894년으로부터 1910년에 이르는 근대계몽기의 수신교과서들의 종류는 매우 다양하였다. 하지만 보다 분석적으로 살펴보면, 이 장의 전개에서 유의해야 할 두 가지 사항들을 도출할 수 있다. 한 가지는 중등용 수신교과서의 제작 시기로서, 1906년을 기준으로 이전의

---

[1] 전통적인 수신교과서류와 사립학교용 초등 수신교과서류에 대해서는 이 책의 제2장에서, 학부에서 공식적으로 편찬한 수신교과서류에 대해서는 제3장에서 상세하게 다루고 있다.

'근대식 학제 도입기'에는 보이지 않다가 이후의 '통감부 학정 잠식기'에서야 비로소 중등용 수신교과서가 발견된다는 것이다. 다른 한 가지는 중등용 수신교과서의 제작 주체로서, 학부에서 편찬한 수신교과서들은 모두 초등용인 까닭에 관·공립학교에서 사용할 목적의 공식적인 중등용 수신교과서는 존재하지 않았다는 것이다. 이것은 근대계몽기 중등용 수신교과서의 제작 주체는 사립학교와 관련이 있는 당대 지식인들이었음을 의미한다. 그렇다면 이 중등용 수신교과서들에는 어떠한 것들이 있는가? 이 절의 이하에서는 당시 간행된 중등용 수신교과서들의 종류를 확정하고자 한다.

1906년 이후의 통감부 학정 잠식기는 확고한 민족의식을 지닌 지식인들이 점점 활동하기가 어려워지던 때였다. 그러나 시기가 이러했음에도 불구하고 기존의 사립학교는 더 왕성히 움직였으며, 신설되는 사립학교의 수도 오히려 증가하였다. 여기에 대응해 일본은 '사립학교령(私立學校令, 1908)'과 '출판법(出判法, 1909)'을 공포함으로써, 사립학교들 및 거기에서 사용 중이던 교과서들을 통제하려고 하였다. 특히 1910년 11월에는 각급별 학교의 교과서들을 몰수하고 발매금지시켰는데, 그 종류는 39종으로서 이 중 수신교과서로 분류할 수 있는 것은 아래의 〈표 4-1〉과 같다.[6]

〈표 4-1〉 통감부 학정 잠식기의 수신교과서

시기	분류	출판년도	교과서명	편저자	서체
1906~1910년	초등용	1907	『초등윤리학교과서』	안종화	국·한문
		1908	『초등소학수신서』	유근	
		1909	『녀조소학슈신셔』	노병선	국문
	중등용	1906	『중등수신교과서』	휘문의숙 편집부	국·한문
		1907	『고등소학수신서』		
		1906, 1908	『윤리학교과서』	신해영	

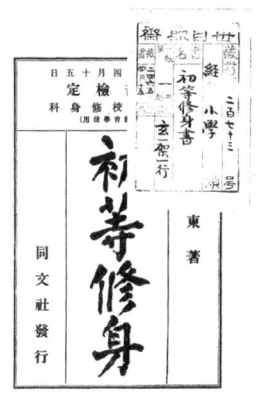
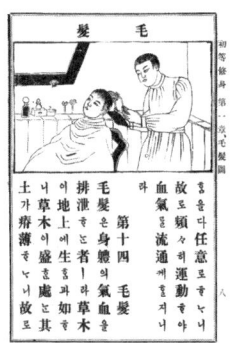

〈사진 4-1〉『초등수신』

이 6종이 가치 있는 이유는 당시 검열을 통과한 수신교과서들과 비교해볼 때 분명해진다. 예를 들어 박정동(朴晶東)의 『초등수신(初等修身)』(1909)은 「신체」, 「윤리」, 「잡저」, 「가언(嘉言)」, 「선행」의 다섯 개 장으로 구성되어 있으며 검열도 통과하였다. 그런데 이 책은 신체 수양의 방법이나 기본적인 가치·덕목의 의미 등을 강조할 뿐, 당시 국가와 민족이 취해야 할 뚜렷한 이념, 방향은 거의 제시하지 않는다. 또한 휘문의숙 편집부에서 검열을 통과하기 위해『고등소학수신서』를 변형하여 제작한『보통교과수신서(普通敎科修身書)』(1910)에서도 이런 점은 잘 나타난다. 이 장의 전개에서 드러나겠지만 이전『고등소학수신서』는 민족의식을 고취할 수 있는 내용의 비중을 개인, 가정, 사회와 연관된 내용의 비중과 유사하게 다루었다. 그러나 이후『보통교과수신서』에서는 국가와 민족 관련 내용의 비중이 극도로 축소되고, 문체 역시 평범하고 중립적인 방식으로 바뀌어 버렸던 것이다.

바로 이러한 점에서 앞 쪽의 〈표 4-1〉에 나온 6종은『초등수신』이나『보통교과수신서』와 뚜렷한 차별성을 확보한다. 저 가운데 이 장에서 주목해야 할 수신교과서들은 아래의 세 가지로서, 이 책들이 근대계몽

기의 대표적인 중등용 수신교과서이다. 이어지는 절에서는 『중등수신
교과서』, 『고등소학수신서』, 『윤리학교과서』의 구성과 목차, 전체적
인 특징들을 살펴보도록 하자.

3. 중등용 수신교과서의 특징 분석

1) 서적별 구성과 목차

1906~1910년의 통감부 학정 잠식기에 사립학교와 관련된 당대 지식
인들이 제작한 3종의 중등용 수신교과서들 중 첫 번째로 살펴볼 책은

〈표 4-2〉 『중등수신교과서』의 목차

구분		대주제	소주제
상	권1 (30과)	제1 학생으로서 주의할 점	1과 학생의 본분~21과 용모
		제2 벗에 대해 주의할 점	22과 벗~25과 예의와 겸양
		제3 가정에서 주의할 점	26과 가정~30과 조상과 가계(續)
	권2 (30과)	제1 처세에서 주의할 점	1과 업무~17과 공공심
		제2 국가에 대해 주의할 점	18과 국체~21과 환란의 시기에 주의할 점
		제3 수덕(修德)에 관해 주의할 점	22과 수양~30과 선으로 나아감
하	권3 (30과)	제1 자기에 대한 도리	1과 자기
		제2 신체에 대한 의무	2과 스스로 삶을 영위함~14과 인격에 대한 의무(續)
		제3 타인에 대한 도리	15과 타인의 생명에 대한 의무~30과 의협심
	권4 (30과)	제1 가족의 도의	1과 가족~6과 부모를 사랑함(續)
		제2 공중과 소속 단체에 대한 도리	7과 단체~14과 단체의 구성원의 여러 가지 의무
		제3 국가에 대한 도리	15과 국가~27과 전쟁
		제4 인류에 대한 도리	28과 박애
		제5 만물에 대한 도리	29과 동물~30과 천연물

휘문의숙 편집부의『중등수신교과서』(1906)이다.[7]
이 책은 상·하 2책으로 이루어졌고, 각 책은 서문
-권1-권2(상), 권3-권4-총론(하)으로 구성되었으
며, 각 권은 30과의 소주제로 집필되었다. 다시 말
해 서문과 총론을 제외한 본문은 120개에 달하는
과(課)로 이루어진 것이다. 세로쓰기의 관행을 유
지하면서도, 두주(頭註)를 적극 활용하여 각 과의
핵심을 짚어주고 있다는 것이 특징적이다.

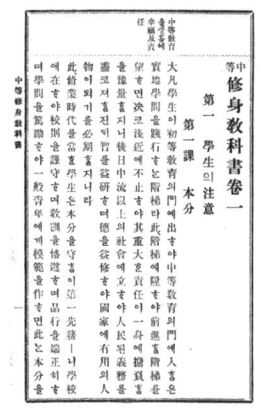

　휘문의숙의 설립자 민영휘(閔泳徽)는『중등수신
교과서』에 대해 큰 자부심을 가지고 있었던 것으로
보이는데, 그가 쓴 서문의 "배우는 사람들이 진실로
이 책에 주력하여 수련하고 함양한다면 훗날 반드
시 완전하고 덕을 갖춘 인재가 될 것이니, 세상에 유
용한 인재가 얼마나 많은지 이루 헤아릴 수 있겠는
가"(2)[8]라는 문장에서 그 자부심을 엿볼 수 있다.

　이어서 두 번째로 살펴볼 책은『중등수신교과
서』와 함께 휘문의숙 편집부에서 제작한『고등소
학수신서』(1907)이다. 이 책은 단권이지만 8개의 대
주제와 120과의 소주제라는 적지 않은 분량으로 구성되어 있다.

　앞서 언급한『중등수신교과서』는 휘문의숙의 저학년용으로, 위의
『고등소학수신서』는 고학년용으로 사용되었는데, 두 책의 내용 구성
과 기술 방법에는 큰 차이가 있다. 왜냐하면『고등소학수신서』는『중
등수신교과서』에 비해 내용 구성상에서는 역사적 위인 혹은 구국영웅
등을 소개하여 민족의식을 고취하는 경우가 많으며, 기술 방법상에서

는 대한제국의 위기상황을 비판적으로 제시하는 경우가 잦기 때문이다. 일례로 『고등소학수신서』의 제113과 '나라의 빛[國光]'에서는 자국의 정세가 '비바람으로 홍촉(紅燭)이 꺼지려 하고, 구름과 안개로 밝은 해가 가려진 것과 같은 상황'(84)이라고 호소하면서, 청년들의 공부에 대한 의지를 강조하고 있다. 그리고 이것은 『중등수신교과서』가 제작된 1906년에 비해 한층 급박해진 국내 상황을 적극 반영하는 것이다.

마지막으로 살펴볼 책은 신해영의 『윤리학교과서』(1906, 1908)이다.[9] 이 책은 상·하 2책으로 이루어졌고, 각 책은 권1-권2(상) 및 권3-권4(하)로 구성되었다. 분량의 측면에서 근대계몽기 초·중등용 수신교과서들을 통틀어 가장 방대하고, 체계의 측면에서도 완성도가 매우 높다.

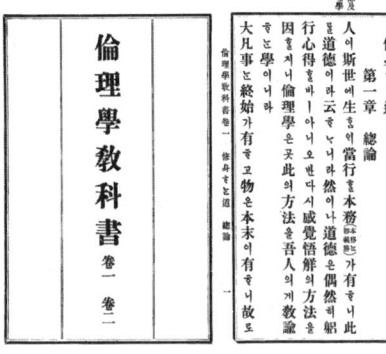

〈사진 4-4〉 『윤리학교과서』

앞서 살펴본 2종의 책과 달리 소주제의 과가 아닌 대주제의 장(章) 중심으로 본문이 구성되

구분		영역	대주제		
상	권1	자기	제1장 총론	제2장 체육	제3장 친구, 습관, 근면
			제4장 자제	제5장 용감	제6장 학문을 닦음
			제7장 덕을 닦음	·	·
	권2	가족	제1장 총론	제2장 부모에 대한 의무	제3장 부모의 의무
			제4장 부부의 의무	제5장 형제자매의 의무	제6장 가족에 대한 의무
			제7장 친척과 주인-종	·	·
		친지	제1장 친구의 의무	제2장 사제(師弟)의 의무	·
하	권3	사회	제1장 사회 총론	제2장 사회의 공의	제3장 사회의 공덕
	권4	국가	제1장 국가 총론	제2장 국민의 의무	제3장 애국심
			제4장 황실에 대한 의무	제5장 국제 관계의 의무	제6장 결론

었는데, 두주를 최대한 활용함으로써 내용의 핵심이 무엇인지 계속하여 짚어주고 있다. 또한 이 책의 근간이 '윤리학'인 까닭에, 저자가 권1의 시작인 「총론」과 권4의 마지막인 「결론」에서 그것을 수미상관 구조로 설명하고 있다는 점 역시 주의를 기울일 만하다. 신해영은 윤리학이란 '선한 혹은 악한 행위가 무엇인지 밝히는 학문'으로서, 인생의 목적인 행복과 인성(人性)의 발전에 직결되는 것이라고 밝힌다(권4, 95~97). 이런 점에서 이 책은 근대계몽기에 영향력 있던 한 지식인의 윤리학에 대한 이해를 담고 있는 책이기도 하다.

2) 중등용 수신교과서의 전체적인 특징

여기에서는 지금까지 살펴본 근대계몽기의 중등용 수신교과서 3종의 전체적인 특징들을 살펴볼 것이다. 그 첫 번째는 이 책들이 충군과 애국을 강조하면서도, 당시 대한제국의 상황을 비판적인 관점에서 묘사하였다는 것이다. 예를 들어 『중등수신교과서』 권2의 제10과 '지구 (持久)'에서는 "우리나라 사람은 대개 나태한 습관으로 심지(心志)가 굳 지 못하여 항상 오래 견지하는 용기가 부족한 부분이 많다. 이를 고치 지 않으면 결국은 경쟁 세계에 설 때 열패(劣敗)하는 자가 되는 것을 피 하지 못한다"(16)라고 하였으며, 권4의 제26과 '통상'에서는 "일상에 필 요한 모든 물건을 외국 수입품에 전적으로 의존하여 우리나라의 자금 이 날로 외국으로 유출되고 있으니, 이것이 우리나라가 가난한 원인이 된다"(39)라고 하였다. 『고등소학수신서』에서는 이러한 비판적인 논조 가 한층 강화되는데, 가령 제119과 '진취'에서는 다음과 같이 언급함으 로써 학습자들에게 자강(自强)을 신념화시키고 있다.

우리나라의 국민은 옛것을 좋아하는 마음이 진취적인 태도를 저해하고 막 아서, 꾸미지 않고 비루한 것을 질박하고 실속이 있다 하고 벼슬을 내놓고 편 안히 물러나는 것을 고상하다 하며, 날로 게으른 풍속에 점차 빠지게 되지만 오히려 먼 태곳적 이야기를 거리낌 없이 크게 말하면서 이르길, '세상의 일은 날로 그릇되고 옛 풍속은 회복할 수 없다'라고 한다. 아아! 문명화는 더욱 진보 적이고 이상적인 것이니, 지금이 옛날보다 나은 것은 자연스러운 이치이다. 옛것을 버리고 새로운 것을 따르는 것이 옳은데 옛것에 얽매인 습관 때문에 앞으로 나아가는 데 방해를 받으니, 진정 문명의 적인 것이다. 우리 소년들은 진취적인 태도에 부지런히 힘써야 하니, 황인종이 강성함을 어찌 백인종에게 양보하겠는가.(89~90)

『윤리학교과서』에서도 권4의 「결론」에서 "국가 간의 무역 이래로 우리나라 인사(人士)가 유럽과 미국 및 일본의 문물을 채용하고 취하여

장·단점을 불문하고 저 국가의 사물이기 때문에 모두 좋다 하고, 동양과 우리나라의 사물은 모두 진부로 귀착한다 하여 마침내 우리 제국고유한 덕의 가르침까지 아울러 내버리고자 함에 이르니"(권4, 106)라고하면서, 당시 대한제국의 세태를 비판하고 있다.

여기서 유의해야 할 점은 3종의 중등용 수신교과서 모두 학습자들로 하여금 대한제국이 지향해야 할 방향을 깨닫도록 하기 위한 초석으로 선(先)비판을 시도하였다는 것이다. 이것은 매우 주목해야 할 부분인데, 왜냐하면 당시에 활용되던 전통적인 수신교과서류나 학부에서편찬한 초등용 수신교과서류들로부터는 이런 점을 거의 찾아볼 수 없기 때문이다. 특히 학부에서 편찬하고 일본 동경의 삼성당(三省堂)에서인쇄한 『보통학교 학도용 수신서』(1907)는 대한제국에 대한 부정적 이미지들만 제공하고 있을 뿐, 극복 방안은 밝히지 않는다. 그러므로 당대 사회에 대한 비판적인 시각의 함양과 이를 토대로 한 미래의 지향점 자각이라는 측면에서 3종의 중등용 수신교과서들은 분명 발전된모습을 보여주고 있는 것이다.[10]

근대계몽기 중등용 수신교과서들의 두 번째 특징은, 이 책들이 서양의 근대화 및 민주화와 관련된 용어들을 동양의 전통 개념들과 대등할정도로 강조하였으며, 이런 이유에서 서양의 학자 혹은 위인들까지도수신교과서를 통해 소개하였다는 것이다. 가령 『중등수신교과서』 권1의 제15과 '마음가짐(用心)'에서는 '양능(良能)'이라는 동양적 개념을 설명한 뒤 벤저민 프랭클린(富蘭土克)의 이야기를 통해 올바른 마음가짐의중요성을 재차 강조하고 있으며(권1, 16~17), 권4의 제7과 '단체'에서는"인간은 사회적 동물이다"라는 아리스토텔레스(Aristotle)의 말을 인용하고 있다(권4, 9). 『고등소학수신서』는 국내 인물에 대한 소개가 대다수

이지만 이 와중에도 제52과 '도량'에서는 조지 워싱턴[華盛頓]의 이야기를 통해 남과 더불어 사귈 때의 도량을 강조하고 있고(36), 제87과 '재능과 지혜'에서는 "지금 구미(歐美)의 여러 나라 박사나 학사가 교육학 원리를 논하여 저술한 것을 보면"(63)이라고 하여 이 책을 집필할 때 서양의 교육학 서적들도 참조하였음을 밝히고 있다.

그러나 가장 빈번하게 서양 학자들의 언행을 소개하는 책은 『윤리학교과서』로서, 권1의 제5장 「용감」에서는 소크라테스[邵久羅斗蘇]·브루노[富婁老]·갈릴레오[葛里禮五]의 일화를 소개하여 사회의 진보는 용감한 사람에 의해 이루어진다는 점을 밝히고 있다(권1, 60~61). 그리고 권2의 후반부인 '친지의 의무' 중 제1장 「친구의 의무」에서는 "서양의 철학자가 말하건대, '친구는 다른 자기이다'라고 하니 참으로 격언이라고 이를 것이다"(권2, 96)라고 함으로써 서양의 격언까지 긍정적으로 다루고 있으며, 권3의 제3장 「사회의 공적인 덕」에서는 박애를 설명하기 위해 워싱턴의 예를 들고 있다(권3, 74). 특히 권3의 제1장 「사회 총론」의 말미에 공자(孔子)와 예수(基督)를 함께 언급하는 다음의 내용은 주목할 만하다.

"자기가 원하지 않는 바를 다른 사람에게 베풀지 말라"는 것은 공자의 말이요, "자기가 원하는 바를 베풀라"는 것은 예수의 말이니, 이 두 가지 중에 전자는 소극적인 것으로 우리의 일을 행함을 제한하는 것이요, 후자는 적극적인 것으로 우리의 일을 행함을 장려하는 것이다. 전자는 나쁜 일을 행함을 경계하는 것이요 후자는 선한 일을 행함을 권하는 것이며, 전자가 훈시하는 것은 공정한 도리요 후자가 가르쳐 깨우치는 것은 공적인 덕이니, 이 두 가지는 그 하나를 치우쳐 폐하지 아니하고 두 가지를 모두 병행한 후에야 비로소 사회에 대하여 완전한 의무를 행할 수 있는 것이다. 우리는 자신의 권리가 훼손당함을 원하지 않기 때문에 타인에 대하여서도 그 권리를 침해하지 아니하는 것이니, 이것은 전자가 훈시하는 것이다. 우리는 자신의 곤궁함을 스스로 불쌍히 여기고 사회 공익이 성취됨을 스스로 기뻐하기 때문에 이것을 미루어 미쳐서 타인의 곤궁함을 구조하고 또 스스로 나아가 사회의 공익을 계획하고 꾀하니, 이것은 후자가 훈시하는 것이다. 따라서 전자는 도덕의 의무가 됨과 동시에 아울러 법률의 의무가 되고 후자는 오로지 도덕의 의무가 되니, 다만 법률의 죄인이 되지 아니하고자 하는 자는 전자로써 족하다 할 것이나 진실로 도덕의 죄인이 되지 아니하고자 하는 자는 후자를 실천해야 하는 것이다.(권3, 19~21)

공자로 대변되는 동양의 사상과 예수로 대변되는 서양의 사상이 충분히 통합될 수 있고 또 그래야만 온전한 사회 구현이 가능하다고 제시함으로써, 『윤리학교과서』는 동·서양에 대한 일정 수준 이상의 평형적인 감각을 확보한다.

이처럼 3종의 중등용 수신교과서에 나타나는 동·서양 사상에 대한 평형적인 감각은, 이 책들이 전통적인 가치·덕목을 강조함과 동시에 ⓐ 자유와 평등, ⓑ 권리와 책임, ⓒ 납세·병역·교육의 의무, ⓓ 사회와 공공심, ⓔ 준법과 선거권, ⓕ 국가 주권과 국제 공법과 같은 서양의 근대적 개념들을 상세히 풀이했다는 점에서도 잘 드러난다. 그리고 이것은 당시 격변하는 사회에서 서양의 근대화 및 민주화와 관련된 내용들이 우리 교육 내로 어떻게 유입되었는지 그 경로를 보여준다는 점에서 의의가 크다.

근대계몽기 중등용 수신교과서들의 세 번째 특징은, 이 책들이 학습자들에게 강조하는 바가 모두 지(知)·정(情)·의(意) 또는 지(知)·덕

(德)·체(體)의 통합이라는 것이다. 이것은 특히 『중등수신교과서』에 잘 나타나는데, 권3의 제7과 '정신에 대한 의무'에서는 "우리의 정신 작용으로는 지와 정과 의가 있다. 지식[知]을 계발하고, 감정[情]을 고상하게 하며, 의지[意]를 굳게 하는 것은 자기의 가치를 존중하며 인간으로서의 품격을 완전하게 갖추는 근본이니, 이것은 자기에 대해서 당연한 의무이다"(10)라고 하면서, 이어지는 제8과로부터 제12과까지 올바른 지식의 확충, 고상한 감정의 증진, 강건한 의지의 단련에 대해 차례로 자세하게 설명한다. 그리고 제13과 '인격에 대한 의무'에서 지·정·의의 통합은 결국 인격의 발전을 위한 것이라고 밝힌다.

> 사람이 다른 동물과 다른 특별한 정신 작용과 중요한 차이점이 있으니, 바로 자아에 대한 생각이다. 이 자아에 대한 생각이 있어서 정신의 활동을 통일할 수 있다.
> 무릇 인간이라고 해도 어릴 때에는 본능과 육체적 욕망에만 의지하고 자의 (自意)를 인식하고 행동하는 일은 없으니, 그 실상은 동물과 조금도 차이가 없다. 점차 성장하면서 정신이 발달하며, 지·정·의의 작용이 나타나게 되면서 부터는 그 지·정·의를 모두 자기의 지·정·의로 인식하고 자기의 사상과 자기의 행동을 하게 되니, 이러한 정신의 상태를 겉으로 드러내면서 '인격'이라는 가치를 갖게 되는 것이다.(20)

또한 『고등소학수신서』에서는 제62과 '용기'를 통해 도덕적 행동을 위해서는 의기(義氣)로서의 용기가 필요함을 제시하고 있고(43), 제79과 '고상'을 통해 고상한 감정이 있어야 비로소 학업이나 사업이 성공할 수 있음을 강조하고 있으며(56), 제83과 '이치를 궁구하기[窮理]'를 통해 만물의 실제에 대한 이치 탐구의 중요성을 밝히고 있다(59~60). 이렇게 함으로써 『고등소학수신서』 역시 지·정·의의 통합이 덕성의 확립 및 인격의 발달을 위해 필수적이라는 것을 책 전체에서 드러내고 있는 것이다.

이 같은 측면은 『윤리학교과서』에서도 잘 나타나는데, 권1의 제1장 「총론」에서는 "신체의 건강과 지적 능력의 연마 숙달 및 덕성의 함양은 자신을 수양하는 방법에 있어서 항상 병행하고 어그러지지 않게 하여서 잠시라도 편중되거나 폐하지 않아야 할 것이니, 교육의 이른바 체육(体育)·지육(智育)·덕육(德育)이 곧 그것들이다"(권1, 6)라고 언급함으로써, 이 책의 핵심이 지·덕·체의 통합에 있음을 밝히고 있다. 보다 구체적으로 살펴보면, 권1의 제3장 「친구, 습관, 근면」에서는 "도덕의 근거는 반드시 고원한 것에 있지 아니하며 실로 매일 하는 보통 행위에서 벗어나지 않는 것이다"(권1, 30)라고 하여 도덕적 습관화를 강조하고 있고, 제4장 「자제」에서는 "감정과 욕망은 반드시 천하고 열등한 것으로 여길 것이 아닐 뿐만 아니라 높은 지조와 유익한 일은 언제나 여기에서 근원하는 것이다"(권1, 35)라고 하여 도덕적 동기로서 감정의 역할을 인정하고 있으며, 제6장 「학문을 닦음[受學]」에서는 "지식은 도덕에서 빼놓지 못할 것이니 도덕이란 선을 행함을 이르는 것이다. (…중략…) 선을 행함이 옳음을 알고 이것을 행하며 악을 행함이 옳지 않음을 알고 이것을 하지 않음이 진정한 도덕인 것이다"(권1, 74)라고 하여 도덕적 행위에 있어 관련 도덕적 지식이 매우 중요하다는 점을 제시하고 있다.

물론 3종의 중등용 수신교과서에 나타나는 지·정·의(지·덕·체)의 통합에 대한 이해가 현대 도덕교육이론들에서와 같이 구체적인 것은 아니다. 지금은 도덕성(morality)의 구성 요소인 도덕적 지식·도덕적 감정·도덕적 행위 중 하나의 요소에 다른 요소들이 어떻게 반영되어 있는지, 그리고 각 요소의 세목에는 무엇이 있는지에 관해 철학, 심리학, 교육학 등 다양한 분야에서 연구 성과를 제시하고 있다. 그리고 그 결론은 도덕성의 발달에서 이 세 요소들은 서로 뒤엉켜서 함께 작동하는 것이므로, 개념적 구분은 가능하겠지만 사실적 구분은 불가능하며 때로는 위험하다는 것이다.[11] 그러나 다소 거칠다고 할지라도 근대계몽기의 중등용 수신교과서들로부터 엿볼 수 있는 지·정·의(지·덕·체)에 대한 통합적 이해는, 우리에게 이 사유 방식이 근본적으로 낯선 것이 아님을 보여주는 도덕교육의 사(史)적 증거가 된다.

마지막으로 근대계몽기 중등용 수신교과서들의 네 번째 특징은, 이 책들이 기본적으로 '삶의 영역'에 대한 확장 구도를 통해 내용을 구성하였으며, 경우에 따라서는 영역의 확장이 대단히 포괄적이라는 것이다. 이것은 앞서 제시했던 각 서적의 구성과 목차에서 이미 잘 드러나고 있다. 먼저 『중등수신교과서』의 경우, 상권은 '학생으로서 주의할 점', '벗에 대해 주의할 점', '가정에서 주의할 점', '처세에서 주의할 점', '국가에 대해 주의할 점', '수덕(修德)에 관해 주의할 점'이라는 6개의 대주제로 구성되어 있고, 하권은 '자기에 대한 도리', '신체에 대한 의무', '타인에 대한 도리', '가족의 도의', '공중과 소속 단체에 대한 도리', '국가에 대한 도리', '인류에 대한 도리', '만물에 대한 도리'라는 8개의 대주제로 구성되어 있다. 요약하자면, 상권에서는 학생 → 벗 → 가정 → 국가의 순서로 삶의 영역이 확장되고 있으며, 하권에서는 자기 → 타인 → 가족 → 사회 → 국가 → 인류 → 만물의 순서로 확장이 더욱 넓어지면서도 세분화되고 있다. 특히 '인류'와 '만물'까지 등장하였다는 점에 주목할 만한데, 이와 관련하여 권4의 제28과 '박애'에서는 "인간은 우주만물 중에서 생각해보면 인류라는 같은 종족의 일원이니, 인류 전체에 대한 도리에 관해서 조금이라도 소홀히 해서는 안 된다"(42)라고 하였으며, 제30과 '천연물'에서는 "자연계의 만상을 탐구하여 진리를 연구함은 (…중략…) 인류가 우주의 한 부분이라는 것을 깨달아서 자기가 어떻게 우주 간에서 살아야 할지를 알게 하니, 자연계는 바로 인류의 하나의 위대한 교과서이다"(47)라고 하였다.

이러한 확장 구도는 『고등소학수신서』에서도 일정 부분 나타나는데, 이 책은 '가정에서 주의할 점', '학교에 대한 의무', '타인에 대해 주의할 점', '자기에 대해 주의할 점', '덕성에 대해 주의할 점', '인격에 대한 의무', '수양에 대한 의무', '국민에 대해 주의할 점'이라는 8개의 대주제로 구성되어 있다. 『중등수신교과서』와 비교할 때 삶의 영역의 확장 구도가 순차적으로 드러나지는 않지만, 자기, 타인, 가정, 학교, 국가 등 여러 영역과 관련된 규범들을 제시하고 있다는 점에는 유의해야 할 것이다.

실제 기획 의도 자체가 삶의 영역에 대한 확장 구도를 취하고 있는 것은 『윤리학교과서』인데, 이 책은 상권에서는 '몸과 마음을 수양하는 방법', '가족에 대한 의무', '친지에 대한 의무'를 제시하고 있으며, 하권에서는 '사회에 대한 의무', '국가에 대한 의무'를 명시하고 있다. 요컨대 내용 구성상에서 가장 체계적이면서도 뚜렷하게 자기 → 가족·친지 → 사회 → 국가의 순서로 삶의 영역을 확장시키고 있는 것이다.

주지하는 바와 같이, 2007 개정 『도덕과 교육과정』을 기점으로 하여, 그 이전의 도덕교육은 ⓐ 개인 생활, ⓑ 가정·이웃·학교 생활, ⓒ 사회 생활, ⓓ 국가·민족 생활로 구성되는 '생활영역확대법'을 채택하여 사용하였고, 그 이후의 도덕교육은 ⓐ 도덕적 주체로서의 나, ⓑ 우리·타인·사회와의 관계, ⓒ 국가·민족·지구 공동체와의 관계, ⓓ

자연·초월적인 존재와의 관계로 구성되는 '가치관계확장법'을 채택하여 사용하였다.[12] 그러나 이 두 가지 원리는 전혀 다른 별개의 것이 아니며, 삶의 영역에 대하여 확장 구도를 취하고 있다는 점에서는 상당 부분 공통점을 지니고 있다.[13] 물론 3종의 중등용 수신교과서에서 엿볼 수 있는 확장 구도가 현재 도덕교육을 구성하고 있는 원리들만큼 체계적이지는 않다. 그럼에도 우리 전통에 내재하고 있는 수신(修身)에서 평천하(平天下)로의 확장 원리가 어떠한 과정을 거쳐 지금의 도덕교육까지 연결될 수 있었는지 그 연결점을 밝힐 수 있는 단초를 제공한다는 점에서, 근대계몽기의 중등용 수신교과서들에 나타나는 삶의 영역에 대한 확장 구도에 보다 깊은 관심을 가져야 할 것이다.

이상으로 이 절에서는 우선 『중등수신교과서』, 『고등소학수신서』, 『윤리학교과서』 각각의 구성과 목차들을 언급하였으며, 다음으로 이 책들을 관통하는 전체적인 특징들에 대해 논의하였다. 이어지는 절에서는 근대계몽기의 중등용 수신교과서들이 지니는 도덕교육적 시사점에 대해 살펴보자.

4. 중등용 수신교과서의 도덕교육적 시사점

1) 도덕과(道德科) 교육의 연속성 검증

근대계몽기의 중등용 수신교과서들이 지니는 도덕교육적 시사점의 첫 번째는, 이 서적들이 도덕과 교육의 연속성을 검증하는 데 기여할 수 있다는 것이다. 특히 앞서 살펴보았던 중등용 수신교과서들의 특징들 중 '지·정·의(지·덕·체)의 통합'과 '삶의 영역의 확장 구도'가 이 부분과 관련이 있다. 물론 이 두 가지가 현대 도덕교육에 반영된 이론들에서와 같이 심층적이지 못하다는 점은 밝혔다. 그럼에도 한국 도덕과의 역사에서 '태동기'[14]라고 부를 수 있는 근대계몽기의 수신교과에 일찌감치 이러한 특징들이 드러난다는 사실을 간과해서는 안 된다.

이 절에서는 도덕과 교육의 연속성 검증과 관련해 3종의 중등용 수신교과서들이 지니는 특징을 '지·정·의(지·덕·체)의 통합'과 '삶의 영역의 확장 구도'에 이어 한 가지 더 제시하고자 한다. 그것은 바로 이 서적들로부터 도덕과의 '학제적(學際的, interdisciplinary) 성격'과 관련된 초기 형태가 발견된다는 것이다.[15]

예를 들어 『중등수신교과서』에서는 수신·수양의 점진적 완성을 강조함에 있어 의학 상식, 운동, 창업 관련 내용, 법률, 공직(公職)의 의무 등을 함께 다루고 있으며, 같은 맥락에서 『고등소학수신서』에서는 직업 선택, 올바른 수면, 술에 대한 경계 등을 소개하고 있다.[16] 그런데 학제적 특징을 가장 뚜렷이 보여주는 것은 『윤리학교과서』로서, 이 책에는 앞의 두 서적에서도 강조되었던 신체의 건강이나 정치학, 사회학 관련 내용들이 한층 더 상세하게 제시되어 있다. 가령 권1의 제2장 「체육」에서는 "모든 행위가 단 하나라도 신체의 건강함을 필요로 하지 아니함이 없으니, 때문에 덕행을 닦으며 공공의 뜻을 길러 인류의 의무를 완전히 하려면 반드시 신체의 건강함을 유지해야 한다"(권1, 9)라고 하였으며, 운동과 수면의 필요성을 제시하는 수준을 넘어 자살이 왜 옳지 않은가와 같은 문제도 살펴보고 있다(권1, 22~24). 또한 권4의 제1

장 「국가 총론」에서는 공화국 체제·군주국 체제, 불문헌법·성문헌법, 입법권·행법권(行法權), 행정권·사법권 등과 같은 정치학 관련 내용들을 자세히 소개하고 있고(권4, 6~15), 제2장 「국민의 의무」에서는 준법·병역·납세·교육의 의무 이외에도 입헌국 체제의 '선거권'까지 설명하고 있다(권4, 20~56). 한편 이 책에는 경제학 관련 내용도 수록되어 있는데, 권3의 제2장 「사회의 공정한 도리」 중 '재산에 관한 의무'에서는 '소유권'에 대해 다음과 같이 밝힌다.

> 무릇 생활의 재료를 공급하여 공적이거나 사적인 여러 가지 의무를 능히 다하게 하는 것은 재산이요, 우리로 하여금 재산의 사용·수익·처분을 자유롭게 하는 것이 '소유권'이니, 소유권을 확립함은 사회의 안녕을 유지하여 그 행복을 증진하는 것의 하나의 큰 표준이 되어 미개국가와 문명국가의 구별이 여기에 존재하는 것이다. 강제로 빼앗고 마음대로 탈취함이 공적인 일과 사적인 일 사이에 제멋대로 발생하는 사회에 있어서는, 백성이 능히 안도하지 못할 뿐 아니라 재산의 불안전함은 근면과 저축의 마음을 꺾이게 하여, 마침내 모든 사회로 하여금 게으름과 빈곤함에 함께 빠지게 하는 것이다. (권3, 42~43)

그리고 이렇게 소유권을 정의한 뒤, '저축과 양여의 권리', '세습 상속', '사유 재산을 부정하는 공산주의의 폐해' 등을 차례로 제시하고 있으며, 이외에도 대차(貸借), 이자, 기탁물(寄託物), 매매(賣買)에 관한 의무까지 설명하고 있다. 다음은 대차에 대한 내용이다.

> 재산의 빌려주고 빌려오는 것은 경우를 따라서 필요한 바가 있는 것이다. 사람은 혼자 힘으로써 때를 임하여 일을 처리하는 것이 어려운 경우가 있으니,

이런 때를 맞아서 있는 것과 없는 것으로 서로 통하게 하여 그 사업을 상호 도와주는 것은 실로 인간 세상의 칭찬할만한 아름다운 행실이다. 그러나 우리는 공정한 의리상 다른 사람의 청구를 좇아서 반드시 빌려주지 아니치 못할 의무가 있는 것은 아니니, 때문에 사람이 만일 호의로써 나에게 재산을 빌려준 때는 나도 또한 그 은혜와 덕을 마음에 새기고 감사하여 그 계약을 실행해야 하는 것이다. (권3, 50)

그런데 여기서 유의해야 할 점은 근대계몽기의 중등용 수신교과서들이 다양한 학문 분야의 내용들을 담고 있는 것은 결국 '도덕적 인간의 완성'을 지향하는 맥락에서 그렇다는 것이다. 그래서『중등수신교과서』말미의 '총론'에서는 "우리가 학업에 종사하여 수준 높은 기술을 가졌다고 할지라도, 만약 도덕에 손실이 있을 때에는 근원 없는 물과 뿌리 없는 나무와 같아서 공로[功業]를 성취하기 어렵고 끝내는 물이 마르고 나무가 시들었다는 한탄을 피할 수 없을 것이다. 따라서 우리가 어떤 사업을 하든지 일생 떠나지 말아야 할 것은 바로 도덕이다"(권4, 48~49)라고 하였으며,『고등소학수신서』의 제120과 '총론'에서는 "사물에는 본질과 말단이 있고 일에는 시작과 끝이 있으니, 사람이 마땅히 해야 하는 방법 역시 먼저와 나중의 구별이 없을 수 없다. 그러므로 도덕을 가르치는 것을 수신의 첫 과정으로 삼는다"(90)라고 하였다. 또한『윤리학교과서』에서는 각 권마다 서두에「총론」을 두어 자기, 가족·친지, 사회, 국가의 영역에서 여러 내용들을 알아야만 하는 도덕적 이유가 무엇인지 밝히고 있다. 일례로 권2의「총론」에서는 도덕의 완성은 다른 사람들과 국가에 대한 의무를 다함에 있고, 이를 위해서는 그 의무가 무엇인지 알아야 한다는 점을 강조하고 있다.

무릇 도덕을 완전히 함은 의무를 실행하는 것에 있으니, 의무란 것은 다른 사람들에 대하여 우리가 당연히 행해야 할 것을 말한다. 가령 충성과 효도는 신하와 아들의 의무요, 화목은 부부의 의무요, 신의를 지키는 것은 사회에 살고 있는 각각의 사람들의 의무요, 국가를 사랑함은 국민의 의무이니, 사람이 각자 이런 종류의 여러 가지 의무를 정성껏 지켜서 감히 위배하지 아니하면 그 도덕이 완전함을 얻었다고 말할 것이다.(권2, 1)

사실 유불로 대표되는 우리의 전통에서 수신·수양이란 공부 그 자체였지 별도의 교과목은 아니었다. 그런데 1894년 이후 근대식 학제가 도입되고 이에 따라 여러 교과목들이 신설되는 상황에서, 그 전통적 기치(旗幟)를 계승한 것은 다름 아닌 수신교과였다. 하지만 이 교과에서 가르쳐야 할 내용이 체계화되어 있지 않던 당시로서는, 대한제국으로 쏟아져 들어오던 정치학·사회학·경제학 관련 내용들까지 수신교과가 담당할 수밖에 없었던 것으로 보인다. 따라서 근대계몽기의 중등용 수신교과서들로부터 발견할 수 있는 학제적 성격을 곧바로 현대 도덕교육의 근간이 되는 '윤리학' 중심의 체계적이고 이론적인 것으로 규정할 수는 없다. 그럼에도 근대계몽기의 중등용 수신교과서들에 나타나는 거친 형태의 학제적 성격을 무시해서는 안 된다. 왜냐하면 이 서적들 역시 '도덕적 인간의 완성'이라는 목적 하에 여러 분야의 내용들을 결집시키고 있기 때문이다. 그리고 이것은 전통교육이 현대 도덕교육으로 연결되는 과정에서 도덕과 교육의 연속성을 설명할 수 있는 근거를 제공하는 것이다.[17]

2) 가치·덕목의 자료집 기능

근대계몽기의 중등용 수신교과서들이 지니는 도덕교육적 시사점의 두 번째는, 이 서적들이 가치·덕목에 대한 일종의 자료집으로 기능할 수 있다는 것이다. 현재 초등학교 3학년에서 중학교 3학년까지에 이르는 공통 교육과정으로서의 '도덕'은 '가치관계확장법'의 구분에 따라 아래의 〈표 4-5〉와 같은 17개 주요 가치·덕목들로 구성된다.[18]

17개의 주요 가치·덕목들이란『도덕과 교육과정』이 추구하는 도덕적 자질, 성향, 품성 등을 표상하는 것으로서, 바람직한 교육적 인간상을 이루는 요소이자 도덕적 삶을 위한 원리로도 기능할 수 있는 것들이다. 또한 전체적으로 지향해야 하는 존중, 책임, 정의, 배려 4개의 가치·덕목들은 일반화의 수준이 높은 것들로 다른 가치·덕목들의 토대가 되며, 영역별 3~4개의 가치·덕목들은 각 영역의 설정 근거와 추구하는 목표를 고려하여 선정된 것이다.[19]

하지만 여기에 대한 반론도 적지 않은데, 특히 주요 가치·덕목들의 목록과 선정 기준에 대한 비판은 계속되고 있는 실정이다. 몇 가지 예를 들면, ⓐ 첫째는『도덕과 교육과정』에서 밝힌 가치·덕목들의 숫자는 시기별로 17개에서 42개까지 다양했지만, 결국은 소수로 범주화되며 실질적인 내용이나 예화도 거의 바뀌지 않았다는 것이다. ⓑ 둘째

〈표 4-5〉 '도덕'을 구성하는 주요 가치·덕목들

영역		도덕적 주체로서의 나	우리·타인과의 관계	사회·국가·지구 공동체와의 관계	자연·초월적 존재와의 관계
가치·덕목	전체적	존중, 책임, 정의, 배려			
	영역별	자율, 성실, 절제	효도, 예절, 협동	준법·공익, 애국심, 통일의지, 인류애	자연애, 생명존중, 평화

는 『도덕과 교육과정』에서 내놓은 가치·덕목들이 보편적 합의나 학문적 검토 과정을 생략한 채 임의로 선정된 것들이며, 이로 인해 가치·덕목의 과잉 및 그것들 사이의 유기적 연계성과 통합성의 부족을 초래했다는 것이다. ⓒ 셋째는 17개의 가치·덕목들이 어떠한 연유로 17개이며, 무슨 근거나 원리로 선정되었는지 분명하지 않다는 것이다.[20] 요컨대 꾸준히 제기되고 있는 비판의 핵심은 『도덕과 교육과정』에서 제시하는 주요 가치·덕목들의 객관적 타당성과 포괄성이 부족하다는 것이다. 그리고 바로 이 지점에서 근대계몽기의 중등용 수신교과서들이 지니는 두 번째 도덕교육적 시사점을 밝힐 수 있다.

두 가지로 나누어 언급하자면, 우선 한 가지는 특정 가치·덕목을 도덕교육 내로 도입하는데 있어 이 서적들이 구체적인 방향과 도움을 제공할 수 있다는 것이다. 앞 쪽의 〈표 4-5〉에 나타난 것처럼 '도덕적 주체로서의 나' 영역에 할당된 자율, 성실, 절제는 어떤 이유로 이 영역에 선정되었는가? 사실 자율, 성실, 절제는 다른 영역들과 더 밀접한 연관이 있을 수 있고, 17개에는 포함되지 않은 여타 가치·덕목이 '도덕적 주체로서의 나'의 진정한 핵심일 수도 있다. 그리고 이런 물음은 다른 영역들과 거기에 속하는 가치·덕목들에도 똑같이 적용된다. 분명한 점은 이 부분에 대한 명쾌한 대답을 『도덕과 교육과정』이나 관련 문서들에서 제공하지 않는다는 것이다. 그런데 근대계몽기의 중등용 수신교과서들은 여기에서 시사점을 지닌다. 3종 가운데 『중등수신교과서』를 통해 이것을 논의할 것인데, 다음의 「서문」을 살펴보자.

수신서로는 육경과 『논어(論語)』, 『맹자(孟子)』가 모두 남아 있어서 이를 읽으면 충분한데, 그것을 두고 또 별도로 수신서를 편찬한 것은 왜인가? 그 책들은 분량이 많고 뜻이 산만하여 여러 해 동안 전념해서 공부하지 않으면 방향을 얻고 단서를 찾을 수가 없다. 한도가 있는 공부의 과정에서 한없는 세월을 허비하는 것은 어린 사람들이 공부하며 감당할 수 있는 것이 아니다. 그래서 근세 각국은 각각 자기 나라의 성질과 관습에 따라서 스스로 교과서류를 편찬하여 각국의 상황에 적합하게 가르치고 있다.(1)

이 내용은 여러 명의 필진으로 구성된 휘문의숙 편집부의 『중등수신교과서』가 유가적 전통을 계승하면서도, 근대 서구적 세계관을 긍정적으로 수용하고 있음을 드러낸다. '서문'에서는 또한 "가깝게는 양심(養心) · 입지(立志) · 언어 · 행동에서부터 가정 · 붕우(朋友) · 사회 · 국가에 이르기까지 순서에 따라 점진적으로 힘써 공부해 나가지 않는 것이 없으니 실로 수신의 요체요, 인재를 만드는 모형(模型)이다"(序)라고 언급하면서, 각 영역에 맞는 가치 · 덕목들을 제시하고 있다. 가령 권1의 '학생으로서 주의할 점'에서는 입지, 수학(修學), 전심(專心), 용기, 청결, 바른 마음가짐 등을, '벗에 대해 주의할 점'에서는 신의, 협동, 예양(禮讓) 등을, '가정에서 주의할 점'에서는 효도, 우애 등을 설명하고 있다. 이후 권4에 이르기까지 여러 가치 · 덕목들이 나타나는데, 주목해야 할 점은 그것이 단지 제시나 설명에서 끝나지 않고 어떤 이유에서 그 조항에 포함되었는지도 함께 다루고 있다는 것이다. 한 예로 『중등수신교과서』 권1의 제7과 '용기'의 내용을 살펴보자.

'용기'는 지(知) · 인(仁) · 용(勇)이라는 세 가지 덕 중 하나인데 사람에게 하루라도 없으면 안 되는 것이다. 그런데 용기에는 대용(大勇)과 소용(小勇)의 구별이 있다. 대용은 바른 의리에서 나오는 것이다. 그래서 자기의 사욕을 이기고 통제하여 큰일에 임해서 위험을 두려워하지 않으며, 곤경을 당해도 근본을 잃지 않아 확고하게 흔들리지 않는 정신으로 자신의 뜻을 관철하니, 이것이 군자(君子)의 용기이다. 소용은 혈기에서 나오는 분노를 부린다. 그래서 칼을 어루만지며 사람을 질시하고 '저가 어찌 나를 감당하겠는가'라고 한다. 사소한 분노를 참지 못해 혈기를 사납게 부리고 앞뒤를 돌아보지 않고 위험을 무릅쓰니, 이것은 필부(匹夫)의 용기이다. 그러니 학생이라면 굳건히 변하지 않는 뜻으로 용감하게 전진하는 기운을 길러서, 비록 극심한 위험에 처할 경우라도 결코 자기의 뜻을 빼앗기지 말아야 하고 원대한 공을 성취하고자 도모하는 것이 진정한 용기라 할 것이요, 혈기에서 나온 용기는 억제해야 한다.(권1, 7~8)

이 과에서는 먼저 용기가 유가적 전통의 삼덕(知·仁·勇) 중 하나임을 지적하고, 『맹자』를 간접 인용하여 도덕적 용기인 '대용'과 일시적 만용인 '소용'을 구분한다. 이처럼 용기를 상세히 설명한 뒤 한 걸음 더 나아가 학생에게 왜 용기라는 가치·덕목이 필요한지 제시함으로써, 용기가 권1의 '학생으로서 주의할 점'에 포함되어야만 하는 이유까지도 밝히고 있는 것이다. 따라서 현대 도덕교육에서 특정 가치·덕목들을 강조할 경우, 바로 이러한 측면에 보다 깊은 관심을 기울여야 할 것으로 보인다.

다음으로 다른 한 가지는, 근대계몽기의 중등용 수신교과서들을 활용하면 가치·덕목을 교육하는 데 있어서 풍부한 실례와 자료를 확보할 수 있다는 것이다. 가치·덕목 교육의 핵심은 그것들의 이름을 암기하는 것이 아니라, 그 가치·덕목들의 참의미를 학습자 본인의 삶에서 실천하도록 하는 것이다. 그리고 이를 위한 대표적인 방법이 특정 가치·덕목을 뒷받침하는 적절한 사례와 모범을 제시하는 것이다. 이런 점에서 3종의 중등용 수신교과서들은 가치·덕목에 대한 일종의 자료집으로 기능할 수 있다. 3종 가운데 『고등소학수신서』를 통해 이것을 논의할 것인데, 다음의 내용들을 살펴보자.

① 제53과 「정직」 : 정직은 사람에게 있어서 따라야 할 준칙[繩墨]과 같다. 자기를 위해서나 사회를 위해서나 정직이 아니면 처신해서는 안 된다. (…중략…) 영의정[相國] 이경석(李景奭)은 말하기를, "선비는 정직과 충후(忠厚)를 근본으로 삼아야 하니, 정직하지만 충후하지 않으면 각박하고 충후하지만 정직하지 않으면 나약하게 된다'라고 하였다.(37)

② 제55과 「공정」 : 문청공(文淸公) 이후백(李後白)이 이조판서가 되어 공평하고 올바른 도리를 힘써 숭상하고 청탁을 받지 않았다. 비록 친구라고 하더라도 만약 자주 와서 안부를 물으면 속으로 옳지 않다고 여겼다. 하루는 어떤 친척이 찾아와서 관직을 구하고자 하는 뜻을 전하자 공이 얼굴색을 바꾸고 책 한 권을 보여주며 말하기를, "내가 자네의 이름을 기록하여 장차 관직에 추천하고자 하였는데, 지금 자네가 관직을 부탁하는구먼. 구해서 얻는 것은 공정한 방법이 아니라네. 애석하군. 자네가 만약 부탁하지 않았다면 관직을 얻을 수 있었을 것을"이라고 하니, 그 사람이 부끄러워하며 물러났다.(38)

③ 제99과 「자제」 : 자제라고 하는 것은 감정을 억제하고 욕망을 금지하는 것을 말하는 것이다. (…중략…) 자제하기 위한 주요 요소를 들어보면 크게 세 가지가 있으니, 첫째는 몸의 욕구로, 식욕을 잘 조절하여 몸을 건강하게 하는 것이다. 둘째는 욕망으로, 명예, 재산, 쾌락을 추구하는 생각이 그 정도를 넘어서지 않도록 하는 것이다. 셋째는 분노로, 한 순간에 촉발된 감정을 참고 견디며 함부로 행동하지 않는 것이다.(72)

이와 같이 『고등소학수신서』는 가치·덕목을 설명함에 있어, 개념을 먼저 알려준 뒤 모델의 언명을 소개하기도 하고, 모델의 모범적인 행동을 제시하여 가치·덕목의 의미를 간접적으로 깨닫도록 하기도 하며, 가치·덕목의 실천 방법과 방향을 직접 지정해주기도 한다. 이 책을 포함한 3종의 중등용 수신교과서에는 무수히 많은 가치·덕목과 자료들이 수록되어 있으므로, 이제 그 활용 가치를 재평가해야 할 것이다. 물론 시간의 흐름에 따라 한 공동체에서 중요하게 여기는 가치·덕목들이 바뀌기도 하고, 동일한 가치·덕목이라고 할지라도 여러 가지 이유에서 평가가 달라지기도 한다. 그러나 바로 그러한 이유에서라도 특정 가치·덕목을 선정할 때는 더욱 폭넓은 자료를 확보할 필요가 있으며, 이 지점에서 근대계몽기의 중등용 수신교과서는 일정 이상의 도덕교육적 시사점을 확보한다고 판단된다.

3) 호소력 있는 기술(記述) 방식의 차용

근대계몽기의 중등용 수신교과서들이 지니는 도덕교육적 시사점의 세 번째는, 이 서적들이 취하고 있는 글쓰기 방식과 관련이 있다. 내용의 기술 방식은 교과서를 논의할 때 항상 언급되는 부분이며, 최근에는 도덕교육에서도 강조되고 있는 추세이다. 그러나 연구의 경향을 살펴보면, 교육과정의 개정 시기에 도덕 교과 내 특정 과목이 지향해야할 기술 '방향을 몇 가지 밝히거나,[21] 표현과 표기의 정확성, 가독성만을 중시하는 실정이다.[22] 도덕교과서와 관련된 기술의 구체적인 '방식'에 대한 연구는 거의 이루어지지 않았는데, 여기에서 근대계몽기의 중등용 수신교과서들에 엿보이는 호소력 있는 기술 방식을 한 가지 활용 방안으로 제안할 수 있다. 3종 가운데 『윤리학교과서』를 통해 이것을 논의할 것인데, 권2의 제2장 「부모에 대한 의무」에 포함되어 있는 다음의 내용을 살펴보자.

부모가 자식을 사랑함은 본래 타고난 지극한 성품에서 나오는 것이니, 그 감정의 깊고 두터움이 다른 것에 비할 바가 없는 것이다. 처음에는 아이가 어머니의 태내에 있는데, 어머니는 이 아이를 위하여 큰 소리로 말하지 아니하고 발 구르지 아니한다. 또 음식을 선택하고 품행을 방정히 하며, 앉고 누우며 일어나고 머무름을 화락하고 조용하게 하여 잠시라도 태아의 건강함을 마음으로 빌지 아니함이 없다. 이렇게 해서 아이가 출생함에 백방의 수고로움과 만반의 보호를 받음이 아니면, 이 생명을 능히 보존하지 못할 것이다. 부모는 아이의 출생을 맞이하여 조금도 수고로움과 고생을 꺼리지 아니하고, 굶주리면 음식의 부족함을 걱정하며 배부르면 음식의 과도함을 걱정한다. 추울 때 옷을 입힘과 더울 때 시원하게 해줌은 다시 말할 것이 아니요, 아기의 한 번의 찡그림과 한 번의 미소를 마음에 남겨두어 기쁨과 슬픔을 함께 한다. (…중략…) 아이가 행운을 탔을 때는 부모도 또한 함께 기뻐하고, 아이가 불운에 넘어지고 떨어졌을 때는 부모도 또한 함께 근심하고 슬퍼하니, 종신토록 아이에게 염려하는 정으로 이 생애를 보내버린다. 크도다! 부모의 은덕이여. 어진 하늘의 자애로움과 같도다. 세상 사람들은 한 끼 밥의 은혜에 대해서도 오히려 갚는 것을 중요히 하니, 산과 바다보다 높고 깊은 부모의 은덕에 대해서는 장차 무엇으로써 보답하겠는가.(권2, 12~14)

위 인용문에서 '효도'라는 가치·덕목은 분명 호소력이 강한 문체로 기술되어 있다. 인간은 때로 상세한 설명보다는 인간 존재의 보편성과 연관된 감정이나 정서를 촉발시킴으로써 관련 가치·덕목을 훨씬 신속하고 정확하게 이해하는 경우가 있다. 이른바 '고전(古典)'으로 분류되는 서적들이 고전인 이유도 이러한 맥락에 있는 것이다. 그런데 이 장에서 살펴보고 있는 근대계몽기의 중등용 수신교과서들은 '준법'이나 '공익' 등 서양의 근대적 가치·덕목들을 기술할 때는 감정이나 정서에 호소하지 않고 명료하게 설명하는 방식을 취하면서도,[23] '용기', '효도', '애국심' 등을 기술할 때는 특유의 호소력 있는 기술 방식을 취함으로써 의미 전달의 효과를 높이고 있다. 그리고 바로 이 부분에서 3종의 중등용 수신교과서들이 지니는 세 번째 도덕교육적 시사점을 발견할 수 있다.

좋은 도덕교과서가 합리적인 판단력의 신장 이외에도 도덕적 정서의 함양과 실천의 습관화를 유도해야 한다면,[24] 특정 가치·덕목에 대해서는 호소력 있는 기술 방식의 적용을 고려해 볼 만 하다. 물론 모든 가치·덕목에 대해 이렇게 할 필요는 없다. 왜냐하면 호소력이 강한 문체는 때로 명료함이나 논리성이 부족할 수 있으며, 기술 주체의 감정이 개입될 우려도 있기 때문이다. 또한 정의, 준법, 공익 등의 '시민성(citizenship) 관련 가치·덕목'들은 간결체 중심으로 정확하게 기술하는 것이 학습자들에게 더 도움이 될 것이다. 하지만 배려, 효도, 애국, 생명존중 등의 '감정 및 정서 관련 가치·덕목'들에 있어서는 근대계몽기의 중등용 수신교과서들에 나타난 글쓰기 방식을 차용하여 재구성해볼 수 있다. 그리고 이 같은 작업이 각급별 학생들의 지적·도덕적 발달 수준에 맞추어 성공적으로 수행된다면, 도덕교과서가 도덕과의 정체성을 보다 확실히 드러낼 수 있도록 하는 데에도 상당한 기여를 할 것으로 예상된다.

이상으로 이 절에서는, 근대계몽기의 중등용 수신교과서가 지니는 도덕교육적 시사점으로서 ⓐ'도덕과 교육의 연속성 검증', ⓑ'가치·덕목의 자료집 기능', ⓒ'호소력 있는 기술 방식의 차용'이라는 세 가지 내용들을 살펴보았다. 이제 이 장을 전체적으로 요약하고, 추후 연구가 필요한 부분을 제언함으로써 제4장을 마무리하고자 한다.

5. 맺음말

이 장에서는 근대계몽기 중등용 수신교과서들의 특징을 분석하고, 한 걸음 더 나아가 이 서적들로부터 도덕교육적 시사점을 도출하고자 하였다. 1894년으로부터 1910년까지의 근대계몽기에 '중등용' 수신교과서라고 부를 수 있는 서적들이 등장한 것은 1906년의 통감부 설치 이후이며, 제작 주체는 사립학교와 관련이 있는 당대의 지식인들이었다. 이 시기의 중등용 수신교과서는 총 3종으로서, 휘문의숙 편집부의 『중등수신교과서』와 『고등소학수신서』, 신해영의 『윤리학교과서』가 그 것들이다.

이 장에서는 먼저 서적별 구성과 목차를 소개하였으며, 이어서 3종의 중등용 수신교과서들을 관통하는 전체적인 특징들을 분석하였다. 첫째는 이 서적들이 충군과 애국을 강조하면서도 당시 대한제국의 상황을 비판적인 관점에서 묘사하였다는 것이고, 둘째는 서양의 근대화 및 민주화와 관련된 용어들을 동양의 전통 개념들과 대등할 정도로 다루었다는 것이다. 그리고 셋째는 이 서적들이 학습자들에게 요구하는 바가 공히 지.·정·의(지·덕·체)의 통합이었다는 것이고, 넷째는 삶의 영역에 대한 확장 구도를 통해 내용을 구성하였다는 것이다.

이런 특징들을 지니는 근대계몽기의 중등용 수신교과서들로부터 도출가능한 도덕교육적 시사점으로는 다음과 같은 사항들을 제시할 수 있다. 첫째는 우리 전통교육과 현대 도덕과 교육의 연속성을 검증하는 과정에서 3종의 중등용 수신교과서들이 일정 이상의 기여를 할 수 있다는 것이다. 그리고 둘째는 이 서적들이 다양한 가치·덕목들의 집약처인 까닭에 도덕과의 기반이 되는 17개의 가치·덕목과 기타 우리 삶에 필요한 가치·덕목들의 자료집으로 기능할 수 있다는 것이다. 마지막으로 셋째는 이 서적들의 내용 기술 방식이 인간의 감정과 정서를 자극하는 호소력 있는 글쓰기 방식이므로, 배려, 효도, 애국, 생명존중과 같은 감정 및 정서 관련 가치·덕목들을 기술하는 데 그 방식을 차용할 수 있다는 것이다.

이 장의 내용을 통해, 근대계몽기의 중등용 수신교과서들은 그 수준이 결코 낮지 않았으며, 내용이나 기술 방식 중 일부는 지금의 도덕교육에서도 충분히 활용 가능할 수 있음이 어느 정도 검증되었다. 하지만 이 장의 연구는 당시의 '중등용 수신교과서'를 중심으로 진행된 것이다. 따라서 근대계몽기에 이루어진 수신교육의 정확한 실체를 파악하기 위해서는, 좀 더 다양한 측면의 후속 연구가 필요하다. 예를 들어 당시 교실수업에서 수신교과를 진행할 때 사용했을 교수·학습방법들이나, 이 시기에 간행된 신문과 잡지 등의 대중 매체에 실린 수신교육의 모습, 여성교육사에서 근대계몽기 수신교과의 기여와 한계 등이 그것이다. 이러한 지점까지 논의가 확장, 심화된다면 여전히 많은 부분 가려져 있는 근대계몽기 수신교육의 정체가 보다 선명해질 수 있을 것으로 기대된다.

이제 이 책의 마지막 내용으로 근대계몽기에 사용된 '여학생용' 수신교과서들의 특징과 한계를 살펴볼 것이다.

제5장

근대계몽기 '여학생용' 수신교과서의 특징과 한계

1. 머리말

이 장의 목적은, 1894년에서 1910년에 이르는 근대계몽기에 사용된 '여학생용' 수신교과서들의 특징과 한계를 밝히는 것이다. 저자는 제4장까지의 내용을 통해 전통교육과 현대 도덕과 교육을 연결하는 가교로서 근대계몽기의 초·중등용 '수신(修身)' 교과에 주목하고, 당시 사용된 수신교과서들을 다양한 측면에서 분석하였다.

우선 초등용 수신교과서는 전통적인 수신교과서류, 학부(學部)에서 편찬한 공식적인 수신교과서류, 민간에서 만든 사립학교용 수신교과서류들이 혼재되어 복잡한 양상을 보여주었다. 그러나 발행 주체가 여럿으로 나뉘어져 있는 가운데서도 일정한 방향성을 유지하면서 제작되었는데, 첫째는 전통에서 강조하는 필수적인 가치·덕목들을 고수하면서 내용의 축소화가 이루어졌다는 것이고, 둘째는 이 축소화로 인해 발생한 공백을 당시 서구로부터 유입된 근대적이며 민주적인 내용들이 채웠다는 것이다. 또한 이 두 종류의 가치군(群)들을 조화시키려고 노력했던 지식인들의 흔적도 찾아볼 수 있었다.

다음으로 중등용 수신교과서는 『중등수신교과서(中等修身敎科書)』, 『고등소학수신서(高等小學修身書)』, 『윤리학교과서(倫理學敎科書)』의 3종이 전부로, 종류는 적었으나 내용의 구체성과 범위의 포괄성에 있어서는 높은 수준을 보여주고 있었다. 몇 가지 특징을 제시하자면, 첫째는 충군・애국을 강조하면서도 당시 대한제국의 상황을 비판적인 관점에서 묘사하였다는 것이고, 둘째는 서구의 근대화・민주화와 관련된 용어들을 동양의 전통 개념들과 대등할 정도로 다루었다는 것이다. 그리고 셋째는 학습자들에게 요구하는 바가 지・정・의(지・덕・체)의 통합이었다는 것이고, 넷째는 삶의 영역에 대한 확장 구도 및 학제적(學際的, interdisciplinary) 접근을 통해 내용을 구성하였다는 것이다.

이상의 연구 결과, 근대계몽기의 수신교과는 일제강점기 하에 통치용으로 오용된 수신교과와는 뚜렷하게 구분되며, 전통교육과 현대 도덕과 교육의 연속성을 증명하는 자료가 된다는 결론을 도출할 수 있었다. 그럼에도 이 연구 과정에는 결락(缺落)된 부분이 있다. 그것은 여학생을 대상으로 시행되었던 수신교과의 측면이다. 사실 수신교과를 포함한 근대계몽기 학교 교육의 주된 대상은 동량지재(棟梁之材)로 상정된 남학생이었다. 따라서 학교에서는 공히 남녀가 평등하게 교육받는 것을 당연하게 인식하고 있는 현대의 관점에서는 이 부분이 누락되기 쉽다. 이 장에서는 바로 이것을 보충하고자 근대계몽기에 여학생용으로 제작된 수신교과서들을 분석하여 그 특징과 한계를 밝힘과 동시에, 보다 근본적으로는 당시에 이루어진 수신교육의 전모를 밝히는 데 기여하고자 한다.[1]

이 목적을 위해 먼저 제2절에서는 근대계몽기에 엿볼 수 있는 '여성교육'에 대한 인식 변화를 살펴볼 것이다. 이어서 제3절에서는 당시에 활용된 여학생용 수신교과서들, 즉 이원긍(李源兢)의 『초등여학독본(初等女學讀本)』(1908), 장지연(張志淵)의 『녀ᄌ독본』(1908), 노병선(盧秉鮮)의 『녀ᄌ소학슈신셔』(1909)의 구성과 목차 및 전체적인 특징들을 분석할 것이다. 그리고 제4절에서는 이 3종의 여학생용 수신교과서들이 지니는 한계에 대해 고찰할 것이다.

2. 근대계몽기에 나타난 '여성교육'의 인식 변화

조선말부터 계속된 서학(西學)의 유입과 동학(東學) 운동의 확산 등으로 인해, 근대계몽기에는 마침내 법적으로 여성의 개가(改嫁)가 허용되었고 조혼(早婚)은 금지되었다. 또 이 시기에는 '신여성'이나 '현대여성'과 같은 신조어들이 유행처럼 사용되었다. 그러나 뿌리 깊은 봉건적 가부장제가 한 순간에 사라질 수는 없었다.[2] 그것은 일제강점기로 이어져 일본식 호주제의 영향으로 한층 강화되었고, 결국 식민지 가부장제로 변질, 고착되었으며, 나라 잃은 여성들로 하여금 민족·계급·성(性)의 모순 구조 하에 삼중고를 겪게 하기도 하였다.[3] 하지만 근대계몽기에 여성에 대한 인식이 변화되고, 그 분위기 하에 여성교육의 필요성이 적극 강조되었다는 점을 간과해서는 안 된다.

이미 근대계몽기 직전인 1870~80년대부터 이런 조짐은 나타나고 있었다. 중국, 일본, 미국 유학을 통해 직·간접적으로 신문물을 접한 개화 사상가들이 여성교육의 중요성을 주장하고 나섰으며, 동시기에 선교사들이 내한하여 이화학당(梨花學堂)으로 대표되는 여성교육 기관들을 설립하기 시작했던 것이다. 이러한 분위기가 계속되면서 『독립신문(獨立新聞)』에는 아래와 같은 기사가 실리기도 하였다.

> 조선 정부에서 제일 급하게 할 일이 사내아이들도 가르치려니와 계집아이들을 교육할 생각을 해야 하는 것인데, 조선에서는 계집아이들은 애초에 사람으로 치지를 아니하여 교육을 아니시키니, 전국 인구 중의 반은 그만 내버렸는지라 어찌 아깝지 않으리오. 학부에서 사내아이들도 가르치려니와 불쌍한 조선 계집아이들을 위하여 여학교 몇을 세워 교육시키면 몇 해가 안 되어 전국 인구의 반이나 내버렸던 것이 쓸 만한 사람이 될 터이니, (…중략…) 조선의 유지각한 여인네들은 당당한 권리를 뺏기지 말고, 아무쪼록 학문을 배워 사나이들과 동등하게 되며 사나이들이 못하는 사업을 할 도리를 하여 보기를 바라노라.[4]

또한 위 글과 같은 맥락에서 1906년에 간행되었던 『대한자강회월보(大韓自强會月報)』 제1호에는 윤효정(尹孝定)이 '여자교육의 필요'라는 제목 아래, 다음의 글을 기고하였다.

> 외국인이 한국 부녀를 평하여, '감옥과 질곡 속의 벙어리, 귀머거리, 소경, 앉은뱅이'라고 한다. 우리나라 부녀는 이미 감옥 속에 태어나 벙어리, 귀머거리, 소경, 앉은뱅이를 겸하고 감옥 속에서 자라고 늙고 병들어 죽는다. 그러므로 그 감옥 속에서 틀어박힌 정황을 편하게 망각한 셈이지만, 이는 곧 종신토

록 갇혀 있는 일대 죄수인 것이니, 또한 슬프고 슬프도다. 나라에 이천만의 백성이 있는데, 죽을 때까지 갇혀 있는 자가 일천 만이니, 이러고도 오히려 자강을 도모하고자 하는가![5]

근대계몽기에는 이와 유사한 성격의 글들을 여러 신문과 잡지에서 발견할 수 있는데, 대표적으로 꼽은 위 인용문들에서 다음의 세 가지 유의 사항을 발견할 수 있다. ⓐ 첫째는 '감옥'으로도 비유할 수 있는 기존의 폐쇄적인 여성관에 대한 강력한 반발이고, ⓑ 둘째는 이천만 백성의 절반인 여성들이 눈을 뜨지 않고서는 국가의 자강(自强)은 성공할 수 없다는 깨달음이며, ⓒ 셋째는 이런 이유에서 여성에 대한 정부 차원의 공식적인 교육 대책이 시급하다는 인식이다.

이상의 깨달음과 인식은 거기에서 머무르지 않고, 적극적인 여학교 설립으로 이어졌다. 개화 사상가들이나 선교사들이 설립한 여학교 이외에도, 1897년에 양현당(養賢堂) 김씨가 사재를 털어 우리나라 사람으로는 최초로 세운 정선(貞善)여학교를 필두로, 순성(順成, 1898), 양규(養閨, 1906), 진명(進明, 1906), 숙명(淑明, 1906), 한성(漢城, 1906), 양심(養心, 1908), 동덕(同德, 1908) 등의 교명을 가진 사립여학교가 설립되었으며, 평양이나 대구 지역에서도 사립여학교가 문을 열었다.[6] 물론 당시 세워진 대부분의 사립학교와 마찬가지로 사립여학교들 역시 만성적인 재정 궁핍과 교사 부족, 기자재 결핍 등으로 장기간 유지되지는 못하였다. 그러나 근대계몽기 이전의 상황과 비교·고려할 때, 이 기간에 나타난 여성교육의 열기는 대단한 것이었다.

또한 1908년에는 여성교육에 미온적인 태도를 보이던 대한제국 정부가 드디어 관립 한성고등여학교(官立 漢城高等女學校)를 설립하였다.

입학 연령은 10~15세 이상으로 정해져 있었으나, 초기에는 연령이나 학력에 관계없이 교육받기를 원하는 여성은 누구나 입학이 가능하도록 하였다. 그리고 본과(本科)는 3년, 예과(豫科)와 기예전수과(技藝專修科)는 2년을 수업 연한으로 규정하였다. 배우는 과목은 본과 기준으로 수신, 국어, 한문, 일어, 역사, 지리, 산술, 도화(圖畵), 가사, 수예, 음악 및 체조 등으로, 남학생이 배우는 법제, 경제, 박물, 물리, 화학 등은 빠져 있음을 확인할 수 있다. 그러나 관립 한성고등여학교의 재정 규모는 당시 정부에서 세운 남학교에 결코 뒤지지 않았고, 설립 당시 학생 88명으로 시작하여 재학생 숫자도 점차 증가하였다. 무엇보다 중도 탈락률이 낮았으며, 졸업 이후 취업이나 다른 학교로 진학하는 여학생들도 엿보인다는 점에 주목해야 한다.[7] 그리고 이런 점들로 미루어보건대, 당시 여학생들이 배웠던 수업 내용은 남학생들의 그것과 차이가 있지만, 교육열만큼은 결코 뒤지지 않았음을 쉽게 짐작할 수 있다.

지금까지 이 절에서는 근대계몽기에 나타난 여성교육의 인식 변화에 대해 살펴보았다. 물론 이 시기의 여성교육론은 일관적이고 체계적으로 진행되었다기보다는, 혼란스러운 양상으로 전개되었다. 개화 사상가들은 문명국으로 가기 위해서는 자녀교육을 담당하는 어머니를 교육해야 한다는 논리를 펼쳤고, 선교사들은 기독교 정신에 입각해 남녀평등 사상과 여성의 배울 권리를 가르쳤다. 정부는 여성교육에 대한 미약한 관심만 있었을 뿐 실행 의지는 부족하였고, 이와 대비를 이루는 독립협회는 천부적인 남녀동등권 논리를 펼치면서 적극적인 여성교육론을 주장하였다.[8] 또한 찬양회와 여자교육회 같은 여성단체들은 행동적인 측면에서 사립여학교를 세우는 데 주도적인 역할을 하였다.[9] 그러나 다양한 갈래로 여성교육론이 전개되었다고 할지라도, 근대계몽기에 여성에 대한 인식이 전환되고 여성교육의 필요성과 중요성 역시 매우 부각되었다는 점은 부정할 수 없다. 이어지는 절에서는 이 시기에 발행된 여학생용 수신교과서들을 분석하여, 각 서적들의 구성과 목차 및 전체적인 특징들에 대해 살펴볼 것이다.

3. 근대계몽기 여학생용 수신교과서의 종류와 특징

현재 남아있는 근대계몽기의 여학생용 수신교과서들은 모두 초등용이다. 1894년에서 1910년에 이르는 근대계몽기의 초등교육기관으로는 1895년의 '소학교령(小學校令)'에 의거한 소학교와 1906년의 '보통학교령(普通學校令)'에 의거한 보통학교가 있다. 소학교와 보통학교들에서는 공히 수신교과를 공식 과목으로 채택하고 있었는데, 특히 1895년에 공포된 '소학교 교칙대강(小學校 敎則大綱)'의 수신교과에 대한 아래 설명 중 강조한 부분은 여학생용 수신교과서의 존재 가능성을 보여준다.

수신은 교육에 관한 조칙(詔勅)의 취지에 근본하고 아동의 양심을 계발하고 이끌어서 그 덕성을 함양하며, 인도(人道)를 실천하는 방법을 가르치는 것을 요지로 함. 심상과에는 효제·우애·예경(禮敬)·인자·신실·의용·공검 등 실천하는 방법을 가르치고, 별도로 존왕 애국하는 선비의 기상을 기를 것을 힘쓰며, 또 신민으로서 국가에 대하는 책무의 대요를 가르치고, 겸하여 염치의 중요함을 알게 하고, 아동을 인도하고 도와주어 풍속과 품위의 순수하고 바름을 추구함을 주의함이 옳음. 고등과에는 전항의 취지를 확대하여 도야(陶冶)의 공을 굳건하게 함을 힘씀이 옳음. 여학생은 별도로 정숙한 미덕을 기르게 함이 옳음. 수신을 가르칠 때에는 가깝고 쉬운 말과 아름다운 말과 선행 등을 예로 증명하여 권면 훈계함을 보여주고, 교사가 몸소 아동의 모범이 되어 아동으로 하여금 몸에 배어 자연스럽게 익힐[浸潤薰習] 수 있게 함을 요함.[10]

이처럼 공식적인 수신교육에서는 '정숙한 미덕'을 가진 여성상을 여성교육의 목표로 지향하고 있었다. 그렇다면 이 교육목표를 달성하기 위해 사용된 여학생용 수신교과서들로는 어떤 것이 있을까? 실제 학부에서 제작한 공식적인 여학생용 수신교과서는 존재하지 않는다. 다만 그 시기에 여러 사립여학교에서 사용되었던 것으로 추정되는 3종의 초등 수신교과서가 남아있는데, 이원긍의 『초등여학독본』과 장지연의 『녀ᄌ독본』, 노병선의 『녀ᄌ소학슈신셔』가 그것들이다. 이 절에서는 먼저 각 서적들의 구성과 목차에 대해 소개하고, 이어서 전체적인 특징들을 제시할 것이다.[11]

1) 서적별 구성과 목차

근대계몽기의 여학생용 수신교과서들 가운데 첫 번째로 살펴볼 서적은 1908년에 발간된 이원긍의 『초등여학독본』이다.[12] 이 책은 단권으로서, 서언(序言)을 제외하면 8개의 큰 장(章)과 51개의 작은 과(課)들로 구성되어 있다. 기본적으로 국·한문 혼용체로 기술하되, 하나의 작은 과가 끝날 때마다 우리말로 그 내용을 다시 한 번 풀어썼다는 것

이 특징적이다. 이것은 『초등여학독본』이 수신과와 국어과의 교재로 겸용되었음을 의미한다.[13]

저자는 서언에서, 교육은 지·덕·체의 세 가지를 모두 기르는 것을 목적으로 하지만 그 중 핵심은 '덕(德)'이요, 특히 여학생에게는 이 덕을 가르치는 것이 중요하다고 강조하였다. 또한 여성을 가두어 이천만 민족 가운데 반을 아무 쓸모도 없는 사람으로 만들어버린 기존의 상황을 비판하면서, "지금에 와서 풍습이 크게 열리고 여자의 권리가 비로소 해방을 맞았으니, 남자를 가르치는 것보다는 여자를 가르치는 것이 더욱 급하다. 처음 배우기를 시작할 때 수신을 마땅히 먼저 가르쳐야 덕을 기르는 교육으로써 기반이 잡힌다고 할 것이다"(1)라고 언급하였다. 이것은 여성교육의 핵심은 덕을 기르는 것이요, 그 출발은 수신으로부터 해야 한다는 저자의 교육관을 드러내는 것이다.

이어서 두 번째로 살펴볼 서적은 장지연의 『녀즈독본』이다.[14] 이 책은 1908년에 광학서포(廣學書鋪)에서 발간되었으며, 상·하 2권으로 되어 있다. 이 중 상권은 5개의 큰 장과 64개의 작은 과들로 구성되어 있으며, 하권은 주제별 장 구분 없이 56개의 작은 과들로만 구성되어 있

⟨표 5-1⟩ 『초등여학독본』의 목차

장	과
1장 「명륜(明倫)」	1과 인륜(人倫)~3과 인권(人權)
2장 「입교(入敎)」	4과 모교(姆敎)~7과 학례(學禮)
3장 「여행(女行)」	8과 사행(四行)~13과 여공(女功)
4장 「전심(專心)」	14과 전심(專心)~18과 수신(修身)
5장 「사부모(事父母)」	19과 효경(孝敬)~26과 교감(驕憨)
6장 「사부(事夫)」	27과 부부(夫婦)~40과 의뢰(依賴)
7장 「사구고(事舅姑)」	41과 문안(問安)~48과 무례(無禮)
8장 「화숙매(和叔妹)」	49과 숙매(叔妹)~51과 겸순(謙順)

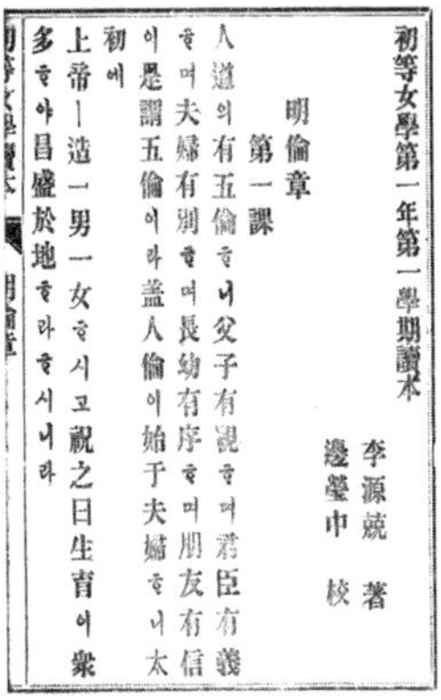

〈사진 5-1〉『초등여학독본』

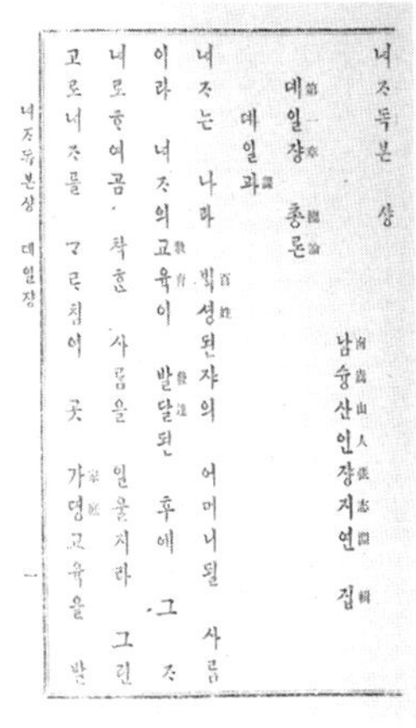

〈사진 5-2〉『녀ᄌ독본』

다. 기본적으로 국문으로 기술하되, 중요 단어 옆에는 작은 글씨로 한자를 병기하였다. 또한 각 과의 끝에는 그 한자들을 한 데 모아 다시 음과 뜻을 표기하여 순서대로 나열해놓았다는 것이 특징적이다. 이것은 『초등여학독본』과 마찬가지로 『녀ᄌ독본』 역시 수신과와 국어과의 교재로 겸용되었음을 의미한다.

다음 쪽의 〈표 5-2〉에서 잘 나타나는 것처럼, 이 책은 전체적으로 여성의 열전(列傳)이다. 저자는 서론격인 제1과에서, "여자는 나라의 백성 된 자의 어머니가 될 사람이다. 여자의 교육이 발달한 후에 그 자녀로 하여금 착한 사람이 되게 할 수 있다. 따라서 여자를 가르침이 곧 가정교육을 발달시켜 국민의 지식을 인도하는 모범이 된다"(1~2)라고 하였다. 이것은 여성이야말로 한 국가의 온전한 백성을 기르는 주체이므로, 교육이 절대적으로 필요하다는 것이다. 특히 하권의 제26과 이후 등장하는 10명의 여성, 즉 샤를로테(사로탈)・아니타(마리타)・루이 미셸(로이미셰아)・잔 다르크(여안)・로랑(라란 부인)・루시(루지)・프란시스(부란지스)・루이제(류이셜)・스토우(비다)・나이팅게일(남정격이) 등의 주요 활동에 대한 상세한 설명은, 저자가 여성교육의 목표를 '국권 회복에 동참하며 국민의 권리와 의무를 가지는 자주적이고 독립적인 인격인으로서의 여성상'에 두고 있었다는 점을 짐작하게 한다. 이 책은 그 목표를 위해 한국, 중국, 서양의 여성들을 두루 소개하였다는 점에

서, 짧은 세계여성사라고도 볼 수 있다.[15]

　마지막으로 살펴볼 서적은 노병선의 『녀즈소학슈신셔』이다.[16] 이 책은 1909년에 박문서관(博文書館)에서 발간되었으며, 단권이다. 주제별 장 구분 없이 53개의 작은 과들로만 구성되어 있는데, 총론은 앞에 있지 않고 끝의 제53과에 위치하고 있다. 기본적으로 국문으로 기술하되, 중요 단어 옆에 작은 글씨로 한자를 병기한 것 외에, 기술상에서 특이한 점은 없다.

　저자는 결론격인 제53과 '여자수신총론'에서 『녀즈소학슈신셔』의 집필 의도에 대해서 밝히고 있다. 사람이 이 세상에 태어나서 마땅히 해야 할 일은 도와 덕인데, 이를 행하기 위해서는 공부가 필요하고 여성 역시 여기에서 예외일 수 없다. 따라서 저자는 인륜을 깨달아 행해야 할 일을 생각하고 나아가 그 방법을 알려주기 위해 『녀즈소학슈신셔』를 편찬하였다고 밝힌다. 그는 또한 이 서적은 "옛날의 어진 여자와 어진 남자의 금은보화 같은 말들과 향기로운 행실을 들어 기록"(78)한 것이므로, "여자들이 못된 것은 버리고 좋은

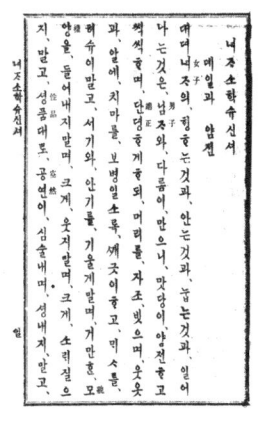

〈사진 5-3〉『녀즈소학슈신셔』

과		
1과 얌전	2과 알맞은 절제	3과 악한 동무
4~5과 배워야 할 것	6과 씻고 닦는 일	7과 의복
8과 본분	9과 어진 부인들	10과 예절
11과 아내의 도리	12과 삼강과 오륜	13과 화평
14과 신부	15~17과 어진 아내	18~19과 어리석은 부인
20~22과 어진 어머니	23과 시어머니	24과 하인 부리는 법
25~26과 죄에 대한 형벌	27~28과 본받을 일	29~30과 교사 공경
31과 시간	32과 운동	33과 어른 공경
34과 학교	35과 친구사귀는 것	36과 약속
37과 말하는 것	38과 게으른 것	39과 즐거운 것
40과 가정	41과 참는 것	42과 깨끗하게 할 것
43과 손님 대접	44~45과 편지	46과 용서
47과 교육	48과 공부	49과 학문
50과 마음	51과 겸손	52과 나라
53과 여자수신총론	·	·

것만 취해 도움이 되기를 깊이 바란다"(같은 쪽)라고 하여, 이 책에 대한 나름의 자부심과 바람을 표출하고 있기도 하다.

이상으로 이 절에서는 우선 근대계몽기에 사용되었던 대표적인 여학생용 수신교과서 3종의 구성과 목차에 대해 살펴보았다. 다음으로 이 서적들의 전체적인 특징들을 분석할 것이다.

2) 여학생용 수신교과서의 전체적인 특징

(1) 동등의 담론 제시

여학생용 수신교과서들에서 나타나는 전체적인 특징의 첫 번째는 '동등의 담론'이 제시된다는 것이다. 이것은 두 가지의 양상으로 전개되는 바, 한 가지는 여성과 남성의 관계에서 나타나고, 다른 한 가지는 시어머니와 며느리의 관계 같은 여성 내 권력 구조에서 나타난다. 보다 구체적으로 말해, 전자는 여성이 남성과 동등한 위상에 있다는 것이요, 후자는 여성을 억압하던 기존의 여성 내 권력 구조가 근대라는 새로운 시대에 맞춰 변할 필요성이 있다는 것이다.

먼저 여성과 남성의 관계에서 나타나는 동등의 담론을 살펴보자면, 『초등여학독본』 제3과 '인권'에서는 "사람이 처음 생겨났을 때, 사람의 권리는 남자와 여자가 동등하여 본디부터 자유가 있고, 지적인 능력 역시 남녀가 같아서 각각 잘하는 바가 있다. 그런데도 남자만 중요하게 여기고 여자는 중요하게 여기지 않으니 공평하지 못하다"(2)라고 하여, 사람으로서 지니는 권리의 차원에서 남녀가 동등함을 강조하고 있다. 또한 아래의 제40과 '남편에게 너무 의존하지 말 것'에서도 여성과 남성의 권리가 같음을 언급하고 있다.

> 여자는 남에게 의존하려는 마음이 많아서, 남편이 귀하게 되지 못하거나 시집살이를 견디지 못하겠으면 중매쟁이를 꾸짖고 부모를 원망하면서 '왜 나를 시집보냈나요?'라고 한다. 이제 세상은 남녀의 권리가 같으니, 여자라도 학문을 닦으면 능히 장사도 하고 벼슬도 할 것이니, 어찌 남편만 의지하리오?(23)

그리고 『녀ᄌ독본』에서는 옳지 못한 일을 저지른 남성에게 따끔한 충고를 가하는 '행동하는 존재'로서의 여성을 강조하고 있다. 일례로 제21과 '윤 부인'에서는 성삼문(成三問) 등의 육신(六臣)이 충절로 인해 목숨을 잃었음에도 불구하고, 그들과 친하게 지냈던 신숙주(申叔舟)가 살아 돌아오자 부인 윤씨가 말했던 "그대가 평소에 성삼문 등과 어울리는 것이 형제 같아서 내 그대도 반드시 함께 죽었을 것이라 생각하고 나도 자결하려고 하였습니다. 그런데 어찌 홀로 살아 돌아옵니까?"(38)와 같은 언급이 소개되어 있다. 『녀ᄌ독본』에는 이와 유사한 성격의 지문들이 많이 실려 있는데, 이것은 천부인권적인 측면에서 여성과 남성의 동등을 강조한 것은 아니지만, 실천적인 측면에서 여성의 적극적인 행동을 권장했다는 점에 의의가 있다.

그런데 『녀ᄌ소학슈신셔』에서는 여성과 남성의 동등에 대한 담론이 다소 미약하게 나타난다. 물론 제8과 '본문'과 제20과 '어진 어머니(I)' 등에서는 여중군자(女中君子)라는 표현을 사용하여 여성의 도덕적 위상을 강조하고 있다. 이것은 여성이 학문을 겸비한 여중군자가 될 경우, 한 가정을 바르게 하고 그것으로 한 나라까지 흥하게 만들 수 있다고 하는 것이니만큼, 전통적인 여성상을 벗어나 새로운 여성상을 지향하는 것이라고 할 수 있다.[17] 또한 제9과 '어진 부인들'에서는 남성들의 역할을 대신한 여성들의 사례도 소개하고 있다. 그러나 이 책의 동등 담론은 여성과 남성의 관계에서보다는 여성 내 권력 구조를 논할 때 더 확연히 나타난다. 제23과 '시어머니'가 대표적인데, 그 전문(全文)을 살펴보자.

늙은 부인들에게 다시 말한다. 남의 시어머니 되기란 더욱 괴롭고 어려운 일이다. 며느리를 얻는 것은 아들을 위함이니, 먼저 지극히 사랑하면 후에 반드시 섬기기가 쉬울 것이다. 그릇된 점이 있거든 마땅히 너그럽게 용서하고, 등 뒤에서 하는 말은 이로운 말이라고 할 수 없으니 스스로 깨달아 그 마음을 뉘우치게 해야 한다. 늙은이가 하는 잔소리는 젊은이들이라면 누구라도 다 좋아하지 않는다. 집에 있는 어린 딸을 생각하지 말고 곁에 있는 어리석은 며느리를 생각할 것이다. 효자도 드물거든 효부는 더욱 어렵지 않겠는가? 며느리의 어질고 어리석음은 자식이 스스로 알 것이니, 내 생각으로 헤아리지 말고 늙은이와 젊은이가 함께 즐기도록 노력해야 한다. 시어머니 노릇을 잘 하려면 어리석고 귀먹은 체 해야 한다. 며느리가 곁에 있는 것이 기쁜 일이라고 생각하고, 큰일이든 적은 일이든 눈여겨 보지 말고 귀 넘겨들을 것이다. 가난하거나 부자이거나 어질거나 어리석거나 모두 내 며느리요 내 자식이니, 부귀를 바란다면 악인의 마음이다. 며느리의 효도를 바란다면 먼저 자기 몸부터 살펴야 할 것이니, 마음을 바르게 먹어야 한다. 하늘의 도가 증거하여 우레 소리와 번갯불로 갚으실 것이다.(34~36)

위 인용문은 당시로서는 시어머니의 역할을 재설정한 선구적인 성격의 글이다. 물론 앞서 살펴본 『초등여학독본』에서도 여성 내 권력 구조를 비판적으로 바라보는 문구가 없는 것은 아니다. 예를 들어 제47과 '며느리를 학대하는 시어머니'에서는 "세상에 시어머니들 가운데 며느리를 학대하는 사람이 많아, 말 한 마디나 사소한 일에도 늘 꼬투리를 잡고 흉을 찾으니"(27)라고 하였고, 제49과 '시동생과 시누이'에서는 "시동생과 시누이들은 눈을 흘겼다는 혐의와 순간의 말실수를 낱낱이 속닥거려 잘한 일은 숨기고 잘못한 일을 드러내곤 한다"(28)라고 함으로써, 시어머니와 며느리 사이, 시동생·시누이와 며느리 사이에 형성되는 여성 내 권력 구조를 비판적인 시각으로 바라보고 있다. 그러나 최종적인 해결책은 결국 약자인 며느리가 참고 견뎌야만 한다는 것이다. 그런데 『녀ᄌ소학슈신셔』에서는 당시 여성 내 권력 구조의 정점인 '시어머니'가 가져야 할 마음가짐과 해야 할 행동들을 새롭게 설정함으로써, 집안에 받아들인 며느리를 한 명의 '여성'이자 또 하나의 '자식'으로 대우하고 배려할 것을 적극 권장하고 있는 것이다.

(2) 전통과 서구의 결합 · 공존 현상

다음으로 여학생용 수신교과서들에서 나타나는 전체적인 특징의 두 번째는 '전통과 서구의 결합 · 공존 현상'이 드러난다는 것이다. 이 역시 두 가지 양상으로 전개되는 바, 한 가지는 유교적인 관념과 종교적인 믿음의 결합 · 공존으로 나타나고, 다른 한 가지는 전통적인 여성상과 서구적인 여성상의 결합 · 공존으로 나타난다. 다시 말해, 전자는 우리 전통의 유교적인 관념이 기독교로 대표되는 서구의 종교를 통해 일정 부분 보완된다는 것이고, 후자는 서구적인 여성상이 전통적인 여성상의 위상만큼 혹은 경우에 따라서는 그 이상으로 강조된다는 것이다.

먼저 유교적인 관념과 종교적인 믿음의 결합 · 공존에 대해 살펴보자면, 이제 오륜(五倫), 부부 관계 등에 대한 유교적인 관념은 『성경』이나 하나님에 대한 믿음으로 뒷받침된다. 가령 『초등여학독본』 제2과 '인륜(Ⅱ)'에서는 "오륜은 하나님이 주신 어진 성품이요, 사람이라면 마땅히 갖춘 아름다운 덕이다. 사람이 오륜을 모른다면 새나 짐승과 멀지 않을 것이다"(1~2)라고 하였고, 제27과 '지아비와 지어미의 사이'에서는 "지아비는 다만 하나의 지어미가 있을 뿐이요, 지어미는 다만 하나의 지아비가 있을 뿐이니, 이것은 하나님이 명하신 바와 같다"(16)라고 하였다. 이처럼 오륜과 지아비-지어미의 관계 같은 전통적인 사고방식이 하나님의 명령으로 요약되는 기독교적인 믿음에 의해 보완되고 있다. 또한 제33과 '남편에게 말할 때'에서는 다음과 같이 『성경』을 인용해 논지를 강화하고 있다.

이런 까닭에 부부 사이의 말은 작은 부분까지도 조심하고, 부부 사이의 예는 처음과 끝이 한결 같도록 해야 할 것이다. 남편이 말하면 좋지 않는 것이 없으되, 다만 예가 아닌 일을 행하려고 하거든 조용히 간언하여 나의 남편이 죄악에 빠지지 않도록 해야 한다. 『성경』에 말씀하시기를, "아내가 남편을 어찌 구원하지 않겠으며, 남편이 아내를 어찌 구원하지 않겠느냐"라고 하였으니 부부가 서로 죄악에서 구원해주는 것이 부부의 의리[義]이다.(19)

이런 현상은 『녀ᄌ소학슈신셔』에서도 잘 나타난다. 예를 들어 제11과 '아내의 직분'에서는 "음양(陰陽)이 나뉘어 남녀가 되고 남녀가 서로의 배필이 된 것은 하나님의 뜻이니, 배필이 된 후에 서로 사이가 좋지 못하면 하나님께 죄를 짓는 것이다"(16)라고 제시하였고, 제46과 '용서'에서는 "사람이 세상에 태어나서 허물이 없는 사람이 없으나 매양 남을 책망하기는 쉽고 자기 허물을 깨닫기는 어려우니, 남이 잘못하는 것을 보면 먼저 자기의 몸부터 살펴보아야 한다. 서양 성인의 말씀에 이르기를, '자기 눈의 들보는 보지 못하고 남의 눈의 티끌은 잘 본다'라고 하였다"(66~67)라고 제시하였다. 이처럼 『녀ᄌ소학슈신셔』에서는 음양론이라는 유교적인 관념이 기독교적인 믿음을 통해 보완되고 있을 뿐 아니라, 예수는 서양의 성인으로 규정되고 『마태복음』의 구절역시 영향력 있는 문헌으로 인용되고 있음을 확인할 수 있다.

이상과 같은 현상은 당시 『초등여학독본』이나 『녀ᄌ소학슈신셔』 등의 수신교과서들이 주로 기독교계 선교사가 설립한 사립여학교에서 사용되었기 때문에 발생한 것이다. 그러나 남학교에서 사용된 초·중등용 수신교과서들에서는 이런 현상이 발견되지 않는다는 점을 고려할 때, 주목해야 할 부분이기도 하다. 사실 신해영(申海永)의 『윤리학교과서』(1906, 1908) 같은 남학생용 수신교과서에서는 공자(孔子)로 대변되는 동양의 사상과 예수로 대변되는 서양의 사상이 충분히 통합될 수 있고 또 그래야만 온전한 사회 구현이 가능하다고 제시하고 있다. 또한 여러 종의 남학생용 수신교과서들에서는 서양의 근대화와 민주화 관련 내용들을 동양의 전통 개념과 대등할 정도로 중요하게 다루고 있다.[1] 그럼에도 불구하고 남학생용 수신교과서들에서 전통의 유교적인 관념들을 종교적인 믿음과 결합시켜 언급하는 경우는 거의 발견되지 않는다. 따라서 여학생용 수신교과서가 보여주는 이 특징에 주목할 필요가 있다.

한편 『녀ᄌ독본』에서는 유교적인 관념과 종교적인 믿음의 결합·공존이 나타나지 않는 대신, 전통적인 여성상과 서구적인 여성상의 결합·공존이 두드러진다. 『녀ᄌ독본』에서는 층위를 나누어 이런 현상을 보여주고 있는데, 우선 상권의 한국 여성들을 통해 강조하는 것은 훌륭한 어머니상, 또는 아래 제시된 바와 같은 내조와 절개를 지키는 아내상이다. 이것은 전통적인 여성상과 직결된 것으로, 제60과 '목주곡'이나 제61과 '회소곡' 같은 곡조에 대한 설명을 제외하면 약 40명의 한국 여성들이 등장한다.

> 군위 서씨는 사달(思達)의 여자이다. 동군(同郡)에 거하는 도운봉(都雲峯)의 처가 되었는데, 운봉이 죽자 슬퍼함이 매우 심하였다. 집 뒤에 대나무 수풀이 있어 날마다 대나무를 안고 울었는데, 홀연히 하루는 흰 대나무가 세 총이 나서 삼 년 만에 칠팔 총에 이르렀다. 세종(世宗)께서 백죽도(白竹圖)를 그려다가 보시고는 복호(復戶)를 주시고 정문(旌門)을 세워주셨다.(상권, 제42과 '군위 서씨', 75~76)

---

[1] 남학생용 수신교과서들에서 나타나는 이러한 특징에 대해서는 이 책의 제2장 3절과 4장 3절에서 상세하게 다루고 있다.

이어서 하권의 제1과에서 제25과까지 중국 여성들을 통해 강조하는 것은, 남성 이상의 담대함과 지략을 가진 여성상이다. 그래서 이 부분에서는 아버지에 대한 복수나 남장을 해서 전쟁에 참여해 승리한 일화 등이 주로 소개되며, 제11과 '부인성' 같은 집단적 여성 행동에 대한 경외를 제외하면 약16명의 중국 여성들이 등장한다. 이 여성상은 전통적인 여성상과 연결되어 있지만, 드디어 '가정'을 넘어서 남성이 활동하던 '정치·사회'적인 부분까지 무대를 넓힌다는 점이 눈에 띈다.

> 방아(龐娥)는 주천(酒泉) 조씨의 딸이다. 아비가 남에게 죽임을 당하고 아우와 형제 세 사람이 다 병들어 죽었다. 원수가 스스로 기뻐하였다. 방아는 조용히 분함과 한스러움을 품고서 비수를 끼고 틈을 노리기를 십여 년 동안 하였다. 그러다가 하루 도정(都亭)에서 원수를 만나 마침내 찔러 죽였다. 당(唐)나라의 가녀라고 하는 사람은 먼 친척이 그 아비를 죽이자 틈을 타 그 친척을 죽이고 심장과 간을 꺼내어 아비 무덤에 제사지냈다. 두 사람 다 효순(孝純)으로써 사람을 감동시켜 죄를 면하였으며, 동네 어귀에 정문이 세워져 널리 귀감이 되었다.(하권, 제4과 '방아 가녀', 7~8)

그리고 이런 확장은 하권의 제26과에서 제56과까지 서양 여성들이 소개되는 부분에서 더욱 확실하게 나타난다. 여기에서는 조국을 위해 앞장서거나, 어려운 환경 속에서도 박애(博愛) 정신을 실천한 매우 적극적인 여성상이 강조되고 있으며, 약 10명의 서양 여성들이 등장한다.[18] 다음의 내용을 하나의 예시로 꼽을 수 있다.

> 나이팅게일(南丁格爾, 남정격이)은 이탈리아[意太利] 사람이다. 태어날 때부

터 인자한 성품이 있었다. 그녀의 아버지가 국회의원이 되어서 집이 넉넉하였지만, 나이팅게일은 홀로 애를 쓰며 의식을 절도 있게 하고 가난한 백성들을 도와주었다. 일찍이 독일(법국)과 프랑스(덕국) 연방에서 놀 때, 시장 가운데 병원, 빈원(貧員), 고아원에 사람이 많음을 보고 그들을 도와줄 일을 생각하였다. 그리고 "이러한 일은 돈을 주어서 몸의 책임을 다한다고 말할 것이 아니라, 반드시 몸소 그 일을 하여 실제로 구원하여야 유익함이 있다"라고 하였다. 드디어 독일[日耳曼]의 간호부 학교에 몸을 던져 이 년 만에 졸업하였다. 그 때 런던 [倫敦]의 간호부 학교에서는 경비가 부족하여 능히 돌보지 못하였다. 나이팅게일이 가산의 반을 덜어 도와주고 자신은 교사가 되어 학교를 확장하였으니, 이것은 다 나이팅게일 한 사람의 힘이었다. (하권, 제52과 '남정격이(I)', 128~130)

이와 같이 세 개의 층위로 나누면서도 『녀ᄌ독본』에서는 어느 특정 층위에만 강조점을 두지 않는다. 다시 말해, 절개와 정숙의 전통적인 여성상과 진취와 기백의 서구적인 여성상을 결합·공존시킴으로써, 여성들이 취할 수 있는 마음가짐과 실천의 스펙트럼을 확장시켜 놓았을 뿐이다. 물론 당시 국가가 처한 상황을 고려할 때, 『녀ᄌ독본』의 저자가 여성들에게 교육시키고자 했던 여성상은 쉽게 짐작할 수 있다. 이런 이유로 이 책은 총독부(總督府)에서 1910년 11월 한국인이 지은 여러 종의 교과서를 발매 금지시켰을 때 선정한 39종 안에 포함되어 폐기되었다.

(3) 국모(國母)의 양성 강조

여학생용 수신교과서들에서 나타나는 전체적인 특징 중 마지막으로 살펴볼 내용은, 이 서적들이 모두 애국심 있는 '국모의 양성'을 꾀하고 있다는 것이다. 물론 국모에도 전통적인 어머니상으로부터 국가를 위해 행동하는 어머니상에 이르기까지 다양하지만, 여학생용 수신교과서들은 공히 여성교육의 목표를 국모의 양성으로 설정하고 있다.

먼저 『초등여학독본』에서는 여성은 한 집안의 근본이자 나아가 한 국가의 근본이므로 여성교육이 필요하다는 입장을 표한다. 가령 제6과 '여자는 한 집안의 근본'에서는 "한 나라의 근본은 백성에게 있고 한 집안의 근본은 여자에게 있으니, 여자가 배우지 못하면 집에 어진 아내가 없고 어진 아내가 없으면 또한 어진 어머니가 없기에 가정교육을 받을 곳이 없다. 그러므로 여자의 배움이 남자의 배움보다 급하다고 하는 것이다"(4)라고 하여, 소박한 수준에서 여성교육을 통한 국모 양성을 제시하고 있다.

그러나 『녀ᄌ소학슈신셔』에서는 좀 더 적극적인 자세로 논의가 전개되고 있는데, 그 이유는 이 책의 저자가 망국(亡國)을 염려하고 있기 때문이다. 일례로 제52과 '나라'에서는 "사람은 집에 매이고 집은 나라에 매었으니, 나라가 없은즉 집이 없고 집이 없으면 몸이 의지할 바가 없게 된다"(75)라고 한 뒤, 유태인, 폴란드인, 인도인들의 나라 잃은 설움을 묘사하고 있다. 그리고 이렇게 되지 않으려면, 백성의 어머니가 될 여성들의 교육이 시급하다고 제시한다. 제26과 '죄에 대한 형벌(Ⅱ)'에 나오는 다음 내용을 살펴보자.

무릇 죄악에는 반드시 벌이 있으니, 여러 가지로 공부하는 학생들에게 경계하노라. 선하고 악한 부녀에게 전하는 행실들이 모두 후세 사람들에게 거울이 되었으니, 이 책에 쓰인 대로 본받을 것은 본받고 징계할 것은 징계하면 덕이 날로 새로워질 것이다. 여자들은 온 마음을 다해서 배워 죄악을 범하지 말고 이 세상에서 어진 여자가 되고 이름이 만세에 전하도록 하라. 여자는 나라 백성의 어머니가 될 몸이니, 어머니 될 사람이 무식하고 학문이 없으면 그 나라 백성이 어떠한 백성이 되겠는가. 사실 생각해 보면 여자가 지고 있는 책임이 남자의 책임보다 몇 배가 더 중요하니, 청년 여자 학생들은 마음을 깨끗이 하고 몸을 단정히 가져 훗날 국민을 낳고 기르고 가르치는 좋은 어머니가 되어야 할 것이다. 그러면 집에 복이 있고 집에 복이 있으면 나라에 큰 행복이 될 것이다.(40∼42)

이제 여성교육의 필요성은 단지 급한 정도가 아닌 '책임'이라고 부를 수 있을 만큼 절실한 것이 되었다. 따라서 교육을 받고자 하는 여학생 본인이 그 책임의 무거움을 깨닫고, 자신이 받는 교육을 통해 실력 있고 애국심까지 갖춘 국민 양성의 지주(砥柱), 즉 국모가 되어야 한다. 그리고 이런 맥락에서 『녀ᄌ소학슈신셔』의 제20과로부터 제22과까지는 여학생이 본받아야 할 어머니상, 즉 여중군자의 훌륭한 사례들이 소개되는데, 맹자(孟子)의 어머니와 노나라 문백(文伯)의 어머니, 진나라 무장인 도간(陶侃)의 어머니와 전한의 정치가인 준불의(雋不疑)의 어머니 등이 그들이다.

이와 같은 국모의 사례들은 실제 『녀ᄌ독본』에서 가장 풍부하게 제시되어 있다. 앞서 언급한 것처럼 이 책의 제1과에는 여성교육의 필요성이 제시되어 있는데, 이어지는 제2과에서는 "어머니 된 자 중 누가 그 자식이 착한 사람이 되기를 원하지 않겠는가마는 언제나 애정에 빠져 그 자식의 악한 행실을 기른다"(3)라고 하여, 국모로서 이런 실수를 저지르지 않게 하기 위해 본받아야 할 수많은 사례들을 이 책을 통해 제시한다고 저작 의도를 밝힌다. 『녀ᄌ독본』은 책 전체에서 누군가의 아내이자 자식으로서의 여성이 갖추어야 할 가치·덕목들을 제시하고 있지만, 특히 상권의 제2장 '모도(母道)'에서는 어머니의 사례들이 집중 소개되어 있다. 그래서 이 장에 속하는 제3과 '김유신(金庾信) 모친(I)'

에서부터 제11과 '김유신 부인(Ⅱ)'에 이르기까지, 나라를 훌륭히 이끌었던 명신의 어머니들이 그들을 어떻게 키웠는지가 실려 있다. 또한 하권의 중국 여성들을 소개하는 부분에서는 어머니들의 보다 적극적인 행동을 묘사하고 있는데, 제11과 '부인성'에서는 여성들의 힘을 집결시켜서 적군의 침략을 막아낸 어머니 한씨를, 제15과에서 제16과의 '세 부인'에서는 장수에 가까운 위용과 지략을 가졌던 어머니 세씨를, 제25과 '위 부인'에서는 글씨로 유명한 왕희지(王羲之)의 스승이었던 어머니 위씨를 소개하고 있다. 이와 같이 명신과 명장의 양육에 더하여, 남성 이상의 지기(志氣)를 가지고 나라를 지키기 위해 활약했던 어머니들의 모습을 전달하고 교육시킴으로써,[19] 이 책은 당시 대한제국의 국모가 지녀야 할 실천적이고 애국적인 자세를 강조하는 것이다.

이상으로 이 절에서는 근대계몽기에 사용되었던 대표적인 여학생용 수신교과서인 『초등여학독본』, 『녀ᄌ독본』, 『녀ᄌ소학슈신서』의 전체적인 특징들을 살펴보았다. 이어지는 절에서는 이 3종의 서적들이 지니는 한계에 대해 고찰할 것이다.

4. 근대계몽기 여학생용 수신교과서의 한계

근대계몽기 여학생용 수신교과서들에서 엿볼 수 있는 ⓐ 여성교육의 필요성과 중요성 설파, ⓑ 동등의 담론 제시, ⓒ 전통과 서구의 결합·공존, ⓓ 국모의 양성 강조 등은 이 서적들의 내용상 특징이자, 당시 행해진 여성 수신교육의 교육사적 의의이기도 하다. 그러나 3종의 여학생용 수신교과서들은 몇 가지 한계들도 함께 지니고 있다. 이 절에서는 그 한계들에 대해 살펴보도록 하자.

1) 여성 자신의 모습 상실

첫 번째로 지적할 수 있는 것은, 여학생용 수신교과서들에는 여성 자신의 모습이 상실되어 있다는 것이다. 보다 구체적으로 말해, 이 서적들에는 '여성의 시선'에서 바라본 여성의 일상이 거의 수렴되어 있지 않다는 것이다.[20] 따라서 여성교육의 필요성이나 중요성을 수차례 강조하고 있다고 할지라도, 여학생용 수신교과서들의 내용을 여성을 위한 근본적인 담론으로 보기는 어렵다. 누군가의 아내, 누군가의 어머니, 누군가의 며느리 등 관계적인 측면에서 여성이 해야 할 일과 지켜야 할 가치·덕목들에 대해서는 많은 지면을 할애하고 있으면서도, 정작 독립 개체로서의 여성과 관련된 논의는 거의 발견할 수 없다. 따라서 3종의 여학생용 수신교과서들에서 엿볼 수 있는 '여성이 남성과 동등한 위상을 지닌다'는 동등의 담론 역시 불완전할 수밖에 없는 것이다. 가령 『초등여학독본』의 제7과 '배워야 하는 도리'에는 다음과 같은 내용이 나온다.

> 여자가 점점 나이를 먹으면 장차 시집을 가야 하니, 지금 배우지 않으면 안된다. 시부모를 모시는 법이나 며느리로서 지켜야 할 도리를 배우지 않은 채남의 집에 시집을 가게 되면 체모(體貌)를 잃게 되고, 일이 돌아가는 이치에 통달하지 못하면 업신여김을 받고 부모에게까지 욕을 끼치게 된다. 아, 그러니 여자들이여! 어찌 배우지 않느냐?(4)

이처럼 여성이 교육을 받아야 하는 중요한 이유 중 한 가지는 여성 본인을 위해서라기보다는 함께 삶을 살아가는 '누군가'를 위해서인 것이다. 이 책에서는 여성이 갖추어야 할 덕[女德]을 두 가지로 규정한다. 첫째, 성품의 덕은 맑고 한가하고 고요해야 하며, 둘째, 행실의 덕은 효도하고 공경하며 부드럽고 순해야만 한다(6). 또한 이 여덕을 위해 필수적으로 요청되는 여성의 일[女功]들이란, 밥을 정갈하게 마련하고 술과 장을 잘 담그며, 옷을 꿰매어 만들고 규방 안을 쓸고 닦는 일들로 한정될 뿐, "문 밖에는 뜻이 없는"(8) 것이다. 이렇게 보자면, 당시에 강조된 여성과 남성의 동등 담론은 여성이 보다 철저하게 내(內)를 담당하도록 하기 위한 도구적인 성격의 것이지, 여성 자신의 자아실현과는 별로 상관성이 없다는 것을 알 수 있다. 이는 제16과 '내외하는 법'의 "남자는 밖에 거하고 여자는 안에 거하니, 남녀는 무리를 달리 하고 밖과 안에 각각 처해야 한다. 여자는 별다른 일 없이 바깥에 나가지 말 것이며, 혹 손님이 오더라도 문틈으로 엿보아서는 안 된다"(9)와 같은 내용을 통해서도 잘 나타난다. 이외에도 제19과부터 마지막 제51과까지의 내용들이 '부모 섬기기[事父母]', '남편 섬기기[事父]', '시부모 섬기기[事舅姑]', '시동생·시누이와 화목하기[和叔妹]'로 구분된다는 점 역시 독립 개체로서의 여성은 거의 부각되지 못했다는 사실을 보여준다.

이러한 점은 『녀ᄌ소학슈신셔』에서도 그대로 적용된다. 예를 들어 제13과 '화평'과 제53과 '여자수신총론'의 내용을 살펴보자.

　① 시누이와 시동생을 사랑하고 시숙을 공경하고 시부모를 즐겁게 하며 동서 간에 서로 화목하여 매사를 공평하게 결정하고 늘 겸손한 태도를 가지면, 집안의 마음이 같아질 것이다.(18)

② 좋은 여자가 되려고 해도 이 책을 공부할 것이요, 좋은 어머니와 좋은 시어머니와 좋은 며느리와 좋은 동서와 좋은 올케와 좋은 자녀가 되려고 하여도 이 책을 공부할 것이다.(77)

첫째 내용은 집안을 화평하게 하기 위해 여성이 취해야 할 행동 양식이고, 둘째 내용은 『녀ᄌ소학슈신셔』의 집필 목적이다. 이처럼 '좋은 여자'의 조건은 여성 자신의 모습을 성찰하고 실현하는 것이 아닌, 관계 안에서 '주어진' 역할에 성실히 임하는 것이었다.

이상에서 살펴본 『초등여학독본』과 『녀ᄌ소학슈신셔』의 내용에 대해, 이것은 한계가 아닌 "시공간을 초월해서 여성이라면 갖추어야 할 기본 태도와 마음가짐"[21]이라는 견해도 있다. 그러나 여성사의 측면에서 볼 때, 도구적인 측면이 강조된 여성관은 분명한 한계점을 지닌다. 왜냐하면 이런 여성관으로부터 구축되는 남성과의 동등 담론이란, 여성과 남성이 본래 '동등한' 권리를 가지고 있음을 강조하기보다는, 내외의 의무 '분담'을 더 부각시키는 쪽으로 초점이 맞추어지기 때문이다. 그래서 여권(女權) 확보를 위한 제도적 장치보다는 아내, 어머니, 며느리로서 담당해야 할 의무가 더욱 강조되고, 여성 자신의 해방보다는 민족의 논리가 선행되는 것이다.[22] 그리고 국모 양성을 위하여 수많은 여성들을 예로 들었던 『녀ᄌ독본』 역시 여기에서 예외일 수는 없다. 한 차례 인용한 바 있는 제1과의 "여자는 나라의 백성 된 자의 어머니가 될 사람이다. 여자의 교육이 발달한 후에 그 자녀로 하여금 착한 사람이 되게 할 수 있다"라는 내용 역시 이 맥락에서 이해할 수 있는 것이다.

2) 근대적이고 민주적인 내용들의 제외

이어서 근대계몽기 여학생용 수신교과서들이 지니는 두 번째 한계는, 이 서적들에서는 근대적이고 민주적인 내용들을 거의 발견할 수 없다는 것이다. 이것은 당시 사립학교에서 널리 사용되던 남학생용 초·중등 수신교과서들과는 매우 다른 점이다. 가령 남학생들이 사용했던 초등용 수신교과서 중 안종화(安鍾和)의 『초등윤리학교과서(初等倫理學敎科書)』(1907)나 유근(柳瑾)의 『초등소학수신서(初等小學修身書)』(1908) 등에서는 자유와 자주권, 공익, 공덕, 권리, 책임과 같은 근대적이고 민주적인 가치·덕목의 기초적인 내용들을 쉽게 찾아볼 수 있다. 아래는 『초등소학수신서』의 제18과 '자유'와 제25과 '자주권이 없음'의 전문이다.

① 새들이 밭에서 먹을 것을 찾아 돌아다니는 것을 보고 망을 놓아 그 중 한 마리를 잡아 새장 속에 넣어두었는데, 먹을 것을 먹지 않고 죽어버렸다. 새는 본래 하늘을 날아다니며 높이 솟았다가 내려오는 일을 자유롭게 하였는데, 사람에게 잡혀 자유롭지 못하게 되니 차라리 죽는 것만 못했을 것이다.

【질문】새도 새장 속에 갇히자 억지로 먹지 않아 죽었는데, 사람이 자유롭지 못하면 어떻게 될까?(24~26)

② 소와 말이 수레를 메고 쉬지도 못하고 일만 하는데, 잠시라도 지체하면 주인은 사정없이 채찍으로 때린다. 힘든 일을 하면서도 매를 맞으며 큰 고통을 당하고 있는 것이다. 사람도 자주권을 잃으면 이 소나 말 같은 신세가 된다.

【질문】왜 소나 말은 그렇게 힘든 일을 하면서도 매를 맞는 고통을 당하는 것일까? 자주권이 없는 사람은 어떤 방식으로 당하게 되는 걸까?(34~36)

이것은 통감부 설치 이후 대한제국이 직면한 상황을 '자유'와 '자주권'이라는 새로운 내용들과 함께 아동들의 수준에 맞추어 풀이하고 있는 것이다. 당시가 교과용 도서라는 개념이 온전하지 못한 시대임을 감안할 때, 이러한 시도는 분명 주목받을 만하다. 『초등소학수신서』에서는 이 밖에도 아동을 위한 삽화를 곁들였을 뿐만 아니라, 말미에 【질문】을 덧붙임으로써 학습자들의 추가적인 사고 유발을 돕고 있다.

이런 양상은 중등용 수신교과서로 넘어오면 한층 심화되는데, 휘문의숙(徽文義塾) 편집부의 『중등수신교과서』(1906)와 『고등소학수신서』(1907), 신해영의 『윤리학교과서』(1906, 1908) 등에서는 자유, 평등, 권리, 책임, 납세·병역·교육의 의무, 사회와 공공심, 준법, 선거권, 국가 주권과 국제공법 등이 상세히 풀이되고 있으며, 서양의 학자나 위인들도 빈번하게 등장한다.

근대적이고 민주적인 내용들이 적극적으로 등장하는 남학생용 초·중등 수신교과서들과 비교할 때, 여학생용 수신교과서에서 이러한 모습이 거의 나타나지 않는다는 사실은 결정적인 한계로 작동한다. 왜냐하면 이것은 여학생이 남학생과는 엄연히 다른 대우를 당했고, 여전히 전근대적인 성격의 수신교육을 받았음을 의미하기 때문이다. 예를 들어 『초등소학독본』의 제34과 '남편이 화를 낼 때'와 『녀주소학슈신셔』의 제14과 '신부'에서는 이런 점이 잘 드러난다.

> ① 남편이 성질을 내면, 더욱 조심하여 순한 얼굴과 부드러운 빛으로 머리를 숙이고 따르며 은근히 밥을 권하면서 그만 성내기를 청해야 한다. 화를 그치는 데는 아무런 변명도 하지 않는 것이 상책이다. 어느 집 난봉난 계집은 언제나 일의 꼬투리를 끄집어내서 제 서방과 싸우니, 이런 계집은 경계해야 한다.(20)

② 신부가 갓 시집가서 며느리 노릇할 때에 억울하고 분한 일이 많이 있을 터이니, 참고 견디면 후에 큰 복이 될 것이다. 혹 시부모와 동서들이 공연한 말로 책잡더라도 말꼬투리를 잡아 서로 악으로 대적하지는 말아야 한다. (20)

『녀ㅈ독본』은 다른 두 서적들과 달리 위와 같은 성격의 지문은 발견되지 않는다. 그럼에도 진취적인 여성의 모습 외에, 근대적이고 민주적인 성격의 내용들이 거의 발견되지 않는다는 점에서는 예외일 수 없다. 이상으로 이 절에서는 근대계몽기의 여학생용 수신교과서들에서 엿볼 수 있는 한계들에 대해 살펴보았다.

5. 맺음말

지금까지 이 장에서는 '근대계몽기 여학생용 수신교과서들의 특징과 한계'를 살펴본다는 목적 아래, 이원긍의 『초등여학독본』과 장지연의 『녀ㅈ독본』, 노병선의 『녀ㅈ소학슈신셔』의 3종 수신교과서에 대해 살펴보았다. 각각의 서적이 지니는 성격을 짧게 정리하자면, ⓐ『초등여학독본』은 보수성이 상당히 강하고, ⓑ『녀ㅈ독본』은 열전 형식을 빌려 올바른 국모가 되어야 함을 특별히 강조하고 있으며, ⓒ『녀ㅈ소학슈신셔』는 여중군자와 학문하는 자세 등을 언급함으로써 보수성이 일정 부분 완화되어 있다고 요약할 수 있다. 그럼에도 근대계몽기에 사용되었던 여학생용 수신교과서들은, 여성교육이 필요하고 중요하다는 공통적인 인식 아래, 다음과 같은 세 가지 특징들을 공유하고 있다.

첫 번째는 '여성과 남성' 혹은 '시어머니와 며느리의 관계' 같은 여성 내 권력 구조'에 대해 공히 동등의 담론을 제시하고 있다는 것이다. 그리고 두 번째는 '유교적인 관념과 종교적인 믿음' 혹은 '전통적인 여성상과 서구적인 여성상'의 결합·공존 현상이 나타난다는 것이다. 마지막으로 세 번째는 서적별로 차이는 있다고 할지라도, 모두 애국심 있는 국모의 양성을 꾀하고 있다는 것이다.

하지만 근대계몽기 여학생용 수신교과서들은 이상의 특징과 교육사적 의의를 지님과 동시에, 다음과 같은 한계들도 함께 가지고 있다. 첫 번째는 이 서적들로부터는 여성 자신의 자아실현 촉구를 강조하는 내용을 찾아보기 어렵다는 것이다. 그리고 두 번째는 당시 널리 사용되었던 남학생용 초·중등 수신교과서들과는 달리 근대적이고 민주적인 성격의 내용들이 거의 발견되지 않는다는 것이다. 이런 까닭에 근대계몽기 여학생용 수신교과서들은 동등의 담론이나 전통과 서구의 결합·공존 현상 등을 중요한 특징으로 지니면서도, 여전히 전근대적인 성격을 탈피하지 못하는 '어중간함'을 드러내는 것이다.

이상으로 이 장에서는 근대계몽기에 사용되었던 여학생용 수신교과서들에 나타난 특징과 한계들을 고찰하였다. 그리고 이 작업을 통해 저자가 근본적으로 의도했던 바는, 이 장의 시작에서 언급했던 것처럼 당시 수신교육의 전모를 밝히는 데 기여하고자 한 것이다. 남학생용 수신교과서들이 다채로운 면모를 보여주는 것과는 달리, 여학생용 수신교과서들은 학부에서 공식적으로 편찬하지도 않았고, 초등 이후 단계의 수신교과서들을 별도로 제작하지도 않았다. 따라서 여성 수신교육에 대한 논의는 또 다른 여학생용 수신교과서들이 발견되지 않는 이상, 이 장의 연구를 통해 일정 부분 마무리 된 것으로 보인다. 그러나 저자는 다음과 같은 주제의 후속 연구가 진행되어야 근대계몽기 수신교육에 대한 청사진이 더욱 선명하게 그려질 것이라고 생각한다. 그 첫째는 거의 밝혀지지 않은 당시 수신교육의 수업 현장 및 교수·학습방법에 대한 것이다. 이어서 둘째는 근대계몽기 수신교육의 실질적인 주체였던 수신 교과서의 저자와 교사들에 대한 연구이다. 이런 부분들까지 논의가 확장·심화된다면, 전통교육과 현대 도덕과 교육의 가교로서 시대적인 사명을 다했던 근대계몽기 수신교육의 전모와 위상이 보다 확실해질 것으로 기대한다.

　지금까지 이 책에서는 1894년에서 1910년에 사용되었던 여러 종류의 수신교과서들을 중심으로 근대계몽기의 '수신(修身)' 교과에 대해 살펴보았다. 이러한 논의의 근본 목적은, 유불(儒佛)로 압축되는 우리 전통 사상과 도덕과(道德科) 교육으로 대변되는 현대 도덕교육을 연결하는 가교로서 근대계몽기의 수신교과가 중요한 역할을 하였음을 밝히고자 한 것이다. 여기에서는 각 장의 내용을 전체적으로 요약하고, 추후 연구 방향에 대한 몇 가지 제언을 하는 것으로 이 책을 마무리하고자 한다.

　이 책의 제1장에서는 근대계몽기 수신교과와 현대 도덕과 교육의 연속성 문제를 살펴보는 것을 목적으로 하였다. 공교육 체제에서 도덕과 교육으로 대변되는 도덕교육은 해결해야 할 수많은 쟁점들을 안고 있다. 그 중 한 가지는 근대계몽기 이전 유가(儒家)와 불교(佛敎)로 대표되는 우리 전통을 현대의 도덕교육과 연결시키는 것이다. 전통에 대한 중요성이 강조되면서 이 같은 논의는 상당히 활발한 모습을 보여주고 있으며, 시간이 흐르면서 일정 이상의 성과까지 드러내고 있다. 그러나 이 맥락에는 불연속적인 부분이 엿보이는데, 그것은 바로 근대계몽기의 수신교과에 대한 논의가 부족하다는 것이다.

수신과 수양이 공부의 목적이자 곧 공부 자체였던 시기가 지나가고 근대계몽기로 넘어오면서 학제(學制) 개편이 이루어질 때, 저런 내용들은 수신교과로 정착하게 되었다. 그런데 어떠한 변화를 겪으면서 수신교과가 하나의 교과로서 위상을 가지게 되었으며, 또 그 수신교과는 현대의 도덕과 교육과 어떠한 연속선상에 있는지는 아직 연구가 진행되지 않았다. 이와 같은 불연속성이 가장 뚜렷하게 드러나는 곳은 현재 도덕과 교육과정과 관련된 문서들인데, 이런 문서들에는 근대계몽기의 수신교과에 대한 논의가 거의 없다고 보아도 무방하다.

제1장에서는 이런 점에 착안하여, 우선 '학무아문(學務衙門)'이 설치된 1894년 이후로부터 강제적으로 '한일병합조약(韓日併合條約)'이 체결된 1910년까지의 기간 동안 수신교과가 관·공·사립학교에서 어떻게 운영되었는지를 연구함으로써, 당시 수신교과의 실제를 살펴보았다. 다음으로 신해영(申海永)의 『윤리학교과서(倫理學敎科書)』, 휘문의숙(徽文義塾) 편집부의 『고등소학수신서(高等小學修身書)』라는 두 종의 중등용 수신교과서를 선택하여 그 내용 특징을 연구하고, 이것을 근거로 하여 당시의 수신교과가 현대의 도덕과 교육과 어떠한 점에서 연결될 수 있는지를 살펴보았다.

물론 1910년에서 1945년까지의 식민지 기간 동안에도 수신교과는 있었다. 그러나 이 시기에는 총 4회에 걸친 일본의 '조선교육령(朝鮮敎育令)'이 발동되었으며, 그 목적이 대한제국 국민의 철저한 황국 신민화에 있었음은 여러 문서와 연구를 통해 밝혀졌다. 그러나 1894년에서 1910년까지의 수신교과 양상은 다르다. 관·공립학교든지 사립학교든지 처한 상황은 매우 좋지 않았다. 따라서 수신교과 역시 제대로 진행되기 힘든 경우가 많았으며, 하나의 교과가 갖추어야 할 이론적인 부분도 많이 모자랐다. 하지만 현대의 도덕과 교육과 비교한다면 이론적 · 실제적으로 아직 다듬어지지 않은 부분이 있다고 할지라도, 근대의 수신교과는 현대의 도덕과 교육과 그 연속성을 논할 수 있을 만큼의 충분한 위상과 내용을 지니고 있었다. 그리고 제1장에서는 바로 이 연속의 접합점을 밝히고자 하였다.

이 책의 제2장에서는 일차적으로는 1880년에서 1910년 시기의 '초등용' 수신교과서에 나타난 가치교육의 내용과 방법의 변화를 살펴보고자 하였으며, 보다 근본적으로는 근대계몽기의 수신교과가 도덕과 교육의 연속성을 논의할 때 중요한 비중을 차지한다는 점을 밝히고자 하였다.

제1장에서 살펴본 것처럼, 유가와 불교로 대표되는 우리 전통을 현대의 도덕과 교육과 연결시키려는 여러 시도에는 일종의 공백기가 엿보인다. 그런데 1910년에서 1945년이라는 일제강점기는 제외하더라도, 전통교육과 현대의 도덕과 교육을 연결하는 접점 역할을 하고 있는 근대계몽기의 수신교과는 그 역사적 의미가 좀 더 제대로 평가되어야 할 것이다. 제2장에서는 이것을 드러내기 위하여, 논의의 대상으로는 근대계몽기의 초등용 수신교과서들을 선정하였고, 논의의 방법으로는 가치교육의 내용과 방법이 어떠한 양상으로 전개되었는지를 분석하였다.

1880년에서 1910년의 기간 동안 교육계는 두 번의 큰 전환점을 맞이하는데, 첫 번째는 1895년에서 1906년까지의 '근대식 학제 도입기'이고, 두 번째는 1906년에서 1910년까지의 '통감부(統監府) 학정 잠식기'이다. 이런 상황 속에서 근대계몽기 수신교과서의 모습 역시 지속적으로 변모하는데, '전통적인 수신교과서류'와 '학부(學部) 편찬 수신교과서류', 그리고 '민간 제작 사립학교용 수신교과서류'는 공존 혹은 대립하면서

이 시기의 수신교과를 지탱하였다. 각각의 범주에 속하는 여러 수신교과서들 중 제2장에서는 박재형(朴在馨)의 『해동속소학(海東續小學)』과 학부의 『소학독본(小學讀本)』, 유근(劉瑾)의 『초등소학수신서(初等小學修身書)』의 3종을 선정하였다. 그리고 그 내용을 분석하여 초기에는 가치를 제시하고 주입하는 교육이 우세하였으나, 시간이 흐를수록 가치를 주체적이고 비판적인 관점에서 바라볼 수 있게끔 하는 능동적인 가치교육이 강조되고 있음을 발견하였다.

실상 후자와 같은 가치교육의 의미가 현대 도덕과 교육의 핵심이라는 점을 감안하였을 때, 초등용 수신교과서를 통해 살펴본 근대계몽기 수신교과의 흐름이 우리의 전통과 현대의 도덕과 교육을 연결하는 가교 역할을 수행하고 있다는 것을 드러내고자 하였다.

이 책의 제3장에서는 1894년에서 1910년의 기간에 학부에서 편찬한 공식적인 '관·공립학교용' 수신교과서들을 논의의 대상으로 삼았다. 이 기간 동안 학부에서 편찬한 수신교과서는 세 종류인데 『숙혜기략(夙惠記略)』과 『소학독본』, 『보통학교 학도용 수신서(普通學校 學徒用 修身書)』가 그것들로서, 모두 초등용이다.

『숙혜기략』은 연령대에 따른 중국의 인물 사례를 집중 소개한 서적인데, 나이별 인물 사례의 비중이 균등하지 않다는 것이 첫 번째 특징이다. 또한 그 인물들이 소속된 국가의 범위나 분야가 매우 다양하다는 것이 두 번째 특징이다. 한편 소개된 인물들이 소위 '천재'들이라는 것이 세 번째 특징이다. 『소학독본』은 주제별로 고려와 조선의 인물 사례들을 집중 소개한 서적인데, 매우 체계적이고 치밀하다는 것이 특징이다. 그러나 그 내용이 유가 중심의 편향성을 띠고 있다. 『보통학교 학도용 수신서』는 『숙혜기략』이나 『소학독본』과는 달리 1906년의 통감부 설치 이후 발간된 서적으로서, 충군(忠君)이나 애국(愛國)과 관련된 내용이 거의 없으며, 대한제국에 대한 부정적 기술(記述)이 많다는 것이 특징이다. 그럼에도 불구하고 이 수신교과서는 교수·학습에의 활용도 측면에서는 매우 발전된 모습을 보여준다.

제3장에서는 이어서 저 3종의 학부 편찬 수신교과서들을 여러 가지 틀로 비교 분석하였다. 그 첫째는 '수신교과 목적과의 정합성'이고, 둘째는 '수신교과서로써의 활용 가능도'이며, 셋째는 '당대의 가치관 반영과 미래에 대한 지향점 제시'이다. 이런 비교 분석의 결과, 『소학독본』은 세 가지 면에서 모두 다른 수신교과서들보다 안정적이면서도 우위에 있었다. 그런데 『소학독본』이 구성의 체계성이라는 점에서 매우 뛰어나고 목적과의 정합성이나 활용도 등이 다른 두 종보다 안정적이라고는 할지라도, 유가 중심주의라는 편향성을 띠고 있으며 미래 지향적 가치가 상당히 부족하다는 점은 분명 한계라고 하겠다. 그리고 『보통학교 학도용 수신서』는 정합성과 활용 가능도의 측면에서는 상당히 발전된 모습을 보여주었음에도 불구하고, 이 수신교과서가 반영하고 있는 1906년에서 1910년의 수신교과 목적에 존왕애국과 같은 내용이 삭제되어 일본의 혐의를 의심할 수 있고, 또한 그 내용에도 대한제국에 대한 비하와 부정적 이미지가 드러나 있어 문제적 교과서라는 결론을 내렸다. 즉, 분명한 한계를 지닌 수신교과의 목적을 달성하는 데는 상당히 효과적으로 구성되어 있다는 것이다. 한편 『숙혜기략』은 아쉬운 부분을 많이 보여주었는데, 왜냐하면 이 수신교과서는 세 가지 틀에서 모두 낮은 평가를 받을 수밖에 없었기 때문이다.

이 책의 제4장에서는 근대계몽기의 '중등용' 수신교과서들의 특징을 분석하고, 나아가 이 서적들의 도덕교육적 시사점을 도출하는 것을 목적으로 하였다. 1894년에서 1910년에 이르는 근대계몽기에 제작된 중 등용 수신교과서들은 총 3종으로서, 휘문의숙 편집부의 『중등수신교 과서(中等修身敎科書)』, 『고등소학수신서』, 신해영의 『윤리학교과서』가 그것들이다. 제작 시기는 1906~1910년에 해당하는 통감부 학정 잠식 기이고, 제작 주체는 사립학교와 관련된 당대의 지식인들이었다.

제4장에서는 먼저 이 서적들의 구성과 목차를 검토한 뒤, 3종의 수신 교과서를 관통하는 전체적인 특징들을 살펴보았다. 첫째는 이 서적들 이 당시 대한제국의 상황을 비판적인 관점에서 바라보았다는 것이고, 둘째는 서양의 근대화와 민주화 관련 개념들을 적극 반영하였다는 것이 다. 셋째는 이 서적들이 지·정·의(지·덕·체)의 통합을 강조하였다는 것이고, 넷째는 삶의 영역에 대한 확장 구도를 통해 내용을 구성하였다 는 것이다.

이 같은 분석 아래, 제4장에서는 근대계몽기 중등용 수신교과서들 이 지니는 도덕교육적 시사점을 도출하였다. 첫째는 전통교육과 현대 도덕교육의 연속성을 검증하는 과정에서 3종의 중등용 수신교과서들 이 일정 이상의 기여를 할 수 있다는 것이다. 둘째는 이 서적들이 다양 한 가치·덕목들의 집약처인 까닭에, 도덕과의 기반이 되는 17개의 가 치·덕목과 기타 우리 삶에 필요한 가치·덕목들의 자료집으로 기능 할 수 있다는 것이다. 셋째는 이 서적들에서 엿볼 수 있는 인간의 감정 과 정서에 대한 호소력 있는 글쓰기 방식을 배려나 효도, 생명존중 같 은 감정 및 정서 관련 가치·덕목들을 기술하는 데 차용할 수 있다는 것이다.

이 책의 제5장에서는 근대계몽기에 사용된 '여학생용' 수신교과서들 의 특징과 한계를 고찰하는 것을 목적으로 하였다. 이 목적을 위해 제5

장에서는 먼저 근대계몽기에 나타난 여성교육에 대한 인식 변화를 살펴보았다. 그리고 당시에 활용된 3종의 여학생용 수신교과서들, 즉 이원긍(李源兢)의 『초등여학독본(初等女學讀本)』, 장지연(張志淵)의 『녀ᄌ독본』, 노병선(盧秉鮮)의 『녀ᄌ소학슈신셔』를 분석하였다.

분석 결과, 이 서적들은 다음의 특징들을 지니고 있음을 확인하였다. 첫째는 '여성과 남성' 혹은 '시어머니와 며느리의 관계' 같은 여성 내 권력 구조'에 대해 동등의 담론을 제시하고 있다는 것이다. 둘째는 '유교적인 관념과 종교적인 믿음' 혹은 '전통적인 여성상과 서구적인 여성상'의 결합·공존 현상이 나타난다는 것이다. 셋째는 모두 애국심 있는 국모의 양성을 꾀하고 있다는 것이다.

하지만 이 서적들은 위 특징들과 교육사적 의의를 지니면서도, 다음의 한계들을 함께 가지고 있다. 첫째는 이 서적들로부터는 여성 자신의 자아실현 촉구를 강조하는 내용을 찾아보기 어렵다는 것이다. 둘째는 당시 널리 사용되었던 남학생용 초·중등 수신교과서들과는 달리, 근대적이고 민주적인 성격의 내용들이 거의 발견되지 않는다는 것이다. 이런 까닭에 근대계몽기 여학생용 수신교과서들은 동등의 담론이나 전통과 서구의 결합·공존 현상 등을 중요한 특징으로 지니면서도, 여전히 전근대적인 성격을 탈피하지 못하는 '어중간함'을 드러내고 있다.

이상으로써 이 책의 각 장들에 대한 내용을 개략적으로 요약하였다. 저자는 각 장들의 말미에 근대계몽기의 수신교과에 대한 향후 연구 방향을 여러 가지 밝혀 놓았다. 그러나 가장 시급한 과제를 두 가지만 꼽자면, ⓐ 첫째는 아직도 거의 밝혀지지 않은 당시 수신교육의 수업 현장 및 교수·학습방법들을 발굴, 소개하는 것이고, ⓑ 둘째는 근대계몽기 수신교육의 실질적인 주체였던 수신교과서의 저자와 교사들에 대해 연구하는 것이다. 그리고 이것은 저자를 포함하여 근대계몽기의 수신교과에 관심이 있는 연구자들의 몫이라고 판단한다. 다음의 내용은 특히 둘째 과제와 관련하여, 근대계몽기의 수신교과서들 중 가장 방대한 분량과 내용의 체계성을 보여주는 『윤리학교과서』의 저자, 신해영에 대한 소개이다. 이미 저자가 현대역한 『근대수신교과서』 3(소명출판, 2011)의 해제에 수록되어 있으나, 근대계몽기에 활동했던 수신교과서의 저자들의 간절했던 마음가짐을 이 책에서도 조금이나마 소개하고자 하여 수정・보완한 뒤 첨부하였다. 이 내용을 끝으로 이 책을 맺는다.

(사진 6-1) 신해영(1865~1909)

신해영은 1865년(고종 2년)에 경기도 김포에서 태어났으며 초명은 좌영(左永)이고 자는 윤일(潤一), 호는 동범(東凡)이다. 본관은 평산(平山)이고 갑오개혁 때 관비(官費)로 일본에 유학을 갔으며, 게이오의숙(慶應義塾)에서 4년간 경제학을 공부하였다.

신해영은 다양한 분야에서 번역과 저술 활동을 하였는데, 저서들로는 우선 미국인 의사 필하와(Eva Field Pieters)의 수학교과서를 번역한 『산술신편』(1902)이 있으며,[1] 수신교과서로 사용하기 위해 편술한 『윤리학교과서』(1906, 1908)가 있다. 공저로는 원응상(元應常)과 함께 저술한 『경제학』(1907~1908로 추정)이 있고,[2] 원응상의 『재정학』과 최재학(崔在學)의 『실용작문문법』을 교열 및 감수하기도 하였다.

신해영의 이력을 살펴보면 크게 두 가지로 구분할 수 있는데, 한 가지는 근대계몽기 대한제국의 관리라는 것이고, 다른 한 가지는 교육자

〈사진 6-2〉 보성전문학교 전경

라는 것이다. 『대한제국 관헌이력서』에 따르면 그는 관리로서 꾸준히 승진하였음을 알 수 있다. 1898년 11월 29일에 중추원 의관(中樞院 議官)을 맡았으며, 1904년 9월 25일에는 예식원 참리관(禮式院 參理官)을, 같은 해 12월 5일에 탁지부 참서관(度支部 參書官)을, 그리고 1906년 8월 30일에 학부 편집국장(學部 編輯局長)을 맡았다. 그리고 『승정원일기』에 따르면 1907년 3월 9일 박제순(朴齊純)과 이완용(李完用)의 건의에 따라 윤치호(尹致昊)의 뒤를 이어 신해영이 일본 유학생 감독을 맡는다. 이 직책은 그가 1909년에 사망할 때까지 계속된다.

교육자로서의 면모를 살펴보면 당대의 지식인으로서 신해영이 꾸준히 교육에 참여하여 왔음을 알 수 있다. 자신의 전공이었던 경제학을 중심으로 각급 학교에서 강사로 강의하였다는 기록이 남아있으며, 사립 광흥학교와 사립 한성법학교 등에서도 학생들을 가르쳤다.[3] 신해영의 교육자로서의 이력에서 빼놓을 수 없는 것은 1905년에 설립된 사립 보성전문학교의 교장일 것이다. 구한말의 정치가로서 여러 요직을 겸하였던 대표적인 친러파 이용익(李容翊)은 1905년(고종 42년)에 일본에서부터 여러 서적과 인쇄기기를 가지고 들어와서 편집소인 보성관 및 인쇄소인 보성사를 설치하였으며, 보성소학교·보성중학교·보성전문학교를 설립하였다.[4] 이 때 이용익은 학교 설립에 관한 구체적인 계획을 신해영에게 맡겼으며, 이런 과정을 통해 설립된 사립 보성전문학교의 초대 교장을 신해영이 맡게 된 것이다. 또한『승정원일기』에 따르면 1906년 9월 3일자로 신해영은 학부 편집국장으로 재직함과 동시에, 겸임으로 관립 한성일어학교장·관립 한성법어학교장·관립 한성사범학교장 등을 맡기도 한다.

신해영은 이런 관리이자 교육자의 생애를 살면서 애국 계몽 활동의 최전선에서 활동하지는 않았으나, 늘 그런 활동들을 보좌하기 위해 노력하였던 것으로 보인다. 또 그 과정에서 신해영 자신이 일본 유학파 출신이자 일본 유학생 감독을 맡기도 해서 그렇겠지만, 유학파 출신의 지식인과 유학생들을 위해 많은 노력을 한다. 예를 들어 중추원 의관으로 재직하던 당시에는 처벌을 감수하면서도 여러 의관들과 함께 박영효(朴泳孝)와 서재필(徐載弼)을 대신(大臣)으로 천거하였다. 그리고 민중의 계몽과 민족의 주체성을 강조하는 대한구락부(大韓俱樂部, 1905)의 창립을 결의하였으며, 박은식(朴殷植)과도 교우가 있어 서우학회(西友學會, 1906)의 운영을 돕기도 하였고, 독립운동가이자 조선기독교회를 조직한 김정식(金貞植)과 함께 유학생 단체인 대한흥학회(大韓興學會, 1909)의 조직을 위해 노력하기도 하였다. 특히 이 대한흥학회에서 발간하는『대한흥학보(大韓興學報)』제1호에는 여러 명의 필자와 함께「애아대한흥학회(愛我大韓興學會)」[5]라는 축하의 글을 남기기도 하였다.

신해영은 1909년 일본 유학생 감독으로 재직하던 당시 여름 동안에 귀국하였다가 다시 동경으로 돌아가는 길에 부산과 시모노세키[馬關]

를 통행하는 연락선에서 괴질로 사망하였으며, 그의 시체는 화장되었다는 기사가 남아있다. 그의 사망 소식은 공식 문서나 신문 혹은 일기 형태의 글에 두루 실렸다.[6] 대한제국에서는 1909년(순종 2년) 9월 21일 태극장 훈장을 하사하였으며, 그 다음날 종 2품으로 승품하였다. 또 대한흥학회는 『대한흥학보』 제6호에 신해영의 사망에 따라 "다른 나라의 산과 강에 근심스러운 기운이 슬프고도 괴롭고, 지사(志士) 사회에 슬퍼하는 눈물이 뚝뚝 떨어지도다. 옛말에서 이르기를 '어진 이가 죽으면 나라가 병든다'라고 하였더니, 과연 이것을 이르는 것인가"라고 하여 깊은 애도를 표하였으며, 다음과 같은 신해영의 유언을 실었다.[7]

내가 세상에 태어나 사십 여생에 종종 국가의 위급한 경우를 목격하였으나, 만분의 일이라도 은혜에 보답을 다하려는 정성이 없었는데 오늘 죽으니 별도로 유언할 일은 없거니와, 단 원컨대 윤군(옆에서 임종을 지키던 유학생 윤태진(尹台鎭))은 동경에 도착하는 날에 유학생들에게 '정신을 모아 노력하고 의지와 기개를 분발하여 업을 이룬 후 다른 날에 이미 잃은 국권을 광복하게 하면 나는 저승[泉臺]에 있어서도 춤을 추면서 치하하겠다'고 전해다오.

이와 같이 신해영은 죽는 순간까지 자신이 맡고 있던 일본 유학생 감독이라는 국가의 직분과 동시에 교육자로서의 사명을 다하고 있음을 확인할 수 있다.

1장　근대계몽기 수신교과서를 통해 살펴본 '도덕교육'의 연속성

1 신창호,『수기(修己), 유가 교육철학의 핵심』, 원미사, 2005, 25~119쪽; 강봉수,『한국 전
통 도덕교육론』, 한국학술정보, 2006, 13~288쪽; 이종흔,『뉴밀레니엄 시대의 윤리와 도
덕교육』, 인간사랑, 2003, 25~161쪽; 장승희,『유교와 도덕교육의 만남』, 제주대 출판부,
2013, 17~421쪽; 박병기,『동양 도덕교육론의 현대적 해석』, 인간사랑, 2009, 87~208쪽;
박병기,『의미의 시대와 불교윤리』, 씨아이알, 2013, 1~371쪽.

2 교육과학기술부,『초등학교 교육과정 해설』III(국어, 도덕, 사회), 미래엔 컬처그룹, 2008c,
211~212쪽.
2007 개정『도덕과 교육과정』이후 2009 개정『도덕과 교육과정』부터는 별도의 해설서가
없으며, 도덕과 교육과정의 변천에 대한 안내 역시 없다. 도덕과 교육과정의 변천 과정을
살펴보려면, 2007 개정 혹은 그 이전의『도덕과 교육과정 해설서』나 '국가교육과정 정보
센터(http://ncic.re.kr)'를 참고할 수 있다.

3 교육과학기술부,『중학교 교육과정 해설』II(국어, 도덕, 사회), 미래엔컬처그룹, 2008b, 161
쪽; 교육과학기술부,『고등학교 교육과정 해설』3(도덕), 미래엔 컬처그룹, 2008a, 171쪽.

4 이 책에서 '근대계몽기'라고 지칭한 기간은 1894년으로부터 1910년에 이르는 격동기이다.
이 기간에 대한 명칭은 근대, 근대개화기, 근대전환기, 근대계몽기 등으로 다양하다. 그
런데 '근대'라는 명칭은 구체적인 범위가 불확실하고, '근대개화기'나 '근대전환기' 등의
명칭은 교육을 논하는 이 책의 전개 과정과 그리 부합하지 않는다. 저자는 이 기간이 '신
교육을 통해 지식체계의 개편과 인간정신의 혁명적 전환을 꾀하였고, 이를 바탕으로 구
학(舊學)에서 근대 학문으로의 탈바꿈을 위해 노력했던 시기'였음을 감안하여, '근대계몽
기'라는 명칭을 사용하였다. (임형택,「20세기 초 신·구학의 교체와 실학」,『민족문학사
연구』제9권 제1호, 민족문학사학회, 1996, 13쪽)

5 '小學校令',『官報』제119호, 1895.7.22.

6 '小學校 敎則大綱',『官報』제138호, 1895.8.15.

7 古川 昭, 이성옥 역, 『구한말 근대학교의 형성』, 경인문화사, 2006, 51쪽.

8 위의 책, 111~113쪽.

9 김영우, 『한국 개화기의 교육』, 교육과학사, 1997, 55~57쪽; 우용제 외, 『근대한국초등교육연구』, 교육과학사, 1998, 54쪽.

10 김정효 외, 『한국 근대 초등교육의 성립』, 교육과학사, 2005, 99~105쪽.

11 '中學校 官制', 『官報』 제1228호, 1899.4.6.

12 '中學校 規則', 『官報』 제1673호, 1900.9.7.

13 김영우, 앞의 책, 1997, 124~128쪽; 이종국, 『한국의 교과서』, 대한교과서, 1992, 94~98쪽; 古川 昭, 앞의 책, 2006, 183~189쪽.

14 김영우, 위의 책, 128~129쪽.

15 '漢城師範學校 規則', 『官報』 제121호, 1895.7.24.

16 김영우, 『한국 근대교원교육사』 I, 정민사, 1987, 37~43쪽.

17 '普通學校令 施行規則', 『官報』 제3549호, 1906.9.4.

18 '普通學校令 施行規則', 『官報』 제4424호, 1909.7.9 .

19 한국학문헌연구소 편, 『한국 개화기교과서 총서(9권) - 수신 · 윤리편』 I, 아세아 문화사, 1977d, 「해제」.

20 김영우, 앞의 책, 1997, 105~108쪽.

21 '私立學校令', 『官報』 제4176호, 1908.9.14.

22 조연순 외, 『한국 근대 초등교육의 발전』, 교육과학사, 2005, 50쪽.

23 '高等學校令', 『官報』 제3546호, 1906.8.31.

24 '高等學校令 施行規則', 『官報』 제3548호, 1906.9.3.
여학생의 경우에는 1908년 '고등여학교령(高等女學校令)'을 시행하였는데, 이 '고등여학교령'에 따르면 '관립 한성고등여학교'는 "여자에게 필요한 고등보통교육과 기예를 가르침을 목적"으로 한다. 고등여학교에서도 수신 과목은 기본 교과로 편성되어 있다. 또한 '고등여학교령 시행규칙'은 여학생에 대한 수신교과의 정의를 "착실 온건하야 여자에게 적당한 숙덕(淑德)을 기를 것을 기약하고 실천궁행을 종지로 함을 요함"이라고 명시하는데, 특히 '정숙' 등을 강조한 부분은 당시 통감부에 의해 주도된 중등교육기관에서의 남녀관을 엿볼 수 있는 자료가 된다. ('高等女學校令', 『官報』 제4039호, 1908.4.4; '高等女學校令 施行規則', 『官報』 제4044호, 1908.4.10)

25 '高等學校令 施行規則', 『官報』 제4424호, 1909.7.9.

26 김영우, 앞의 책, 1997, 194~248쪽

27 '師範學校令', 『官報』 제3546호, 1906.8.31.

28 '師範學校領 施行規則', 『官報』 제3547호, 1906.9.1.

29 '師範學校領 施行規則', 『官報』 제4424호, 1909.7.9.

30 김영우, 앞의 책, 1987, 105쪽.

31 조연순 외, 앞의 책, 2005, 180~213쪽.

32 이종국, 『한국의 교과서 변천사』, 대한교과서, 2008, 73~77쪽.

33 강윤호, 『개화기의 교과용 도서』, 교육출판사, 1985, 66~67 · 179~187쪽; 송인자, 「개화

기 남녀 수신교과서의 지향점 분석」, 『한국문화연구』 제13집, 이화여대 한국문화연구원, 2007, 126쪽; 이승구 외, 『한말 및 일제강점기의 교과서 목록 수집 조사』, 한국교과서연구 재단, 2001, 12쪽; 이종국, 앞의 책, 1992, 138쪽.

34 이종국, 앞의 책, 2008, 57쪽.

35 송인자, 앞의 글, 2007, 144쪽.

36 윤현진 외, 『도덕과 교육 내용 개선 방안 연구』, 한국교육과정평가원, 2009, 66~84쪽.

37 교육과학기술부, 『도덕과 교육과정』, 교육과학기술부, 2012, 5쪽.

38 위의 책, 6~7쪽.

39 정세구, 「도덕, 윤리과 교육의 학제적 접근의 정착 과정」, 『사대논총』 제68집, 서울대 사범대학, 2004, 113~129쪽.

40 교육부, 『초·중등학교 교육과정 별책』 1(국민공통 기본 교육과정), 1997, 93쪽.

41 교육과학기술부, 앞의 책, 2012, 33쪽.

42 윤현진 외, 앞의 책, 2009, 68쪽.

43 정창우, 『도덕과 교수·학습방법 및 평가』, 인간사랑, 2007, 31·78~79쪽.

44 박병기·추병완, 『윤리학과 도덕교육』 I, 인간사랑, 2007, 184~188쪽.

45 교육과학기술부, 앞의 책, 2012, 5쪽.

46 정서(情緒)의 개념은 뚜렷하게 매듭짓기가 매우 어렵다. 정서를 정의(情意)와 혼용하는 학자도 있으며, 정의를 정서보다 더 포괄적인 용어로 사용하는 이들도 있다. 또한 동기와 관련된 욕구(Desire)를 정서에 포함하는 이들도 있고, 피터스(R. S. Peters)나 쇼간(D. Shogan)과 같이 '인지적 형식'으로서의 정서와, 행동을 유발하는 동기를 구분하여 사용하는 이들도 있다. 이 글에서는 정서의 개념을 욕구, 감각, 감정 등의 복합적인 작용으로 간주하고자 한다.

47 『大學』: 自天子以至於庶人, 壹是皆以修身爲本. 其本亂而末治者否矣, 其所厚者薄而其所薄者厚, 未之有也.

2장   근대계몽기 '초등용' 수신교과서에 나타난 가치교육의 변화

1 엄정식, 「가치와 삶」, 우리사상연구소, 『우리말 철학사전』 4, 지식산업사, 2007, 15쪽.

2 Werkmeister, W. H., 최병환 역, 『가치론의 역사적 조명』, 서광사, 1999, 26~34쪽; 김영정, 『가치론의 주요 문제들』, 철학과 현실사, 2005, 17~23쪽.

3 남궁달화, 「가치관 수립을 통한 인성교육」, 『사회과학연구』 제2집, 한국교원대 사회과학교육연구소, 1997, 7~9쪽.

4 이종국, 『한국의 교과서 출판 변천 연구』, 일진사, 2002, 51쪽.

5 허재영, 「근대계몽기 교과서 해제」, 이화여대 한국문화연구원 역, 『근대수신교과서』 1, 소명출판, 2011, 8쪽.

6 정호훈, 「조선 후기 『小學』 간행의 추이와 그 성격」, 『한국사학보』 제31호, 고려사학회, 2008, 115쪽.

7 윤진욱, 「조선전기 '소학계' 연구」, 『경주사학』 제32집, 경주사학회, 2010, 113쪽.

8 노관범, 「19세기 후반 淸道 지역 南人學者의 학문과 『小學』의 대중화」, 『한국학보』 제27집, 일지사, 2001, 102~110쪽.

9 『小學』 '小學題辭' : 元亨利貞, 天道之常, 仁義禮智, 人性之綱. 凡此厥初, 無有不善, 藹然四端, 隨感而見. 愛親敬兄, 忠君弟長, 是曰秉彝, 有順無彊.

10 『海東續小學』 「明倫」 : 天之生物, 理無虧欠, 而人之處物, 每不盡理. 如君臣父子兄弟夫婦, 皆出於天性, 而各有當然之則, 有一毫不盡其心, 不當乎理, 是爲不盡分也. 聖人所以爲人倫之至者, 只是盡其分也.

11 『海東續小學』 '序文' : 今此編輯, 即我東前輩言行之習熟於見聞, 其所以感發而興起者, 尤速於置郵而傳命矣.

12 『海東續小學』 「嘉言」 : 金慕齋嘗敎子弟曰, 惟謙與恭, 是君子成德. 汝輩固當佩服終身. 汝嘗見我以傲惰加人, 言人過失乎. 寧死, 不願聞子孫有此行也.

13 『海東續小學』 「嘉言」 : 靜菴先生, 語學者曰, 爲學切勿先立標準, 沈潛聖訓, 循循不已, 自有到處, 時日可惜, 存心不懈, 毋或放過.

14 도부학(渡部學), 「海東續小學에 對하여」, 『한국학논집』 제7집, 계명대 한국학연구원, 1992, 196~199쪽; 노관범, 앞의 글, 2001, 117~120쪽.

15 이 시기의 교과서들이 고유성과 체계성을 완벽하게 갖추지는 못하였다고 할지라도, 특정 교과서가 어떤 교과목에 적합하였고 실제 사용되었는지를 추론하는 과정은 매우 중요하다. 왜냐하면 교과서가 어떤 교과로 분류되느냐에 따라 평가가 달라지기 때문이다. 이 장에서 살펴볼 『소학독본』이 그러한 예인데, 이 책은 '독본(讀本)'이라는 명칭에 근거하여 기존에 국어교과서류로 분류되는 경우가 많았다. 따라서 이 책을 언급하는 연구들에서는 『소학독본』을 한 달 앞서 출간된 『국민소학독본(國民小學讀本)』과 비교하면서, 후자가 당시 상당히 획기적인 성격의 교과서라면 전자는 유가적 인물의 언행만을 제시하고 있기에 오히려 개화나 근대화에 역행하는 인상을 준다고 밝힌다. 그러나 『소학독본』을 수신교과서류로 분류할 경우 그 평가는 달라진다. 왜냐하면 이 책은 당시 수신교과서들 중에서도 체계성과 안정성을 높은 수준으로 확보하고 있기 때문이다. (김혜정, 「근대계몽기 국어교과서 내적 구성 원리 탐색」, 『국어교육연구』 제11집, 서울대 국어교육연구소, 2003, 296~300쪽; 최윤미, 「개화기 국어교과서 제재의 형식과 내용 분석」, 가톨릭대 석사논문, 2009, 48~51쪽)

16 이해명, 「개화기 교육목표와 교과서 내용과의 차이점 연구」, 『단국대학교 논문집』 제22집, 1988, 327~328쪽; 김정효·이해지, 「소학교의 교육내용」, 김정효 외, 『한국 근대 초등교육의 성립』, 교육과학사, 2005, 109~113쪽; 이철찬, 「대한제국시대 학부의 도서편찬 및 간행에 관한 연구」, 상명대 박사논문, 2008, 34~35쪽.

17 '통감부 학정 잠식기'에 학부에서 편찬한 『보통학교 학도용 수신서』(1907)는 교과서의 성격을 의심받지 않는다. 『보통학교 학도용 수신서』에 대한 상세한 내용은 이 책의 제3장에서 살펴볼 것이다.

18 『보통학교 학도용 수신서』는 교과서로써의 활용도라는 외(外)적 측면에 있어서는 상당히 발전된 모습을 보여준다. 가령 권1에서 권4까지의 네 권으로 구성되어 보통학교 4년 연한에 맞게 편찬되었고, 시수에 적당하게 분량도 조절되었으며, 언어의 수준도 초등용으로 낮추어졌다. 그러나 이 책은 교과서의 구성 원리라는 내(內)적 측면에 있어 근본적인

한계들을 지닌다. 가령 충군이나 애국 혹은 국내외적인 격동기에 국가가 나아갈 방향 등에 대한 설명은 매우 소략하다. 또한 모범 사례의 제시로 한반도 인물은 고려의 서필(徐弼) 한 명만이 있고, 삽화와 기술(記述) 등을 통해 대한제국의 모습에 대해 왜곡되게 표현하거나 비하하는 발언이 많다. 실제 1906년 이후의 '통감부 학정 잠식기'에는 수신교과의 목적과 성격에서 '존왕애국(尊王愛國)'이 빠지는데 이 『보통학교 학도용 수신서』는 그런 점을 그대로 반영하고 있기에, 이 장에서는 조사 범주에서 제외하였다.

19 당시 검열을 통과한 수신교과서의 하나로 박정동(朴晶東)의 『초등수신(初等修身)』이 있는데, 이 책에는 국가나 민족에 대한 시대적 요구가 전혀 드러나지 않는다. 이와 비교할 때 이 6종의 수신교과서가 지니는 시대적 의의란, 학습자에게 격동기를 능동적으로 대처하는 가치관을 기르려고 하였다는 것이다.

20 허재영, 「『초등윤리학교과서』 해제」, 이화여대 한국문화연구원 역, 『근대수신교과서』 1, 소명출판, 2011, 38~45쪽.

21 송인자, 「개화기 남녀 수신교과서의 지향점 분석」, 『한국문화연구』 제13집, 이화여대 한국문화연구원, 2007, 133~134쪽.

22 박병기, 「『초등소학수신서』 해제」, 이화여대 한국문화연구원 역, 『근대수신교과서』 1, 소명출판, 2011, 89쪽.

『초등소학수신서』에서 이 부분은 특히 중요하다. 왜냐하면 이 점이 『초등소학수신서』의 고유한 특징이기도 하기 때문이다. 이 장에서는 고찰의 대상으로 주의하지 않았지만, 앞서 언급한 『초등윤리학교과서』에서도 자유, 타인, 공익, 공덕, 권리, 책임 등과 같은 근대적 가치들이 강조되고 있다. 즉, 『초등윤리학교과서』 역시 『초등소학수신서』와 마찬가지로 전통적 수신의 내용을 기본으로 하면서도 새로운 민주적 가치들을 가르쳐 두 가치관의 조화를 꾀하였다는 것이다. 그러나 『초등윤리학교과서』는 가치교육의 방법 측면에 있어서는 내용의 체계성 이외에는 그리 내세울 게 없고, '실천적 가치관'을 강조하는 면도 부족한데, 『초등소학수신서』는 이러한 부분을 극복하고 있다.

23 몇 가지 예를 들어보자면, 강봉수는 유가의 다양한 이론들을 조선 시대의 주요 학자들의 이론을 통해 조명하고 다시 현대 도덕교육론과 연결시키고 있으며, 이종흔은 서양 도덕교육론의 이원적 인식의 한계를 극복하기 위한 대안으로 유학적 도덕교육론을 제시하고 있다. 또한 박병기는 불교의 교육철학과 인성론 등을 현대의 도덕교육론과 연결시켜 해석하고 있다. (강봉수, 『한국 전통 도덕교육론』, 한국학술정보, 2006; 강봉수, 『한국 유교 도덕교육론』, 한국학술정보, 2008; 이종흔, 『뉴밀레니엄 시대의 윤리와 도덕교육』, 인간사랑, 2003; 박병기, 『동양 도덕교육론의 현대적 해석』, 인간사랑, 2009)

24 서강식은 1922년의 제2차 '조선교육령(朝鮮教育令)'에 의해 만들어진 『초등학교 수신교과서』를 세밀하게 분석하고 있는데, 학년이 올라갈수록 황국 신민화와 일본인화가 더욱 뚜렷해지고 있음을 밝히고, 일제강점기 이전의 수신교과만이 오늘날의 도덕과 교육과 전통적으로 맥을 같이한다는 점을 제시한다. (서강식, 「1923~24년을 중심으로 한 일제강점기 하의 초등학교 수신교과서 내용 분석 연구」, 『초등도덕교육』 제29집, 한국초등도덕교육학회, 2009).

25 박용헌, 『가치교육의 변천과 가치의식』, 서울대 출판부, 2004, 223~287쪽.

3장   학부(學部)에서 편찬한 '초등용' 수신교과서의 의의와 한계

1 현재 초등학교 및 중·고등학교 『교육과정 해설서』에 나타나 있는 도덕과 교육과정의 역사를 살펴보면, 모두 도덕과가 전통교육의 정신과 문화를 이어받고 있음을 강조한다. 그리고 공식적인 교과로서 자리매김한 것은 1894년 이후의 '수신(修身)' 과목이라는 것을 지적하고 있다. 그러나 근대계몽기의 수신교과 상황에 대한 내용은 매우 소략하게 기술되어 있으며, 1945년 이후의 교수 요목기부터를 하나의 단락으로 시작하고 있다. (교육과학기술부, 『고등학교 교육과정 해설』 3(도덕), 미래엔 컬처그룹, 2008a; 교육과학기술부, 『중학교 교육과정 해설』 Ⅱ(국어, 도덕, 사회), 미래엔 컬처그룹, 2008b; 교육과학기술부, 『초등학교 교육과정 해설』 Ⅲ(국어, 도덕, 사회), 미래엔 컬처그룹, 2008c)

2 그와 같은 예들로 김경자 외, 『한국 근대 초등교육의 좌절』, 교육과학사, 2005 및 김순전 외, 『제국의 식민지 수신』, 제이앤씨, 2009 등의 저서를 들 수 있다. 이 저서들에 실린 여러 논문들에는 일제강점기의 수신교과와 수신교과서가 대한제국 국민을 황국 신민화하기 위한 용도로써 어떻게 활용되었는지 다양한 측면에서 제시되어 있다.

3 유봉호, 『한국교육과정사 연구』, 교학연구사, 1992, 66~67쪽.

4 '小學校 敎則大綱', 『官報』 제138호, 1895.8.15.

5 '普通學校令 施行規則', 『官報』 제3549호, 1906.9.4.

6 '普通學校令 施行規則', 『官報』 제4424호, 1909.7.9.

7 '高等學校令 施行規則', 『官報』 제3548호, 1906.9.3.

8 '高等學校令 施行規則', 『官報』 제4424호, 1909.7.9.

9 허재영, 「근대계몽기 교과서 해제」, 이화여대 한국문화연구원 역, 『근대수신교과서』 1, 소명출판, 2011, 7~12쪽.

10 저자의 관점에서 보자면, 이런 추론을 통하여 1894년에서 1906년 시기에 사용된 교과서들이 지향하는 특정 과목 영역을 바르게 구분 지어야 필요성이 있다. 예를 들어 『소학독본』을 '독본'이라는 이름에 근거하여 국어 교과서로 포함시키면서도, 『소학독본』보다 한 달 앞서 발간된 『국민소학독본(國民小學讀本)』에 비해 개화에 역행하는 전근대적인 성격의 교과서임을 지적하는 연구가 있다. 그런데 이것은 관점의 차이에서 기인하는 것으로 볼 수 있다. 왜냐하면 『소학독본』을 수신 과목에 해당하는 교과서로 분류해서 볼 경우, 앞서 밝힌 연구에서는 비판점으로 다루었던 요소들이 오히려 긍정적인 요소로 평가될 수 있기 때문이다. (윤여탁 외, 『국어교육 100년사』 Ⅰ, 서울대 출판부, 2006, 190~202쪽)

11 이종국, 『한국의 교과서 출판 변천 연구』, 일진사, 2002, 85쪽; 이종국, 『한국의 교과서 변천사』, 대한교과서, 2008, 50쪽.

12 한국학문헌연구소 편, 『한국 개화기 교과서 총서』 1권(국어편), 아세아 문화사, 1977a, '목차'; 한국학문헌연구소 편, 『한국 개화기교과서 총서』 9권(수신·윤리편), 아세아 문화사, 1977d, '목차'.

13 "내·외교육의 연혁과 저명한 교육가의 傳記로부터 교육과 교수의 원리 및 원칙을 가르치고 부속소학교에 나아가서 실제 수업의 방법을 연습한다." ('漢城師範學校 規則', 『官報』 제121호, 1895.7.24)

14 한국학문헌연구소 편, 앞의 책, 1997d, 「해제」.

15 이해명, 「개화기 교육목표와 교과서 내용과의 차이점 연구」, 『단국대학교 논문집』 제22집, 1988, 328쪽.

16 김정효·이해지, 「소학교의 교육내용」, 김정효 외, 『한국 근대 초등교육의 성립』, 교육과학사, 2005, 109~113쪽.

17 안춘근, 『한국고서평석』, 동화출판공사, 1986, 270~271쪽.

18 이성후, 「『夙惠記略』 研究」, 『논문집』 제5집, 금오공과대, 1985, 214~215쪽.

19 이해명, 앞의 글, 1988, 6쪽.

20 稻葉繼雄, 홍준기 역, 『구한말 교육과 일본인』, 온누리, 2006, 187~196쪽.

21 홍호선, 「대한제국말기 수신교과서에 나타난 인물의 인용상황 분석」, 『한국교육사학』 제19집, 한국교육사학회, 1997, 235~236쪽.

22 한국교과서연구재단, 『제7차 교육과정에 의거한 초등학교 교과용 도서의 현장 타당도 분석·평가 연구』, 한국교과서연구재단, 2002, 7~8쪽.

23 이런 연구 결과물들의 예로, 한국교육과정평가원, 『교과용 도서 평가 연구』 I, 한국교육과정평가원, 2007 및 한국교육과정평가원, 『교과용 도서 평가 연구』 II, 한국교육과정평가원, 2008 등이 있다. 전자가 교과서 평가에 대한 당위성을 강조하였다면, 후자는 여러 교과에 공통적으로 적용할만한 교과서 평가 기준을 제시하고 있다. 교육과정, 내용의 선정과 구성, 교수·학습, 평가, 편집 및 표현 방법 등 다양한 영역에서 세부적 평가 요소들을 소개하고 있다.

24 도덕과 교과서 평가에 대한 당위적 논의를 넘어서는 구체적 기준에 대한 연구물은 거의 없었는데, 김국현, 「도덕교과서의 총체적 질 관리 방안 연구」, 『윤리교육연구』 제15집, 한국윤리교육학회, 2008 및 「도덕과 교과서 선정 평가 기준 연구」, 『윤리교육연구』 제18집, 한국윤리교육학회, 2009 등은 그 본격적인 연구의 출발점을 제공하고 있다.

25 서재복, 「한말 개화기 초등용 교과서 분석」, 『교육종합연구』 제3권 제2호, 교육종합연구소, 2005, 33~34쪽.

26 '小學校令', 『官報』 제119호, 1895.7.22.

27 '普通學校令', 『官報』 제3546호, 1906.8.31.

28 이명준, 「개화기 전후의 도덕과 교육과정에 대한 교육사적 고찰」, 『교육철학』 제43집, 한국교육철학회, 2008, 77쪽.

29 古川 昭, 이성옥 역, 『구한말 근대학교의 형성』, 경인문화사, 2006, 51쪽.

30 石松慶子, 「통감부 치하 대한제국의 수신교과서·국어독본 분석」, 연세대 석사논문, 2003, 39쪽.

31 김항구, 「근대 이후 한국 교과서의 변천」, 『한국교원대학교 박물관 연보』 제1집, 2001, 39쪽.

4장 근대계몽기 '중등용' 수신교과서의 도덕교육적 시사점

1 일제강점기 수신교육의 목적이 대한제국 국민들의 일본인화 및 황국 신민화였음은 서강

식의 연구에 의해 밝혀졌다. (서강식, 「조선총독부 발간 초등학교 수신서 내용 분석 연구」,
『초등도덕교육』제27집, 한국초등도덕교육학회, 2008; 「1923~24년을 중심으로 한 일제
강점기하의 초등학교 수신교과서 내용 분석 연구」, 『초등도덕교육』제29집, 한국초등도
덕교육학회, 2009)

2 이화여대 한국문화연구원, 『근대계몽기 지식 개념의 수용과 그 변용』, 소명출판, 2008, 3~4쪽.

3 이 서적들은 도덕교육의 측면에서도 연구할 만한 가치를 지닌다. 『신찬교육학』에서는 교
육학의 두 축은 '심리적 교육학'과 '윤리적 교육학'이라는 전제 아래 지육·덕육·체육의
조화를 강조하면서, 특히 덕육에 많은 지면을 할애하고 있다. 『간명교육학』역시 교육학
과 심리학, 윤리학의 관계를 논하고, "敎育은 個人性과 社會心을 調和的으로 發達ㅎ야 實地
에 不迂ㅎ고 理想에 不流ㅎ는 人을 造ㅎ는 目的에 在ㅎ다 云홀지니 其 此롤 能致ㅎ는 바는
唯 道德에 在훈 故로 吾人은 憂히 總括的으로 敎育의 目的은 道德的 生活의 完成에 在ㅎ다
云ㅎ고 此롤 詳述코져 ㅎ노라'라고 밝힘으로써, 교육의 목적이 개인성과 사회심의 조화
적 발달과 이를 통한 도덕적 생활에 있음을 강조하고 있다. 「교육학원리」에서는 플라톤
[栢拉圖], 아리스토텔레스[阿里士土德], 몽테뉴[毛貪시], 로크[龍克], 헤르바르트[黑排梯] 등
의 사상을 소개하고, 지육·덕육·체육 이외에도 특히 「정육(情育)」편을 추가하여 상세
히 설명하고 있다. 지면 관계상 근대계몽기의 전문 교육학 서적들에 나타나는 도덕교육
적 측면은 후속 연구 과제로 남겨둔다. (허재영 편, 『근대계몽기의 교육학 연구와 교과서』,
지식과 교양, 2012, 536쪽; 兪鈺兼, 『簡明敎育學』, 右文館, 1908, 72쪽; 부산대 점필재연구소
고전번역학센터, 『대한자강회월보 편역집』1, 소명출판, 2012, 212~225쪽)

4 대표적인 예가 학부(學部)에서 1895년 발행한 『소학독본(小學讀本)』이다. 이 책은 '독본'이
라는 명칭으로 인해 국어교과서로 분류되는 경우가 잦았는데, 그 평가는 『소학독본』의
내용이 개화나 근대화에 역행한다는 부정적인 것이었다. 하지만 이 책을 수신교과서로
분류할 경우, 평가는 전혀 달라진다. 왜냐하면 『소학독본』은 당시 발행되었던 관·공립
학교용 수신교과서들 중 체계성이나 수신교과서로서의 성격이 가장 강하기 때문이다.
관·공립학교용 수신교과서들에 어떤 서적들이 있었는지는 이 장의 진행과정에서 소개
될 것이다. (윤여탁 외, 『국어교육 100년사』1, 서울대 출판부, 2006, 190~202쪽)

5 근대계몽기 내 시기 구분과 관련하여 양방주는 '갑오교육개혁기'(1894~1904)와 '일제간
섭기'(1905~1910)라는 명칭을 사용하였고, 이명준은 '신학제 수립시기'(1894~1904)와 '학
교령 시행시기'(1906~1911)라는 명칭을 사용하였으며, 허재영은 교과서 변천사에 주목
하여 '근대식 학제 도입에 따른 교과서 개발기'(1895~1905)와 '통감시대 학정 잠식기의 교
과서'(1906~1910)라는 명칭을 사용하였다. 연구자에 따라 근대계몽기 내 시기 구분에 약
간씩의 차이가 있지만, 전체적인 측면에서는 대동소이하다. 저자는 이 가운데 허재영이
사용한 명칭이 근대계몽기 내 전·후 시기의 특징을 잘 보여준다고 판단하고, 그것을 '근
대식 학제 도입기'와 '통감부 학정 잠식기'로 변형하여 사용하였다. 다만 저자는 학부를
학무아문의 연장선으로 간주하고 있으므로, 근대식 학제 도입기를 1895년에서 1894년으
로 앞당겼다. (양방주, 「도덕과 역사론」, 한국도덕윤리과교육학회, 『도덕윤리과교육학개
론』, 교육과학사, 2013, 39~42쪽; 이명준, 「개화기 전후의 도덕과 교육과정에 대한 교육
사적 고찰」, 『교육철학』제43집, 한국교육철학회, 2008, 72~82쪽; 허재영, 「근대계몽기

교과서 해제」, 이화여대 한국문화연구원 역, 『근대수신교과서』 1, 소명출판, 2011, 8쪽)

6 이승구 외, 『한말 및 일제강점기의 교과서 목록 수집 조사』, 한국교과서연구재단, 2001, 12쪽.

7 휘문의숙은 1906년 민영휘(閔泳徽)가 세운 사립학교이다. 지금의 휘문중 · 고등학교의 전신이며, 최초 교명은 광성의숙(廣成義塾)이었으나 고종의 칙명으로 개칭하였다. 휘문의숙에는 부대시설로 휘문관(徽文館)이 있어서 편집부에서 제작한 교과서를 자체 출판할 수 있었는데, 『중등수신교과서』와 『고등소학수신서』 모두 이 휘문관을 통해 발행되었다. (손인수, 『한국개화교육연구』, 일지사, 1985, 112쪽)

8 『중등수신교과서』의 본문은 국 · 한문혼용체로 되어 있는데, 민영휘의 서문만큼은 전문(全文)이 한문으로 되어 있다.

9 신해영은 학부 편집국장, 일본 유학생 감독, 보성(普成)전문학교의 교장 등을 역임하였다. 마지막의 보성전문학교는 1905년 이용익(李容翊)이 세운 사립학교로서 지금의 고려대학교의 전신이다. 이용익이 설립한 학교로는 보성전문학교 이외에도 보성소학교와 중학교가 있었고, 부대시설로는 편집소인 보성관(普成館), 인쇄소인 보성사(普成社)가 있었다. 그리고 신해영의 『윤리학교과서』는 보성중학교에서 사용할 목적으로 편술되었으며, 보성관을 통해 발행되었다.

10 이런 점이 도덕교과서를 평가하는 현재의 기준과는 부합하지 않을 수 있다. 예를 들어 김국현은 ⓐ 교육과정, ⓑ 내용, ⓒ 교수 · 학습 방법, ⓓ 평가, ⓔ 편집 및 표현 · 표기 등을 큰 기준으로 하여 상세한 세목을 정하였다. 그리고 그 세목 중 한 가지는 '내용 선정상의 중립성'이다. 다시 말해 도덕교과서의 내용을 선정함에 있어 인물, 성, 종교, 이념, 민족, 계층, 지역 등에 대해 왜곡이나 편견은 없었는지 평가하는 것이다. 만일 이 중립성을 평가 기준으로 내세운다면, 이 장에서 살펴보고 있는 3종의 중등용 수신교과서들은 그리 좋은 평가를 받지 못할 것이다. 하지만 평가 기준은 일정한 보편성과 동시에 시대나 상황에 따른 가변성을 함께 지녀야만 한다. 그러므로 국권이 외세에 의해 심각하게 위협받는 당시 국내 상황에서, 오로지 가치중립적으로만 내용을 선정하는 것은 수신교과서의 진정한 역할을 망각한 것이라고 볼 수 있다. 따라서 이 장에서는 학습자들로 하여금 당대 사회를 비판적으로 바라볼 수 있는 시각을 길러주고, 이를 토대로 미래 지향점을 자각할 수 있도록 한 내용 선정을 발전된 것이라고 평가하였다. (김국현, 「도덕과 교과서 선정 평가기준 연구」, 『윤리교육연구』 제18집, 한국윤리교육학회, 2009, 35~38쪽)

11 고미숙, 『대안적 도덕교육』, 교육과학사, 2005, 86~103쪽.

12 가치관계확장법을 구성하는 네 가지 영역의 명칭도 조금씩 변동하여, 현재 2012 개정 『도덕과 교육과정』에서는 ⓐ 도덕적 주체로서의 나, ⓑ 우리 · 타인과의 관계, ⓒ 사회 · 국가 · 지구 공동체와의 관계, ⓓ 자연 · 초월적 존재와의 관계로 분류하고 있다. (교육과학기술부, 『도덕과 교육과정』, 교육과학기술부, 2012, 6~7쪽)

13 생활영역확대법과 가치관계확장법의 관계에 대해서 저자는 윤현진 외의 연구 결과에 의거하여, 전자에 대한 후자의 '보완적 성격'이 강하다는 데 찬성하는 입장이다. 하지만 이런 견해와는 다르게 생활영역확대법과 가치관계확장법의 성격을 가능한 뚜렷하게 구분하고, 후자는 전자에 대한 '대안적 성격'이 강하다는 입장의 연구 결과도 있다. 예를 들어 김태훈 · 손경원의 연구에서는 가치관계확장법을 생활영역확대법에 대한 대안적인 구성

체계로 간주한다. 하지만 가치관계확장법이 도덕적 주체인 '나'를 중심으로 가치관계가 확장되는 것에 초점을 맞춘 원리라면, 실존하는 나의 삶의 영역과 별개로 가치관계가 확장될 수는 없다고 판단된다. 따라서 저자는 생활영역확대법과 가치관계확장법에서 발견할 수 있는 공통점에 초점을 맞추어서 논의를 전개하였다. (윤현진 외, 『도덕과 교육 내용 개선 방안 연구』, 한국교육과정평가원, 2009, 72쪽; 김태훈·손경원, 「도덕과 내용체계의 변천 분석과 개선 방향」, 『도덕윤리과교육』 제37호, 한국도덕윤리과교육학회, 2012, 21쪽)

14 양방주, 앞의 글, 2013, 39쪽.

15 '학제적'이라는 말의 사용 방식은 학자에 따라서 조금씩 다르다. 몇 가지 예를 들면 첫째, 각기 다른 학문 간에 방법적 차원의 통합을 추구하여 새로운 지식 영역을 구성하는 것, 둘째, 여러 학문의 개념, 이론, 방법론에 대해 종합적으로 접근하는 것, 셋째, 기존의 하나의 학문으로는 풀 수 없거나 여러 학문 영역에 걸쳐 탐구할 만한 주제를 가지고 다양한 학문의 관점을 종합 혹은 통합하는 것 등이다. 그러나 이렇게 조금씩 다른 의미로 사용됨에도 불구하고, '둘 이상의 학문 분야가 제휴하여 일정한 목적을 달성하거나 새로운 이해를 창출하는 것'이라는 점에서는 공통점이 발견된다. (김아영, 「학제적 교육 실태의 분석도구 개발을 위한 이론적 탐색」, 『교육사상연구』 제25권 제2호, 한국교육사상연구회, 2011, 2쪽; 정세구, 「도덕·윤리과 교육의 학제적 접근의 정착 과정」, 『사대논총』 제68집, 서울대 사범대학, 2004, 113쪽)

16 『중등수신교과서』에서는 권1의 제9과 「음식의 섭취」~제13과 「신체의 단련」, 권2의 제2과 「창업」, 권3의 제16과 「타인의 생명에 대한 의무(續)」, 권4의 제13과 「공직」 등이 예가 되고, 『고등소학수신서』에서는 제75과 「직업」~제76과 「직업(續)」, 제103과 「수면」~제105과 「술을 경계하기」 등이 예가 된다.

17 언급해야 할 것은 ⓐ지·정·의(지·덕·체)의 통합, ⓑ 삶의 영역의 확장 구도, ⓒ 학제적 성격 등이 중등용 수신교과서들을 중심으로 나타난다는 점이다. 실제 도덕과 교육의 '연속적인' 측면만을 강조할 때는 초등용 수신교과서들이 더 적합하다. 그 이유는 중등용 수신교과서들이 통감부 학정 잠식기(1906~1910)에 모두 사립학교용으로 등장한 데 반해, 초등용 수신교과서들은 근대계몽기(1894~1910) 전체에 관·공·사립학교용으로 다양하게 등장하기 때문이다. 하지만 초등용 수신교과서들에서는 중등용 수신교과서들에 나타나는 구체성과 포괄성을 찾기 어렵다. 따라서 교과서를 통해 전통교육과 현대 도덕과 교육의 연속성을 논할 경우, 초등용 수신교과서들에서는 단절 없는 연속성 그 자체에, 중등용 수신교과서들에서는 도덕과의 바탕이 되는 핵심 사항들의 일치 정도에 초점을 맞추어야 한다.

18 교육과학기술부, 앞의 책, 2012, 6~7쪽.

19 오기성 외, 『2011 도덕과 교육과정 개정 시안 연구 개발』, 교육과학기술부, 2011, 87~88쪽.

20 차우규·윤현진, 『도덕과 교육목표 및 내용체계 연구』 I, 한국교육과정평가원, 2002, 99~100쪽; 김인숙, 「초등학교 도덕교과서의 덕교육 내용 분석 연구」, 『윤리철학교육』 제9집, 윤리철학교육학회, 2008, 38~40쪽; 박병기, 「제7차 초등 도덕과 교육과정의 '주요 가치·덕목'에 관한 윤리학적 비판과 대안 모색」, 『초등도덕교육』 제12집, 한국초등도덕교육학회, 2003, 166~172쪽; 장승희, 「초등학교 '바른생활'·'도덕'의 전통윤리교육 분석과 과제」, 『윤리연구』 제77호, 한국윤리학회, 2010, 316쪽.

21 가령 홍석영, 「'윤리와 사상' 교과서 분석 및 개선 방향」, 『도덕윤리과교육』 제19호, 한국도

덕윤리과교육학회, 2004, 117~134쪽; 황인표, 「새로운 교육과정에 따른 고등학교 1학년 (10학년) 도덕과 교과서 개발 방향」, 『도덕윤리과교육』 제22호, 한국도덕윤리과교육학회, 2006, 99~134쪽; 김은수, 「『생활의 길잡이』 내용 구성 및 기술 방향 연구」, 『윤리교육연구』 제17집, 한국윤리교육학회, 2008, 267~284쪽 등이 있다. 이상의 연구들에서 제시한 도덕 교과서의 기술 '방향'은 교육과정에 일정 이상 반영되었고 현재에도 시사하는 바가 크지만, 구체적인 기술 '방식'까지 제시하지는 않았다는 점에서 공통적인 한계를 내포한다.

22 김국현은 도덕교과서의 평가 기준을 상세화하면서, 내용 선정상의 적정성·타당성·정확성·참신성·중립성·다양성과 더불어 표현, 표기의 정확성·가독성 등을 강조하고 있다. 최근 도덕교과서의 언어 표현과 관련해서 주목할 만한 성과로는 이명준의 '응집성(coherence)'과 '용인성(acceptability)' 연구가 있다. 응집성은 텍스트 내용 구성의 논리성·일관성·완결성·체계성·명료성·일관성·유기적 관련성 등과 연관되며, 용인성은 텍스트가 학습자의 수준 및 실제 경험에 부합하는지와 연관된다. 이명준은 이 두 가지 잣대로 도덕교과서의 언어 표현을 분석하였다. 이상의 연구들은 그간 제대로 연구되지 못했던 도덕교과서의 기술 방식을 언급하고 있다는 측면에서 의의가 크지만, 표현상의 논리성, 명확성, 간결성 등만을 강조하고 있다는 점에서는 보완이 필요하다. (김국현, 앞의 논문, 2009, 35~36쪽; 이명준, 「도덕교과서 언어 표현 개선 방안」, 『교과서 언어 표현 개선 방안 워크숍 자료집』, 한국교육과정평가원, 2012, 79~110쪽)

23 일례로 『윤리학교과서』 권4의 제1장 「국가총론」에서는 준법에 대해 "국가 체제 및 정치 체제의 성질을 확실히 정해 국가의 조직을 명료히 하여 치자(治者)와 피치자(被治者)의 관계를 규정한 것이 곧 헌법이다. 이미 국가가 있으면 국가에서 존립하고 행동하는 조직과 질서가 없지 못할 것이다. 따라서 헌법은 곧 이 국가의 조직과 질서를 정한 것이니, 이것은 실로 국가 최고의 중대한 법전이 되어 국민이 공경하여 준수하며 배반해서는 안 되는 것이다"(10~11)라고 하여 간략하면서도 명료하게 제시하고 있다.

24 차우규, 「도덕과 좋은 교과서」, 『교과서연구』 제64호, 한국교과서연구재단, 2011, 13쪽.

5장 근대계몽기 '여학생용' 수신교과서의 특징과 한계

1 이 장의 논의 필요성은 근대계몽기의 여성 수신교육을 일제강점기 하의 그것과 비교할 때도 잘 나타난다. 일제강점기 하의 여성 수신교육은 내선융화(內鮮融和)를 전제로 한 황국여성의 양성 및 전쟁 동원을 위한 군국주의적 모성 강조의 방향으로 고착되어 있었다. 그러나 근대계몽기에 나타난 여성 수신교육은 격변하던 시대상과 맞물려 전통과 서구의 혼재 양상을 보여주고 있다. 그럼에도 이 시기의 여성 수신교육에 대한 연구는 도덕교육계에서 전무하다고 해도 과언이 아니고, 이런 사실은 이 장의 논의 필요성을 뒷받침하는 또 하나의 이유이기도 하다. (장미경, 「修身書로 본 조선총독부의 '식민지 여성' 교육」, 『일본어문학』 제41집, 한국일본어문학회, 2009, 378~393쪽)

2 같은 맥락에서, 그 동안의 근대계몽기 여성교육에 대한 연구는 대체로 근대성을 부각시키는 데 초점이 맞추어져 있었다는 점을 지적해야만 한다. 그러나 수백 년간 유지되어 오

던 유교적 여성관이 개화의 영향으로 일순간에 사라질 수 없음은 자명하다. 그리고 그것은 근대 여성교육의 담론이 삼종지도(三從之道)와 칠거지악(七去之惡), 조혼, 개가 금지 등 유교적 구습들에는 매우 비판적임에도, 그 구습들의 이념적 근거가 되는 삼강오륜이나 음양론, 내외법 등은 대체로 수용하고 있다는 사실에서 잘 나타난다. 이 부분과 관련된 사례들은 이 장의 전개 과정에서도 제시될 것이다. (김언순, 「개화기 여성교육에 내재된 유교적 여성관」, 『페미니즘연구』 제10권 제2호, 한국여성연구소, 2010, 36~37, 63쪽)

3 신영숙, 「대한제국 시기 가부장제와 여성 생활」, 『여성학논집』 제11집, 이화여대 한국여성연구소, 1994, 85~93쪽.

4 『독립신문』, 1896.9.5, 1면.

5 부산대 점필재연구소 고전번역학센터, 『대한자강회월보 편역집』 1, 소명출판, 2012, 45쪽.

6 김영우, 「한국 개화기의 여성교육에 관한 연구」, 『논문집』 제19집 제2호, 공주대학교, 1981, 9~14쪽.

7 박용옥, 「구한말의 여성교육」, 『사학연구』 제21집, 한국사학회, 1969, 370~377쪽.

8 남녀평등(동등) 담론은 근대계몽기에 이루어진 여성교육론의 핵심이다. 전미경의 지적처럼, 그것은 단지 여성에게 남성과 동등한 권리를 부여하는 것 이상의 의미를 내포하고 있다. 이제 '여성'이라는 존재는 새롭게 인식되고, 그 새로운 인식의 바탕 위에 여성에 대한 재발견이 이루어진 것이다. 그리고 이로 인해 여성교육의 당위성도 한층 강력하게 요청되었다. 하지만 남녀평등(동등) 담론은 여성을 '국가 문명화의 수단'이나 '국민 양성의 도구'로 묘사하는 데도 일정 이상 기여하였으며, 그것은 여학생용 수신교과서들에서도 잘 나타난다. 이 부분에 대한 논의는 이 장의 제4절에서 구체화될 것이다. 전미경, 「개화기 '남녀동등' 담론에 나타난 여성에 대한 계몽의 시각」, 『한국가정관리학회지』 제20권 제1호, 한국가정관리학회, 2002, 87쪽.

9 조경원, 「개화기 여성교육론의 양상분석」, 『교육과학연구』 제28집, 이화여대 교육과학연구소, 1998, 26~39쪽.

10 '小學校 教則大綱', 『官報』 제138호, 1895.8.15.

11 여학생들이 사용했던 초등용 수신교과서들 이외에 존재했던 여러 종류의 '학교용' 초등 수신교과서들로는 다음과 같은 것들이 있다.
ⓐ 전통적인 수신교과서류 : 『계몽편』, 『명심보감』, 『소학』 등과 조선말 '속(續)소학'류
ⓑ 학부편찬 수신교과서류 : 『숙혜기략』, 『소학독본』, 『보통학교 학도용 수신서』 등
ⓒ 사립학교 수신교과서류 : 『초등윤리학교과서』, 『초등소학수신서』, 『초등수신서』 등

12 이원긍(李源兢, 1849~?)은 국학자인 이능화(李能和)의 부친으로, 조선말에 활동했던 문신이다. 일제 침략이 노골화되는 시기에 독립협회 회원으로 활동하다가 여러 차례 투옥되었으며, 교육에 관심이 많아 국민교육회(國民敎育會)를 창설, 회장을 역임하기도 하였다. 『초등여학독본』은 그가 53세 때 저술한 책이다.

13 지금까지 '독본(讀本)'이라는 명칭에만 의존하여 여러 종의 근대계몽기 서적들을 국어과 교재로 분류하려는 시도들이 있었는데, 저자는 이런 시도들은 이제 재고되어야 한다고 생각한다. 예를 들어 이화여자대학교 한국문화연구원에서 번역한 『근대수신교과서』 1~3 에서는 『초등여학독본』의 내용 분석을 토대로 이 책을 수신과 교재로 분류하고 있다. 그

리고 박병기·김민재가 번역한『근대 학부 편찬 수신서』에서는『소학독본』의 내용 분석을 토대로 이 책을 수신과 교재로 분류하고 있다. 그런데 최근 경진출판사에서는 '한국개화기 국어교과서' 시리즈를 출간하면서,『초등여학독본』과『소학독본』을 모두 국어과 교재로 묶었다. 게다가 내용상 수신과 교재로 분류되던 서적들까지 국어과 교재로 분류하고 있다. 사실 근대계몽기는 법제상 교과가 분류되어 있었을 뿐, 각 교과에 해당하는 교과서가 충실하게 구비된 때가 아니었다. 그럼에도 '독본'이라는 명칭에만 의존하여『○○독본』을 근대계몽기의 국어과 교재로 분류한다면, 같은 논리로 '소학'이라는 명칭이 붙어 있다면 모두 수신과 교재로 분류할 수 있다는 것인가? 결론적으로 저자는 명칭이 아닌, 책의 내용을 분석하여 교재를 분류해야 한다고 주장한다. 그리고 이런 맥락에서『초등여학독본』이나 이어서 살펴볼『녀ᄌ독본』은 수신과와 국어과의 교재를 겸하고 있었다고 판단된다. (이화여대 한국문화연구원 역,『근대수신교과서』1~3, 소명출판, 2011; 박병기·김민재 역,『근대 학부 편찬 수신서』, 소명출판, 2012; 박선영 역,『초등여학독본』, 경진, 2012; 유임하 역,『소학독본』, 경진, 2012)

14 장지연(張志淵, 1864~1921)은 독립협회와 만민공동회, 대한자강회, 대한협회 등에서 활동하였고, 황성신문과 해조신문, 경남일보 등에서 주필을 역임하였다. 저작으로는『증보대한강역고(增補大韓疆域考)』,『유교연원(儒教淵源)』등이 있다.

15 박용옥, 「1905~10, 서구 근대 여성상의 이해와 인식」,『인문과학연구』제12집, 성신여대 인문과학연구소, 1992, 198쪽.

16 노병선(盧秉鮮, 1859~?)은 조선말의 교육자로서 상동(尙洞) 소학교와 진명(進明) 여학교의 교사를 지냈으며, 협성회(協成會) 부회장을 역임하였다. 노병선에 대한 이 이상의 약력은 찾아보기 어렵다. (김동면, 「협성회 활동에 관한 고찰」,『한국학보』제7권 4호, 일지사, 1981, 45~48쪽)

17 김수경, 「개화기 여성 수신서에 나타난 근대와 전통의 교차」,『한국문화연구』제20집, 이화여대 한국문화연구원, 2011, 112~113쪽.

18 예를 들어 샤를로테(사로탈, 26~28과)는 공포정치를 자행한 마라(마랍)을 암살하였으며, 아니타(마리타, 29~31과)는 가리발디(가리파)의 이탈리아 통일을 도왔다. 잔 다르크(여안, 34~37과)는 앞장서 영국을 물리쳤으며, 프란시스(부란지스, 43~46과)는 수많은 고난 중에서도 부인교풍회(婦人矯風會)라는 단체를 결성, 자선 사업을 펼쳤다. 그리고 서양여성들 중 가장 많은 분량의 나이팅게일(남정격이, 52~56과)은 넉넉한 가정에서 편하게 살 수 있었지만, 전쟁에서 수많은 병사들을 간호하며 박애 정신을 펼쳤다. 박용옥은『녀ᄌ독본』에 등장하는 10명의 서양여성들을 혁명적 구국적 여성상, 위국헌신적 여성상, 박애주의적 여성상의 세 가지 방식으로도 분류할 수 있다고 보았다. (박용옥, 앞의 글, 1992, 212~219쪽).

19 조경원, 「대한제국 말 여학생용 교과서에 나타난 여성교육론의 특성과 한계」,『교육과학연구』제30집, 이화여대 교육과학연구소, 1999, 175쪽.

20 전미경, 앞의 글, 2002, 13쪽.

21 김수경, 앞의 글, 2011, 125쪽.

22 전경옥 외,『한국 근현대 여성사』1(정치·사회), 모티브북, 2011, 33쪽.

요약과 제언

1 여러 판이 인쇄되었으며 『고등산학신편』이라고 제목 붙여지기도 하였다.

2 『동아일보』, 1981.1.30, 10면.

3 위의 기사; 『황성신문』, 1898.11.3, 4면; 『황성신문』, 1905.1.16, 3면.

4 『매일경제』, 1981.9.25, 7면.

5 「祝辭」, 『대한흥학보』 제1호, 대한흥학회, 1909.3.20.

6 黃玹, 『梅泉野錄』 卷6 : 日本遊學生監督申海永卒, 亦以疫也, 是時疫死者, 卿宰只李道宰; 『신한민보』, 1909.10.20, 3면; 국사편찬위원회, 『고종시대사』 제6권, 1909.9.22.

7 「監督 申海永氏 病沒始末」, 『대한흥학보』 제6호, 대한흥학회, 1909.10.20.

| 참고문헌 |

1. 원전류

『大學』,『小學』
盧炳鮮,『녀ᄌ소학슈신셔』, 博文書館, 1909.
朴在馨,『海東續小學』, 1884.
朴晶東,『初等修身』, 同文社, 1909.
申海永,『倫理學教科書』, 普成館, 1908.
安鍾和,『初等倫理學教科書』, 廣學書鋪, 1907.
柳瑾,『初等小學修身書』, 廣學書鋪, 1908.
兪鈺兼,『簡明教育學』, 右文館, 1908.
張志淵,『녀ᄌ독본』, 廣學書鋪, 1908.
黃玹,『梅泉野錄』.
徽文館,『普通教科修身書』, 徽文館, 1910.
徽文義塾 編輯部,『高等小學修身書』, 徽文館, 1907.
徽文義塾 編輯部,『中等修身教科書』, 徽文館, 1906.

2. 학령, 신문, 기사류

'小學校令',『官報』제119호, 1895.7.22.
'漢城師範學校 規則',『官報』제121호, 1895.7.24.
'小學校 教則大綱',『官報』제138호, 1895.8.15.
'中學校 官制',『官報』제1228호, 1899.4.6.

'中學校 規則', 『官報』 제1673호, 1900.9.7.

'普通學校令'・'師範學校令', 『官報』 제3546호, 1906.8.31.

'師範學校領 施行規則', 『官報』 제3547호, 1906.9.1.

'高等學校令 施行規則', 『官報』 제3548호, 1906.9.3.

'普通學校令 施行規則', 『官報』 제3549호, 1906.9.4.

'高等女學校令', 『官報』 제4039호, 1908.4.4.

'高等女學校令 施行規則', 『官報』 제4044호, 1908.4.10.

'私立學校令', 『官報』 제4176호, 1908.9.14.

'高等學校令 施行規則'・'普通學校令 施行規則'・'師範學校領 施行規則', 『官報』 제4424호, 1909.7.9.

『獨立新聞』, 1896.9.5.

『皇城新聞』, 1898.11.3.

『新韓民報』, 1909.10.20.

『동아일보』, 1981.1.30.

『매일경제』, 1981.9.25.

『大韓興學報』 제1호 「祝辭」, 대한흥학회, 1909.3.20.

『大韓興學報』 제6호 「監督 申海永氏 病沒始末」, 대한흥학회, 1909.10.20.

3. 단행본류

강봉수, 『한국 전통 도덕교육론』, 한국학술정보, 2006.

_____, 『한국 유교 도덕교육론』, 한국학술정보, 2008.

강윤호, 『개화기의 교과용 도서』, 교육출판사, 1985.

고미숙, 『대안적 도덕교육』, 교육과학사, 2005.

교육부, 『초・중등학교 교육과정 별책』 1(국민공통 기본 교육과정), 1997.

교육인적자원부, 『도덕과 교육과정』, 대한교과서 주식회사, 2007.

교육과학기술부, 『고등학교 교육과정 해설』 3(도덕), 미래엔 컬처그룹, 2008a.

_____, 『중학교 교육과정 해설』 II(국어, 도덕, 사회), 미래엔 컬처그룹, 2008b.

_____, 『초등학교 교육과정 해설』 III(국어, 도덕, 사회), 미래엔 컬처그룹, 2008c.

_____, 『고등학교 교육과정 해설』(도덕), 교육과학기술부, 2009.

_____, 『도덕과 교육과정』, 교육과학기술부, 2012.

국사편찬위원회, 『고종시대사』 6, 국사편찬위원회, 1972.

김경자 외, 『한국 근대 초등교육의 좌절』, 교육과학사, 2005.

김순전 외, 『제국의 식민지 수신』, 제이앤씨, 2009.

김영우, 『한국 근대교원교육사』 I, 정민사, 1987.

_____, 『한국 개화기의 교육』, 교육과학사, 1997.

김영정, 『가치론의 주요 문제들』, 철학과 현실사, 2005.

김정효 외, 『한국 근대 초등교육의 성립』, 교육과학사, 2005.

문혜윤 역, 『여자독본』, 경진, 2012.

박병기, 『우리시대의 문화와 사회윤리』, 인간사랑, 2003.

_____, 『동양 도덕교육론의 현대적 해석』, 인간사랑, 2009.

_____, 『의미의 시대와 불교윤리』, 씨아이알, 2013.

_____ · 추병완, 『윤리학과 도덕교육』 I, 인간사랑, 2007.

_____ · 김민재 역, 『근대 학부 편찬 수신서』, 소명출판, 2012.

박용헌, 『가치교육의 변천과 가치의식』, 서울대학교 출판부, 2004.

박선영 역, 『초등여학독본』, 경진, 2012.

부산대학교 점필재연구소 고전번역학센터, 『대한자강회월보 편역집』 1, 소명출판,
        2012.

손인수, 『한국개화교육연구』, 일지사, 1985.

신창호, 『수기(修己), 유가 교육철학의 핵심』, 원미사, 2005.

안춘근, 『한국고서평석』, 동화출판공사, 1986.

오기성 외, 『2011 도덕과 교육과정 개정 시안 연구 개발』, 교육과학기술부, 2011.

우용제 외, 『근대한국초등교육연구』, 교육과학사, 1998.

유봉호, 『한국교육과정사 연구』, 교학연구사, 1992.

유임하 역, 『소학독본』, 경진, 2012.

윤여탁 외, 『국어교육 100년사』 I, 서울대학교 출판부, 2006.

윤현진 외, 『도덕과 교육 내용 개선 방안 연구』, 한국교육과정평가원, 2009.

이승구 외, 『한말 및 일제강점기의 교과서 목록 수집 조사』, 한국교과서연구재단, 2001.

이종국, 『한국의 교과서』, 대한교과서, 1992.

_____, 『한국의 교과서 출판 변천 연구』, 일진사, 2002.

_____, 『한국의 교과서 변천사』, 대한교과서, 2008.

이종혼, 『뉴밀레니엄 시대의 윤리와 도덕교육』, 인간사랑, 2003.

이화여대 한국문화연구원, 『근대계몽기 지식 개념의 수용과 그 변용』, 소명출판, 2008.

_____ 역, 『근대수신교과서』 1~3, 소명출판, 2011.

장승희,『유교와 도덕교육의 만남』, 제주대 출판부, 2013.

전경옥 외,『한국 근현대 여성사』1(정치·사회), 모티브북, 2011.

정창우,『도덕과 교수·학습방법 및 평가』, 인간사랑, 2007.

조연순 외,『한국 근대 초등교육의 발전』, 교육과학사, 2005.

차우규·윤현진,『도덕과 교육목표 및 내용체계 연구』I, 한국교육과정평가원, 2002.

한국교과서연구재단,『제7차 교육과정에 의거한 초등학교 교과용 도서의 현장 타
　　　　당도 분석·평가 연구』, 한국교과서연구재단, 2002.

한국교육과정평가원,『교과용 도서 평가 연구』I, 한국교육과정평가원, 2007.

＿＿＿＿＿＿＿＿＿,『교과용 도서 평가 연구』II, 한국교육과정평가원, 2008.

＿＿＿＿＿＿＿＿＿,『도덕과 교육 내용 개선 방안 연구』, 한국교육과정평가원, 2009.

한국학문헌연구소 편,『한국 개화기 교과서 총서(1권) 국어편』I, 아세아 문화사, 1977a.

＿＿＿＿＿＿＿＿＿,『한국 개화기 교과서 총서(2권) 국어편』II, 아세아 문화사, 1977b.

＿＿＿＿＿＿＿＿＿,『한국 개화기 교과서 총서(8권) 국어편』VIII, 아세아 문화사, 1977c.

＿＿＿＿＿＿＿＿＿,『한국 개화기교과서 총서(9권) 수신·윤리편』I, 아세아 문화사,
　　　　1977d.

＿＿＿＿＿＿＿＿＿,『한국 개화기교과서 총서(10권) 수신·윤리편』II, 아세아 문화사,
　　　　1977e.

함종규,『한국교육과정 변천사 연구』, 교육과학사, 2004.

허재영 편,『근대계몽기의 교육학 연구와 교과서』, 지식과 교양, 2012.

稻葉繼雄, 홍준기 역,『구한말 교육과 일본인』, 온누리, 2006.

古川 昭, 이성옥 역,『구한말 근대학교의 형성』, 경인문화사, 2006.

Werkmeister, W. H. , 최병환 역,『가치론의 역사적 조명』, 서광사, 1999.

4. 논문류

김국현,「도덕교과서의 총체적 질 관리 방안 연구」,『윤리교육연구』제15집, 한국
　　　　윤리교육학회, 2008.

＿＿＿,「도덕과 교과서 선정 평가 기준 연구」,『윤리교육연구』제18집, 한국윤리
　　　　교육학회, 2009.

김동면,「협성회 활동에 관한 고찰」,『한국학보』제7권 4호, 일지사, 1981.

김민재,「근대수신교과서를 통해 살펴본 '도덕과 교육'의 연속성」,『한국문화연구』

제19집, 이화여대 한국문화연구원, 2010.

_____, 「『윤리학교과서』해제」, 이화여대 한국문화연구원 역, 『근대수신교과서』 3, 소명출판, 2011a.

_____, 「개화기 '학부 편찬 수신서'가 지니는 교과용 도서로서의 의의와 한계」, 『이화사학연구』 제42집, 이화여대 이화사학연구회, 2011b.

_____, 「근대 초등용 수신교과서에 나타난 가치교육의 변화 연구」, 『초등도덕교육』 제36집, 한국초등도덕교육학회, 2011c.

_____, 「근대계몽기 중등용 수신교과서의 도덕교육적 시사점 연구」, 『윤리교육연구』 제31집, 한국윤리교육학회, 2013a.

_____, 「근대계몽기 여학생용 초등 수신서의 특징과 한계 연구」, 『초등도덕교육』 제43집, 한국초등도덕교육학회, 2013b.

김수경, 「개화기 여성 수신서에 나타난 근대와 전통의 교차」, 『한국문화연구』 제20집, 이화여대 한국문화연구원, 2011.

김승주, 「구한말 『수신서』와 『바른 생활』의 교과서에 관한 비교 연구」, 한국교원대 석사논문, 1994.

김아영, 「학제적 교육 실태의 분석도구 개발을 위한 이론적 탐색」, 『교육사상연구』 제25권 제2호, 한국교육사상연구회, 2011.

김언순, 「개화기 여성교육에 내재된 유교적 여성관」, 『페미니즘연구』 제10권 제2호, 한국여성연구소, 2010.

김영우, 「한국 개화기의 여성교육에 관한 연구」, 『논문집』 제19집 제2호, 공주대학교, 1981.

김은수, 「『생활의 길잡이』 내용 구성 및 기술 방향 연구」, 『윤리교육연구』 제17집, 한국윤리교육학회, 2008.

김인숙, 「초등학교 도덕교과서의 덕교육 내용 분석 연구」, 『윤리철학교육』 제9집, 윤리철학교육학회, 2008.

김정효 · 이해지, 「소학교의 교육내용」, 김정효 외, 『한국 근대 초등교육의 성립』, 교육과학사, 2005.

김태훈 · 손경원, 「도덕과 내용체계의 변천 분석과 개선 방향」, 『도덕윤리과교육』 제37호, 한국도덕윤리과교육학회, 2012.

김항구, 「근대 이후 한국 교과서의 변천」, 『한국교원대학교 박물관 연보』 제1집, 2001.

김혜정, 「근대계몽기 국어교과서 내적 구성 원리 탐색」, 『국어교육연구』 제11집, 서울대 국어교육연구소, 2003.

남궁달화, 「가치관 수립을 통한 인성교육」, 『사회과학연구』 제2집, 한국교원대학교

사회과학교육연구소, 1997.

노관범, 「19세기 후반 淸道 지역 南人學者의 학문과 『小學』의 대중화」, 『한국학보』 제27집, 일지사, 2001.

渡部學, 「海東續小學에 對하여」, 『한국학논집』 제7집, 계명대 한국학연구원, 1992.

박병기, 「제7차 초등 도덕과 교육과정의 '주요 가치·덕목'에 관한 윤리학적 비판과 대안 모색」, 『초등도덕교육』 제12집, 한국초등도덕교육학회, 2003.

_____, 「『초등소학수신서』 해제」, 이화여대 한국문화연구원 역, 『근대수신교과서』 1, 소명출판, 2011.

박용옥, 「구한말의 여성교육」, 『사학연구』 제21집, 한국사학회, 1969.

_____, 「1905-10, 서구 근대 여성상의 이해와 인식」, 『인문과학연구』 제12집, 성신여대 인문과학연구소, 1992.

서강식, 「조선총독부 발간 초등학교 수신서 내용 분석 연구」, 『초등도덕교육』 제27집, 한국초등도덕교육학회, 2008.

_____, 「1923-24년을 중심으로 한 일제강점기 하의 초등학교 수신교과서 내용 분석 연구」, 『초등도덕교육』 제29집, 한국초등도덕교육학회, 2009.

서재복, 「한말 개화기 초등용 교과서 분석」, 『교육종합연구』 제3권 제2호, 교육종합연구소, 2005.

石松慶子, 「통감부 치하 대한제국의 수신교과서·국어독본 분석」, 연세대 석사논문, 2003.

송인자, 「개화기 남녀 수신교과서의 지향점 분석」, 『한국문화연구』 제13집, 이화여대 한국문화연구원, 2007.

신영숙, 「대한제국 시기 가부장제와 여성 생활」, 『여성학논집』 제11집, 이화여대 한국여성연구소, 1994.

양방주, 「도덕과 역사론」, 한국도덕윤리과교육학회, 『도덕윤리과교육학개론』, 교육과학사, 2013.

엄정식, 「가치와 삶」, 우리사상연구소, 『우리말 철학사전』 4, 지식산업사, 2007.

윤진욱, 「조선전기 '소학계' 연구」, 『경주사학』 제32집, 경주사학회, 2010.

이명준, 「개화기 전후의 도덕과 교육과정에 대한 교육사적 고찰」, 『교육철학』 제43집, 한국교육철학회, 2008.

_____, 「도덕교과서 언어 표현 개선 방안」, 『교과서 언어 표현 개선 방안 워크숍 자료집』, 한국교육과정평가원, 2012.

이성후, 「『夙惠記略』 研究」, 『논문집』 제5집, 금오공과대학교, 1985.

이철찬, 「대한제국시대 학부의 도서편찬 및 간행에 관한 연구」, 상명대 박사논문,

2008.

이해명, 「개화기 교육목표와 교과서 내용과의 차이점 연구」, 『단국대학교 논문집』 제22집, 1988.

임형택, 「20세기 초 신·구학의 교체와 실학」, 『민족문학사연구』 제9권 제1호, 민족문학사학회, 1996.

전미경, 「개화기 '남녀동등' 담론에 나타난 여성에 대한 계몽의 시각」, 『한국가정관리학회지』 제20권 제1호, 한국가정관리학회, 2002.

장미경, 「〈修身書〉로 본 조선총독부의 '식민지 여성' 교육」, 『일본어문학』 제41집, 한국일본어문학회, 2009.

장승희, 「초등학교 '바른생활'·'도덕'의 전통윤리교육 분석과 과제」, 『윤리연구』 제77호, 한국윤리학회, 2010.

정세구, 「도덕·윤리과 교육의 학제적 접근의 정착 과정」, 『사대논총』 제68집, 서울대학교 사범대학, 2004.

정호훈, 「조선 후기 『小學』 간행의 추이와 그 성격」, 『한국사학보』 제31호, 고려사학회, 2008.

조경원, 「개화기 여성교육론의 양상분석」, 『교육과학연구』 제28집, 이화여대 교육과학연구소, 1998.

_____, 「대한제국 말 여학생용 교과서에 나타난 여성교육론의 특성과 한계」, 『교육과학연구』 제30집, 이화여대 교육과학연구소, 1999.

차우규, 「도덕과 좋은 교과서」, 『교과서연구』 제64호, 한국교과서연구재단, 2011.

최윤미, 「개화기 국어교과서 제재의 형식과 내용 분석」, 가톨릭대 석사논문, 2009.

허재영, 「근대계몽기 교과서 해제」, 「『초등윤리학교과서』 해제」, 이화여대 한국문화연구원 역, 『근대수신교과서』 1, 소명출판, 2011.

홍석영, 「'윤리와 사상' 교과서 분석 및 개선 방향」, 『도덕윤리과교육』 제19호, 한국도덕윤리과교육학회, 2004.

홍호선, 「대한제국말기 수신교과서에 나타난 인물의 인용상황 분석」, 『한국교육사학』 제19집, 한국교육사학회, 1997.

황인표, 「새로운 교육과정에 따른 고등학교 1학년(10학년) 도덕과 교과서 개발 방향」, 『도덕윤리과교육』 제22호, 한국도덕윤리과교육학회, 2006.